Walter Seidel (Hrsg.)

»Christliche Weltanschauung«

Mit Beiträgen von

Eugen Biser
Wolfgang Frühwald
Hanna-Barbara Gerl
Theodor Maas-Ewerd
Alfred Mertens
Leo Scheffczyk
Walter Seidel
Jörg Splett
Josef Sudbrack

Walter Seidel (Hrsg.)

»Christliche Weltanschauung«

Wiederbegegnung mit ROMANO GUARDINI

echter

CIP-Kurztitelaufnahme der Deutschen Bibliothek

Christliche Weltanschauung : Wiederbegegnung mit Romano Guardini / Walter Seidel (Hrsg.). [Mit Beitr. von Eugen Biser ...]. – Würzburg : Echter, 1985.
ISBN 3-429-00941-3
NE: Seidel, Walter [Hrsg.]

Mitglied der Verlagsgruppe »engagement«

Umschlag: Rudolf Studtrucker
Gesamtherstellung: Echter Würzburg
Fränkische Gesellschaftsdruckerei und Verlag GmbH
ISBN 3-429-00941-3

Inhalt

Vorwort 7

Hanna-Barbara Gerl
Romano Guardini (1885–1968) 11

Wolfgang Frühwald
»Die vielfach verdunkelte und verwirrte
Wirklichkeit« 37

Hanna-Barbara Gerl
Leben in ausgehaltener Spannung 59

Jörg Splett
Zum Person-Begriff Romano Guardinis 80

Leo Scheffczyk
Das Christusgeheimnis in der Schau
Romano Guardinis 110

Alfred Mertens
An den Grenzen der historisch-kritischen
Methode 141

Theodor Maas-Ewerd
»Anwalt des liturgischen Anliegens« 163

Josef Sudbrack
Der geistliche Lehrer 184

Eugen Biser
Romano Guardini: Wegweiser in eine neue
Epoche 210

Vorwort

Am 17. Februar 1985 wäre Romano Guardini 100 Jahre alt geworden. Das ist ein willkommener äußerer Anlaß, Leben und Werk dieses großen christlichen Denkers, Lehrers und Zeugen in Erinnerung zu rufen.
In der ersten Hälfte unseres Jahrhunderts hatte sich um Guardini eine unübersehbare Hörer- und Lesergemeinde geschart. Christen, aber auch Nichtchristen, war er Priester, wegweisender Lehrer und Leitgestalt geworden. Wie er die Welt anschaute mit den Augen des Glaubens und wie er den Menschen im Gespräch begegnete, das gab Hoffnung, weckte Vertrauen und führte viele zusammen, auch solche, die von weit her kamen. Bezeichnend ist, daß er sein bedeutendes Christusbuch »Der Herr«, das heute wieder neu aufgelegt wird und zunehmend Interesse findet, den Menschen gewidmet hat, die auf der Wanderschaft und unterwegs sind – »perigrinantibus et iter agentibus«.
Aber Mitte der sechziger Jahre wurde es stiller um Romano Guardini, was seine Freunde und ihn selbst äußerst beunruhigte. Die Zeit hatte Guardini eingeholt, ja überholt. Manche seiner Positionen und Prognosen erfuhren Kritik und Abweisung. Und bald nach seinem Tod geriet sein Andenken immer mehr in Vergessenheit.
Als einer der ersten setzte sich Anfang der siebziger Jahre gegen diesen »Ungeist des Vergessens« der Schweizer Theologe und Hagiograph Walter Nigg zur Wehr. In seinem aufrüttelnden Buch mit dem beschwörenden Titel »Was bleiben soll« zeichnet er neben anderen großen Zeugen unserer Zeit auch ein dramatisches und bei aller ehrlichen Kritik doch überaus anziehendes Porträt Guardinis, »über den die Akten nicht geschlos-

sen sind«. Und er fährt fort: »Wir haben ihn im gegenwärtigen Geisteskampf bitter nötig... Diese Stimme darf in unserer Mitte nicht verstummen...« Aber dieser Appell blieb lange ungehört.
Es bedurfte noch eines guten Jahrzehnts, bis die Nöte und Bedrohungen der Zeit, aber auch die Bedrängnisse in der Kirche, die Menschen wieder hellhörig machten für den Reichtum und die Aktualität von Guardinis geistigem und geistlichem Vermächtnis. Sie spürten, daß hier einer die ungeheure Gefahr der wachsenden Sinnbedrohung unbestechlich erkannt hatte, mit leidenschaftlichem Engagement für den Menschen eintrat und daß seine Sorge um die Welt und den Menschen echt war und seine Wegweisung auch für heute brandaktuell und hilfreich ist. So hat eine intensive Neuentdeckung seines Werkes eingesetzt, und das Gespräch mit Romano Guardini ist wieder in Gang gekommen.
Das war der eigentliche, der innere Anlaß, daß das vorliegende Buch als Anstoß und Einladung zur Wiederbegegnung mit Romano Guardini entstand. Es ist ein hoffnungsvolles Zeichen in unserer verwirrten und oft so menschenverachtenden und gottvergessenen Zeit, daß wieder mehr Menschen auf sein Wort hören, sich von seiner Gottbetroffenheit und seinem Christuszeugnis anstecken lassen und seiner Einsicht, seinem Instinkt für die unantastbare Würde des Menschen Vertrauen schenken. Aber vielleicht ist es auch einfach die Bereitschaft – gerade des späten Guardini – zur Selbstüberschreitung und Selbstkorrektur und der Mut, sich selbst anzunehmen, ja zu sagen zum Begrenztsein und »dieses Leben der Grenze auf sich zu nehmen und durchzutragen«, was den heutigen Menschen wieder auf Guardini aufmerksam macht.
Wieder auf Romano Guardini und sein Werk aufmerksam zu machen, den Dialog mit ihm neu aufzunehmen und zu vertiefen, ist das Ziel dieses Buches. Es geht den

Autoren nicht darum, eine umfassende Darstellung seines Gesamtwerkes vorzulegen. Die Beiträge wollen vielmehr Perspektiven eröffnen, Wege in das vielschichtige Werk Guardinis weisen und – auch in kritischer Auswahl – Schwerpunkte für den Dialog setzen. Dabei werden einzelne Positionen, vor allem manches Zeitbedingte, in den Hintergrund treten, aber vieles Gültige erneut seine Aktualität beweisen. Auch die Auffassungen der Autoren stehen sich manchmal spannungsreich gegenüber, ergänzen und provozieren einander und können auch schon einmal gegenläufig sein. Es geht nicht nur um die Wiedergabe, sondern um eine fruchtbare Weiterführung von Guardinis Gedanken, wozu er immer wieder selbst, z. B. am Ende seines Buches »Welt und Person«, ausdrücklich aufgerufen hat. Und gerade dort, wo er zum Widerspruch herausfordert, ja selbst aus der kritischen Abweisung mancher seiner Positionen und Prognosen, eröffnen sich neue Ansätze und Möglichkeiten des Dialoges, von dem Guardini einmal einem seiner schärfsten Kritiker (Gerhard Krüger) gegenüber gesagt hat: »Unsere Erörterungen sind ja nie bloß Klärung bestimmter Fragen, sondern immer auch ein ›modus convivendi‹ gewesen.« In diesem Sinne möchte dieses Buch als ein Gespräch mit Romano Guardini verstanden sein und als eine Einladung, sich an diesem Gespräch zu beteiligen.
Es wird deutlich werden, daß es heilsam und ermutigend ist, in das Kraftfeld seiner »Christlichen Weltanschauung« einzutreten, in sein Denken und Glauben, das nicht müde wird, Gott Raum zu schaffen, den Durchblick auf den Menschen freizugeben und auf die Mitte des Menschseins, den Gottmenschen Jesus Christus – und immer wieder den Appell hörbar zu machen, der im Geheimnis liegt.

Mainz, im Dezember 1984 *Walter Seidel*

Hanna-Barbara Gerl

Romano Guardini (1885–1968)

Sein Leben und seine geistige Gestalt

1. *Die Gestalt*

Wer war Romano Guardini? Diese Frage schien eine Zeitlang klar beantwortet: der Vielzahl jener, die ihn aus der Jugendbewegung oder der Universität unmittelbar kannten, und der noch größeren Schar seiner Leser. Über eine geraume Zeit aber wurde die Frage nicht mehr gestellt; ein Vergessen hatte ihn schon einige Jahre vor seinem Tod eingeholt. Seit kurzem wird die Frage nach Guardini mit jener Frische wiederholt, die einem solchen Vergessen folgt: nämlich nicht mehr im Bannkreis der Bewegungen, in denen Guardini wirkte, sondern – was der Prüfstein eines Werkes ist – im Bannkreis seines Denkens. Über die beanstandete Sprache, über das Zeitgebundene hinweg tritt erneut etwas Ursprüngliches, der Charakter des Wahren, des Richtigen und »Richtenden« darin hervor.
Guardini war zunächst von Beruf und Berufung *Priester.* Die Entscheidung dazu kam nach zwei anderen Studienanläufen: Zeichen eines inneren Ringens, das von der Familie nicht unbedingt gestützt wurde, das von der geistigen Befindlichkeit der Kirche und Theologie nach 1900 ebenfalls wenig Anreiz empfing; und doch fiel nach diesem Zögern eine Entscheidung, die zutiefst mit der *Kirche* als Heimat zu tun hatte, mit dem Ankerwerfen in einer letzten Sicherheit der Zusage (Gottes an seine Kirche). Diese Beheimatung – die ein Fragenkön-

nen nicht ausschließt – trägt Guardini in allen später sich verdunkelnden Gewißheiten bis zu seinem Lebensende. Heimat schafft er aber auch anderen in der Kirche: im Durchleuchten und Aufdecken ihrer Paradoxien, göttliche Stiftung und Menschenwerk zu sein, unverplanbare Gnade und rechtliche Festlegung, Ausdruck freier Liebe und Forderung von Gehorsam.
Priester war er auch in der *Verkündigung,* im Aufschließen von Wort und Gestalt Jesu Christi, womit Guardini die Wende der zeitgenössischen Theologie in den 30er Jahren von der Ekklesiologie zur Christologie begleitet und selbst mitbegründet. Priester auch in der *Liturgie,* womit der eigene lebenslange Dienst vor Gott und der wechselnden Gemeinde angesprochen ist. Priester letztlich in einem Verschweigen abgründiger eigener Fragen, für die die Öffentlichkeit nicht reif genug war oder die überhaupt an Letzt-Fragbares und Offenbleibendes heranreichten.
Guardini war ferner ein *Erzieher,* »Praeceptor Germaniae« (Abt Hugo Lang) für mindestens zwei Generationen, ebenso in ihrer sozial und intellektuell vielfältigen Ansammlung auf Burg Rothenfels, wie in der akademisch-laizistischen Atmosphäre der Universitäten. Erzieher meint hier Rat in praxi, beginnend mit konkreten Anleitungen an die Jugend, wie sie ihren Niederschlag in den »Briefen über Selbstbildung« (1921 ff) finden; Erziehung aber vor allem in der geistigen Haltung noch vor dem Vermitteln von Kenntnissen, so in der Haltung der Wahrhaftigkeit, des Vernehmenwollens, der Bereitung, der Sammlung, der Wahrnehmung »heiliger Zeichen«; Erzieher in diesem Sinne vor allem der Leiblichkeit als Träger der Geistigkeit.
Ein Drittes an Guardini läßt sich *Lehrer* nennen. Im Unterschied zum Erzieher ist damit die theoretische Tätigkeit des Klärens, Erhellens, Beleuchtens angesprochen. Nicht zufällig ist Guardinis Wortwahl stark von

Auge und Licht bestimmt; »sehen, was ist« ist ihm ein anderes Wort für Wahrheit. Seine An-Schauungen sind von dieser Auffassung her nicht nur in Platon und Augustinus, sondern in weniger bekanntem Maße auch in Thomas von Aquin verwurzelt.

»Sehen, was ist«, Augenschulung lehrte Guardini – welche Genauigkeit des »Zufalls« – auf seinem Lehrstuhl für Weltanschauung; aber schon bevor diese akademische Zuweisung manifest wurde und er sie bis zu seiner späten Emeritierung immer deutlicher gestaltete, übte er sich und die ihm anvertraute Jugend im Hinblicken: auf den Geist der Liturgie und auf den Sinn der Kirche. Je länger, je mehr weitete sich dieser Blick zum Eindringen in wesentliche abendländische Botschaften, von Sokrates bis Rilke. Die Suche nach dem Wesentlichen, gerade auch der beunruhigenden Art, führte ihn zeitweise zu einem Einlassen auf die Gestalt Buddhas, was freilich kaum einen schriftlichen Niederschlag fand. Gerade die Verbindung von Weltbetrachtung und Glaube – die gegenseitig zu nehmen ist, weil auch die Welt an den Glauben ihrer eigenen Klärung wegen rückfragt, wie der Glaube die Welt in ihrem reichen Eigenstand seiner inneren Lebendigkeit wegen prüft – gerade diese doppelte Verbindung rückt Guardini in die erst mit Scheu und Mut zugleich, später mit Bewußtheit übernommene Rolle des christlichen Lehrers ein.

Seine Lehre entfaltet sich, um ein Bild einzuführen, in der Art von konzentrischen Kreisen, weil der früh gewonnene Mittelpunkt Guardinis nicht mehr aufgegeben wird. Er selbst teilt die seither zu Recht geäußerte Meinung, sein Lebenswerk sei eigentlich von Anfang an in Gänze entworfen. Wenn Guardinis theoretisches Wirken über Liturgie, Ekklesiologie, Existenzdeutungen, Christologie weitergeht zu den kulturkritischen Schriften der 50er Jahre und dann schließt mit einer Ethik und Anthropologie, die sich zugleich als Gottes-

lehre erweist, so ist dieses Ausfalten in der Tat konzentrisch.
An welche Mitte bleibt der weite Radius gebunden? Guardinis Mitte scheint die Lehre, mehr noch die Erfahrung, zuweilen das Erleben *Gottes* zu sein, gegen Ende des Lebens auch die Abwesenheit, zumindest die Verborgenheit Gottes. Vielleicht ist es nicht zu kühn, als denkerische und lebensmäßige Konzentration Guardinis eine Gottesnähe und Gottesferne zu behaupten. Beides übrigens mit solcher Intensität, daß sich eben daraus die geistige Bewegung eines ganzen Lebens ergibt. Und daß im übrigen auch das Fehlen einer Systematik einsichtig wird: weil jene Systematik immer wieder vom Ursprünglichen in den beiden Formen der Begegnung und des Entzugs zu Fall gebracht wurde.
Wie ein Reflex dazu, tatsächlich als Widerspiegelung entzieht sich Guardinis inneres seelisches und persönliches Leben im Letzten dem Blick. Ja schon im Vorletzten sind Reserven, Vorbehalte eingezogen – Guardinis Selbstmitteilungen gehen nur bis zu einer gewissen Grenze und sparen manche Bereiche von vornherein aus.
In all dem zeigt sich die Entfaltung und Bewährung einer christlichen Existenz im 20. Jahrhundert, in Nähe und Widerspruch zu diesem Jahrhundert. Wenn Johannes Paul II. 1980 nach den bahnbrechenden deutschen Theologen Albertus Magnus, Nikolaus von Cues, Johann Adam Möhler, Matthias Scheeben und Erich Przywara auch Romano Guardini nannte, so ist das eines der Anzeichen für die erst noch zu leistende geistige Befruchtung der Theologie durch ihn. Ob er deswegen schon in den Rang eines »zeitgenössischen Kirchenvaters« (Kampmann, 353) einzurücken ist, wird sich in dem noch ausstehenden nachhaltigen Anerkennen durch die künftige Theologie und die künftige Leserschaft erweisen.

2. *Leben*

Romano Michele Antonio Maria Guardini wurde als ältester von vier Söhnen des Ehepaares Romano und Paola Maria Guardini am 17. Februar 1885 in Verona geboren. Beide Eltern entstammten Kaufmannsfamilien und gründeten 1886 eine Importgesellschaft für Geflügel und Eier in Mainz, wohin die Familie für knapp 35 Jahre umsiedelte. Obwohl im Elternhaus fast ausschließlich italienische Sprache und Kultur gepflegt wurden, wuchs Romano unverlierbar in Sprache und Geistigkeit Deutschlands hinein – eine Spannung, die er nur durch den übergreifenden Gedanken an Europa in sich zu einem Ausgleich bringen konnte. 1911 nahm er gegen den Willen der Eltern die deutsche Staatsbürgerschaft an, diente übrigens auch während des Ersten Weltkrieges als Militärkrankenwärter auf dem Mainzer Festungslazarett.

Kindheit und Schulzeit bis zum Abitur 1903 liegen in Guardinis Erinnerung »wie unter Wasser« – der Knabe ist vielseitig begabt, aber ohne eine hervorstechende Anlage; von der Mutter her trägt er ein Erbe der Schwermut in sich, die ihm ein Leben lang zu schaffen macht. Das Studium bringt schmerzhafte Umwege für den noch unerweckten jungen Mann, der in Tübingen Chemie studiert (Wintersemester 1903/04 bis Sommersemester 1904), dieses materialistisch-positivistisch ausgerichtete Studium abbricht und sich wiederum unberaten auf die Nationalökonomie in München (WS 1904/05 bis SS 1905) und Berlin (WS 1905/06) verlegt. In München vollzieht sich neben einem Aufwachen in kultureller und musischer Hinsicht zugleich der Einsturz des gewohnten religiösen Gebäudes: Die Aufklärung holt den aus einer (zu) selbstverständlichen Katholizität stammenden Studenten ein. Kurz darauf freilich wächst ihm ohne große Erschütterung die Gewißheit zu, daß es Gott gebe und daß das Leben nur im Verlieren seiner selbst gewonnen werden könne – ein Satz, den er immer wieder neu deutete. Das unangemessene Studienfach bringt ihn in Berlin in eine noch entscheidendere Krise, die sich erst löst mit einer wiederum unauffälligen, aber tief glückhaften Einsicht seiner Berufung zum Priestertum. Damit ist nach den Umwegen der Weg gefunden, den Guardini zeit seines Lebens nicht mehr bezweifelte und den er gegen den Widerstand seiner Eltern durchzusetzen hatte. Ein erstes Theologiesemester in Freiburg (WS 1906/07) führt ihn in das nachhaltig prägende Tübingen (SS 1907 bis SS 1908), wo endlich Sicherheit und Weite der Grundlagen gefunden werden. Der Modernismusstreit, der an Guardini über seinen Lehrer Wilhelm Koch herantritt, nötigt ihn zu einer Grundlegung seiner Theologie auf die beiden Größen »Kirche und Offenbarung«. Daß Guardini die Vermittlung der theologischen Wahrheiten an die Zeit nicht relativistisch vollzogen wissen wollte, daß er sich andererseits um eine »Übersetzung« dieser Wahrheiten an die Gegenwart mühte, machte ihn selbst zu einem bewußt »orthodoxen« Theologen, der in geistiger Offenheit zugleich das Gespräch mit der »Welt« über das katholische Ghetto hinaus einleitete und selbst maßgeblich bestimmte. In Tübingen erfolgte auch – über den Freund Josef Weiger – die tief anrührende Begegnung mit der benediktinischen Liturgie von Beuron; Guardini blieb zeitlebens ein »Oblate des heiligen Benedikt«.

Das Priesterseminar in Mainz (WS 1908/09 bis SS 1910) brachte eine eintrübende Erfahrung: Guardinis im Gespräch geäußerte Kritik an der Ausbildung führte zu einer Zurückstellung des Kandidaten von der Weihe für ein halbes Jahr. Er trug diese Verwundung kraft seiner bereits gefallenen Entscheidung für die Kirche, zusammen mit seinem Freund Karl Neundörfer, der in

derselben Weise zurückgestellt wurde, und nicht zuletzt wegen der Stütze durch seine »geistigen Eltern« Wilhelm und Josefine Schleußner, die ihn nachhaltig in die Welt der Mystik einführten und seine Berufung tief anteilnehmend begleiteten.
Am 28. Mai 1910 wird Guardini im Mainzer Dom von Bischof Kirstein zum Priester geweiht; die Lehrjahre als Kaplan, auch in dem ihm wenig entsprechenden Schuldienst, verbringt er in Heppenheim, Darmstadt, Worms und Mainz, wo er die ersten Erfahrungen mit liturgischer Unempfindlichkeit macht: Er mußte täglich vor dem ausgesetzten Allerheiligsten zelebrieren.
Seine Begabung drängt ihn zur Promotion: wiederum bedarf es zweier Anläufe, bevor er ein drittes endgültiges Thema, nämlich Bonaventura, in Freiburg (WS 1912/13 bis WS 1914/15) bei Engelbert Krebs behandelt. Die Rückkehr nach Mainz bietet ihm aber nicht die erhoffte und in Aussicht gestellte Professur am Priesterseminar, sondern den weiter wechselnden Einsatz als Kaplan und vor allem ab August 1915 als Leiter der »Juventus«, einer Jugendgruppe von Gymnasiasten, die zu einer Vorbereitung von Guardinis späterer Meisterschaft in seinem Umgang mit der Jugendbewegung wurde. Er brachte in diese recht biedere Einrichtung ungewohnte Gedanken, die bis zu einer »Akademie« für die aufgeweckten Jungen reichte und erregte deswegen bei der kirchlichen Behörde auch einiges Mißtrauen.
Am Programm des 1918 neugegründeten Matthias-Grünewald-Verlages wirkte Guardini als maßgebender Berater mit: Die »katholische Erneuerung« nach dem Ersten Weltkrieg begann sich verheißungsvoll abzuzeichnen. Im selben Jahr katapultierte ihn die von Maria Laach angeregte Schrift »Vom Geist der Liturgie« in die Berühmtheit; Max Scheler und andere rieten ihm zur Habilitation. Der Weggang aus dem zu eng gewordenen Mainz wurde beschleunigt durch den Tod

des Vaters 1919 und die Rücksiedlung der übrigen Familie nach Italien. Guardini ging für zwei Jahre (1920–1922) nach Bonn, wo er bei Gerhard Esser die Habilitation über Bonaventura schrieb, mit der Probevorlesung über Anselm von Canterbury; wo ihn ein neuer Kreis aus dem Umfeld der Jugendbewegung erwartete; wo er mit Scheler, Landsberg, Buber und Hermann Platz in engere Berührung kam und wo er kurze Zeit mit Odo Casel am »Jahrbuch für Liturgiewissenschaft« (1921–1922) arbeitete.

Der Aufbruch ins akademische Wirken bedeutete ein Jahr Vorlesung in Dogmatik an der Bonner Universität (1922–1923), bedeutete auch ein nachhaltiges Bekanntwerden bei der Katholischen Akademikertagung mit den Vorträgen »Vom Sinn der Kirche« (1922). Sie wurden der Anlaß für die Berufung auf den neugeschaffenen, aber in sich unbeschriebenen Lehrstuhl für »Religionsphilosophie und katholische Weltanschauung« in Berlin. Guardini nahm dieses Wagnis an in dem sicheren Instinkt, dort etwas entwickeln zu können, was seiner Begabung entsprach, die sich immer in einem Zwischengebiet zwischen Philosophie und Theologie bewegte.

Dieses Sicherwerden über sich selbst rührte noch aus einer anderen Quelle her: aus der Hingabe an die katholische Jugendbewegung auf Burg Rothenfels am Main. Guardinis erster Rothenfelser Sommer 1920 (an Ostern 1920 war er erstmals auf »der Burg« gewesen) bedeutete ihm Gabe und Aufgabe für lange Jahre; seine Fähigkeiten der Jugendführung und der Durchleuchtung verwickelter Fragen wurden in einer Weise angefordert und entbunden, die ihm selbst eine Bestätigung und den jungen Leuten im Quickborn eine hilfreiche Klärung besonders in der Auseinandersetzung mit der »freideutschen« Autonomiefrage gab. Es gelang ihm, die Ansätze zur freien Religiosität an die Kirche zu bin-

den; es gelang ihm, jugendbewegte Formlosigkeit an die Formen der Liturgie und überhaupt an eine neue Ästhetik zu binden; es gelang die Entdeckung des Leibes und der Sinnlichkeit als Träger religiöser Erfahrung. Die vielleicht bedeutendste Leistung Guardinis ist die Öffnung der Jugendbewegung katholischer Prägung zu einer Kulturbewegung, die für das geistige Leben Deutschlands vor dem Zweiten Weltkrieg Aufbruchswirkung hatte, und das weit über den katholischen Raum hinaus. Die Zeitschrift »Die Schildgenossen« trug Gedanken Guardinis und seines engen Mitarbeiterkreises in alle geistig aufgeschlossenen Bereiche. Die Versuche einer neuen, auf ihren Sinn hin durchleuchteten Liturgie machten Rothenfels zu einem Ort von zeitweise europäischer Bedeutung, was im nachhinein vom Zweiten Vatikanischen Konzil bestätigt wurde. Als diese angespannte Arbeit seit 1933 durch die Nationalsozialisten auf rein religiöse Tagungen eingeengt und schließlich im August 1939 durch die Beschlagnahmung der Burg abgebrochen wurde, war der bedeutendste Ansatz katholischer Erneuerung in Deutschland zerstört. Nach dem Kriege konnte Guardini auch seines fortgeschrittenen Alters wegen nicht mehr in dem gewohnten Umfang wirken. Immerhin brachte er auf einigen Burg-Werkwochen noch ein Gespräch mit den Naturwissenschaften in Gang; 1957 nahm er aber endgültig Abschied von dieser ihn zutiefst prägenden und in einem seltenen Sinn heimatlichen Stätte.
Der Lehrstuhl in Berlin (1923–1939) bedeutete rechtlich nur eine Gastprofessur von der Universität Breslau aus; in Wirklichkeit gelang es Guardini, in sechzehn Jahren statt des befürchteten apologetischen Einsatzes ein neues und streng an der Sache orientiertes Verständnis von christlicher Weltanschauung zu begründen. Seine Antrittsvorlesung 1923 bedeutete zugleich die Absage an das bisherige relative Verständnis von Weltanschau-

ung und die Gewinnung einer neuen Methode: eines ganzheitlichen Blickes auf die Welt. In diesen Blick bezog er – auf Max Schelers Rat hin – vor allem große abendländische Gestalten ein, bemerkenswerterweise meistens Existenzen am Rande oder nur im Umfeld des Christentums. Sokrates, Augustinus, Dante, Shakespeare, Pascal, Hölderlin, Kierkegaard, Dostojewski, Nietzsche (!), Mörike, Raabe, Rilke boten ihm die großen abendländischen Entwürfe der Existenz, mit denen er prüfend auf das Christentum blickte und die er umgekehrt prüfend mit dem christlichen Entwurf verglich. Hörer aller Fakultäten, darüber hinaus viele Intellektuelle aus dem protestantisch-laizistischen Klima Berlins füllten den Hörsaal. Vor einem kleineren Forum entwickelte Guardini seine Auslegung des Neuen Testaments, auch dies von seiner eigenen Methode der unmittelbaren Anschauung des Phänomens geleitet, nicht aber von der historisch-kritischen Methode (zu der er immer in Abstand blieb).
Ein anderer Wirkungskreis war die seelsorgerliche Arbeit: Guardini predigte sonntags vor Studenten in der durch ihn berühmt gewordenen Benedikt-Kapelle in der Schlüterstraße. Ein Teil seiner Predigten zwischen 1932 und 1936 erschien zusammengefaßt in dem Buch »Der Herr« (1937), womit Guardini von der Kindheit Jesu bis zu den apokalyptischen Schriften die Gestalt des Herrn betrachtend zu vergegenwärtigen suchte.
Die eigentlich geringe Verbindung zu den kirchlichen Stellen in Berlin wurde ausgeglichen durch den großen Bekanntenkreis, zu dem neben Rudolf Schwarz auch Mies van der Rohe, Eduard Spranger, Werner Sombart, Werner Jaeger und viele andere gehörten. Auch die Liebe Guardinis zu Film und Theater hatte in Berlin ein weites Feld.
Die Belästigung durch die Nationalsozialisten war eher unterschwellig: seine Vorlesungen waren zeitweise von

Spitzeln besucht. Guardini sprach nie öffentlich gegen die herrschende Ideologie, leistete aber eine Klärung der Grundlagen auch in politischen Fragen. Im Januar 1939 erhielt er vom Kultusministerium Lehrverbot – aus dem sicheren Instinkt, daß Guardinis Lehrstuhl dem Totalanspruch nationalsozialistischer Weltanschauung widerspreche.

Somit war das Jahr 1939 ein nachhaltiger Einschnitt: Die akademische Arbeit war unterbunden, Burg Rothenfels wurde enteignet. Guardini nutzte die Zwangspause einerseits zur Erholung seiner jahrzehntelangen Überanstrengung. (Die kurzen Ferien hatte er regelmäßig entweder in Isola Vicentina, dem Wohnsitz seiner Familie bei Vicenza, oder auf Rothenfels verbracht – an beiden Orten aber mit Arbeit eingedeckt.) Andererseits hielt er verschiedene aufsehenerregende Vorträge, so etwa in Greifswald 1943 eine Vortragsreihe über »Freiheit, Gnade, Schicksal«; die große Produktion von Büchern, die ihn seit 1918 auszeichnete, hielt unvermindert an.

Im Laufe des unerträglich werdenden Bombardements von Berlin wechselte Guardini von 1943–1945 in das Allgäuer Pfarrhaus von Mooshausen zu seinem Freund Josef Weiger. In diesem »Exil« entstand eine Durchleuchtung des Nationalsozialismus unter dem Titel »Der Heilbringer in Mythos, Offenbarung und Politik« sowie der Versuch einer Autobiographie von seltener Offenheit.

1945 erreichte ihn durch Carlo Schmid der Ruf nach Tübingen (eine Berufung auf den Heidegger-Lehrstuhl in Freiburg hatte Guardini abgelehnt). Die akademische Tätigkeit erfüllte ihn erneut mit dem Empfinden, wieder an der ihm wesentlichen Stelle zu sein; erneut auch waren die Hörsäle von der zurückgekehrten Kriegsgeneration überfüllt. Guardini las bewußt Ethik und Anthropologie; er befaßte sich in diesen Jahren auch stärker als bisher mit der epochalen Veränderung des Denkens, die im Krieg nur einen Ausdruck gefunden hatte: Die kultur- und gesellschaftskritischen Schriften »Das Ende der Neuzeit« (1950) und »Die Macht« (1951) sind die Frucht eines hellsichtigen Wahrnehmens des Epochenwechsels in die Nachneuzeit, der schon in den »Briefen vom Comer See« (1927) zum Ausdruck gekommen war. 1948 beruft ihn die Universität München auf einen Lehrstuhl ad personam; zugleich wird Guardini Ehrendoktor (1954) der Philosophie durch die Freiburger Universität. München bedeutet die letzte große Station: sowohl im nach wie vor anhaltenden akademischen Erfolg, wie in den überfüllten Predigten in der Universitätskirche St. Ludwig.

Die Ehrungen stellen sich nunmehr ein: 1952 erhält er den Friedenspreis des deutschen Buchhandels (nach Albert Schweitzer und vor Martin Buber), eröffnet den Berliner Katholikentag mit der bezeichnenden Rede »Nur wer Gott kennt, kennt den Menschen«, und wird – was er als Anerkennung jahrelang schmerzlich vermißt hatte – zum Päpstlichen Hausprälaten ernannt. 1956 hält er zur Ehrenbürgerschaft von Verona seine erste italienische Rede in der Öffentlichkeit; 1958 wird er in den Orden »Pour le Mérite« aufgenommen; 1961 ernennt ihn das Zweite Vatikanische Konzil zum Mitglied der liturgischen Vorbereitungskommission. Zu den größten Ehrungen zählt 1962 die Verleihung des Erasmus-Preises in Brüssel, womit Guardinis Sicht von Europa eine späte Bestätigung erfährt. 1963 erhält er den »San Zeno Preis« von Verona, 1965 das Bundesverdienstkreuz mit Stern und den Ehrendoktor der Universität Padua (posthum 1969 einen weiteren durch die Universität Bologna).

Seit 1955 ist Guardini, der sich immer nur durch genaue Selbstbeobachtung einigermaßen bei gleichbleibender Gesundheit erhalten konnte, durch eine Krankheit bis zu seinem Tode beständig angeschlagen: Während eines Urlaubs in Neggio durchfuhr ihn wie ein Blitz eine Trigeminusneuralgie, jener »sozusagen reine Schmerz«, den er trotz mehrerer Operationen nur mühsam ertragen konnte. Diese Krankheit und das Alter überhaupt setzten ihm so zu, daß er zwar nicht seine schriftstellerische Tätigkeit, aber doch die Vorlesungen 1962 einstellte.

Nachfolger auf seinem Lehrstuhl wird Karl Rahner, freilich nur für vier Semester. Guardini erlebt noch die Freude, 1965 von Papst Paul VI. einen Kardinalshut angeboten zu bekommen; er lehnt ihn ab, empfindet aber wiederum beglückt jene Anerkennung durch die Kirche, die er jahrelang ersehnt hatte. Die letzten Jahre sind durch ein langsames Vergessenwerden gekennzeichnet; der kleine, aber treue Freundeskreis hält eine Verbindung aufrecht, die aber mit dem früheren, fast übermäßigen Wirkungskreis Guardinis kaum zu vergleichen ist. Nach einem letzten Besuch im August 1968 in der italienischen Heimat stirbt der 83jährige am 1. Oktober 1968 in München; seine Beerdigung auf dem Priesterfriedhof des Oratoriums in St. Laurentius vereinigt unter Kardinal Döpfner eine übergroße Schar von Freunden, Hörern und Lesern.

1970 stiftet die Katholische Akademie in Bayern, an deren Gründung Guardini beteiligt war, einen Romano Guardini Preis, der alljährlich vergeben wird. Aus dem Nachlaß erscheinen 1976 die Anthropologie »Die Existenz des Christen« und »Theologische Briefe an einen Freund«, worin sich Guardini mit der Frage der Endlichkeit gegenüber der Unendlichkeit des Schöpfers fast leidvoll auseinandersetzt. 1978 wird das Tagebuch aus den Jahren 1945–1963 unter dem Titel »Wahrheit des Denkens und Wahrheit des Tuns« herausgegeben, 1984 die Autobiographie, die bis zum Jahre 1945 reicht. In beiden tritt jener unbekannte Guardini hervor, der seine persönlichen und seelischen Konturen hinter seinem Werk verbarg oder sie dort nur in leiser und durch die Sache gebotener Form offenbarte. Hierin zeigte sich jenes »Innen« Guardinis als die Wurzel seiner der Sache Gottes und der Kirche so hingegebenen Arbeit. Die Freunde setzten nach langem Suchen auf die Todesanzeige ein einziges Wort, das die Verdichtung dieses Lebens ausdrücken sollte: »Romano Guardini – Diener des Herrn«.

3. *Haltungen und Werke*

Guardini ist in seiner Kindheit und Jugend von einer eigentümlichen Schüchternheit und zugleich Eigenständigkeit geprägt, was sich auch in einer Zurückhaltung gegenüber der engsten Familie ausdrückt. Dies mag psychologisch gesehen Schwierigkeiten verraten – von der immer wieder hochflutenden Schwermut war schon die Rede. *Geistig* gesehen ist Guardinis Scheu in der Offenlegung persönlicher Dinge die Voraussetzung für seine Fähigkeit gesammelter, man möchte sagen «objektiver« Wahrnehmung des Wirklichen. »Wahrheit« ist eines der guardinischen Grundworte; diese Schule des Wahr-nehmens als eine Schule des Geistigen schließt zunächst das Subjektive aus, die Rück-sicht (»Ich lebe eigentlich mit dem Gesicht nach vorne«), die Gebundenheit, das »Gefühl«. Diese Herbheit ist durchgängig. Guardinis »welt-schauender Blick« lebt aus dem Verzicht auf das selbstbezogene Hineinfühlen in die eigene Psyche. Er richtet schon für den jungen Guardini eine zunächst unmerkliche, dann aber bewußt angenommene, später auch in manchem schmerzliche Schranke auf zu allem unmittelbar Andrängenden, zu Gefühl, Leidenschaft, Familie.
Eine sich in solcher Hingabe an den Ernst der Wahrheit

äußernde Haltung muß freilich ihren Preis entrichten. Guardini hat viele Spannungen, ja Gegensätze in sich ausgehalten. Daß sein grundlegendes systematisches Werk, mit dem er sich seit dem Winter 1905 befaßte, später den Titel »Der Gegensatz« (1925) erhielt, spricht für die in der Existenz des Autors selbst liegende Spannungsfülle, die es zu verbinden, mehr noch: zu ertragen galt.

Guardinis theologisches Studium ab 1906 geriet in die entscheidenden Jahre einer kirchlichen Verteidigungsstellung gegen den Modernismus, worin nur die Absage an die Erfahrungswerte und das Bestehen auf der reinen Glaubensüberlieferung vom Modernismusverdacht freihalten konnte. Daß es Guardini gelang, diese Absage zurückzunehmen *und* dabei der Kirche und der Offenbarung im tiefsten uneingeschränkt verantwortlich zu bleiben, ist seine grundlegende Leistung. »... mir (wurde) klar, daß die eigentliche christliche Entscheidung nicht vor dem Gottesbegriff, auch nicht vor der Gestalt Christi, sondern vor der Kirche fällt. Von da ab wußte ich auch, daß eine echte Wirksamkeit nur in der Einheit mit ihr möglich ist« (Brief an Kardinal Montini vom 29. März 1962, Archiv Staatsbibl. München). Und: Guardini hat das Ärgernis der Offenbarung seit seiner Studienzeit nie aufgegeben. Seine theologische Anthropologie kommt aus dem »Hören und Gehorchen«, aus dem Opfer der Selbstsetzung, die der Aufklärung und dem 19. Jahrhundert so teuer war. Guardini kennt Nietzsches Entwurf der Selbsterlösung, die zugleich eine Befreiung von dem »ermordeten« Gott ist. Für Guardini gilt umgekehrt und tiefer: Der Mensch wird wirklich er selbst nur im Gehorsam. Dies bedeutet anthropologisch ein Anerkennen, von einem Anderen her zu stammen und weiterhin von ihm bestimmt zu sein. Theologisch gesprochen bedeutet es ein Anerkennen der Geschöpflichkeit, der Grenze an dem Schöpfer

und der Nähe der endlichen Existenz zum Nichts (Welt und Person). Guardinis Entwurf der Geschöpflichkeit ist bestimmt durch die positive Fassung von »Grenze«; diese Grenze anzunehmen, weil sie – umgekehrt zum Autonomiedenken der Neuzeit – Vollkommenheit ermöglicht, ist ihm beseligender Sinn der Offenbarung. Sie entlastet von der Überanstrengung neuzeitlicher Selbstbehauptung, aber sie fordert die andere, in gewissem Sinn leichtere, weil der Wahrheit gemäße Anstrengung der Selbstlosigkeit. Guardini nimmt die Offenbarung absolut, ja bis zur Revolte reizend und deswegen grundsätzlich wörtlich: »Was den modernen Menschen überzeugen kann, ist nicht ein historisch oder psychologisch oder wie immer modernisiertes Christentum, sondern nur die uneingeschränkte und ungebrochene Botschaft der Offenbarung« (Brief an Paul VI., 1965, Archiv Staatsbibl. München). Aufmerksamkeit auf dieses Ärgernis ist gefordert, schließlich die Entscheidung im Unangenehmen der Krise: Von dieser Entscheidung hängt ab, ob die natürliche Existenz christlich wird. Dann kommt jene nachdrücklich – gerade gegenüber der Jugendbewegung – vertretene Polarität von Gehorsam und Selbstwerden, von Hörenkönnen und Freisein ins Spiel. Mit dieser Grundeinsicht ist Guardini über die Lösungen der Philosophie und der Religion, auch des Mythos und der Psychologie hinweg, denn die Offenbarung offenbart Un-Denkliches, Un-Erfahrbares, sofern Erfahrung und Denken sich auf das natürlich Mögliche, auf die natürliche Psyche und den natürlichen Logos stützen.
Guardini ist in der strengen Gegenübersetzung von Religion und Glauben vergleichbar mit Karl Barth; im Hintergrund steht auch Kierkegaard, der für Guardini zeitlebens von Wichtigkeit war, wenn auch aus bewußt eingehaltenem Abstand heraus. Sieht man von ihm ab, so hat Guardini freilich die protestantische Theologie

auch seiner Zeitgenossen nicht oder kaum gelesen, wie er sich überhaupt von Sekundärliteratur fernhielt. Quelle seiner Auffassung ist ihm an allen entscheidenden Punkten seine eigene denkerische, existentiell »angeforderte« Intuition, die häufig eine Not in ihm selber beantwortete.
Mit beiden genannten Punkten, der Unbedingtheit der Kirche und der Unbedingtheit der Offenbarung, ist die nie mehr in Frage gestellte Grundlegung von Guardinis Theologie gewonnen.
Guardinis wissenschaftliche Ausbildung verwies ihn zweimal an Bonaventura, was anders gewendet heißt, daß er sich nicht für die Neuscholastik, nicht für Thomas von Aquin, mithin nicht für die aristotelische Prägung der abendländischen Geistesgeschichte entscheidet. Da die Neuscholastik zu dieser Zeit den verbindlichen Rahmen des Theologiestudiums abgab, tritt Guardini damit sichtbar in eine andere Bezugswelt ein. Es ist die geistige Welt einer Verbindung und Spannung von Intuition und Vernunft, von Erfahrung und Wissenschaft, von Empfindung und logischer Klarheit. Es ist die Liebe zum »Lebendig-Konkreten«, wie der Untertitel des »Gegensatzes« heißt, die Liebe zum Gesehenen, um von dort zum Unsichtbaren weiterzudenken; die Liebe zum Phänomen, woraus der Begriff erwächst – was Guardini im Pascal-Buch als »Theologie des Herzens« bezeichnen wird.
Mit Bonaventura ist unmittelbar Augustinus genannt, der Guardini ein Leben lang begleitet, wie es ähnlich nur noch Dante tat. Hinter dieser Prägung taucht unübersehbar die gewaltige Gestalt Platons auf. Guardinis Deutung des Christentums, seiner Texte, seiner Vermittlungsformen in Liturgie und Kirche, des Geheimnisses Gott ist zutiefst und reich bestimmt von dem platonisch-augustinischen Entwurf, zu dem noch der Name des Johannes wesentlich hinzugehört: »Das

bei Platon nur sich Andeutende wird bei Augustinus im Licht der johanneischen Logoslehre voll entfaltet« (Religion und Offenbarung, 33).

Im übrigen ist es keineswegs so, daß Guardini sich ausdrücklich gegen Thomas entschieden hätte. Dazu ist ihm die von Thomas ausgehende Klarheit – ähnlich wie diejenige Anselms – in ihrer eigentümlichen Qualität zu deutlich. 1924 vergleicht er Goethe mit Thomas unter dem Begriff des »klassischen Geistes« und charakterisiert diesen dreifach: Er habe jenen Blick, der die Dinge läßt, wie sie sind; er vermenge sie nicht, bestimme sie im deutlichen Unterschied nebeneinander; zum dritten habe er die Tiefe der Klarheit, besser des klaren Lichtes (Vom klassischen Geist, 67 f). Auch hierin wird deutlich: Guardini ergriff, wo immer ihn etwas ansprach, zuweilen ansprang, das seinem eigenen Wesen Verwandte, erkannte es wieder, erkannte tatsächlich aus der platonischen »Erinnerung«.

Guardinis erster großer Themenkreis umfaßt Schriften zur *Liturgie,* beginnend mit dem schmalen Werk »Vom Geist der Liturgie« (1918), herausgegeben von Abt Ildefons Herwegen aus Maria Laach. Die von niemand vorhergesehene Wirkung entstand aus dem Zusammentreffen eines allgemeinen Aufbruchs in Theologie und ihrem Index, der Liturgie, und der Feinfühligkeit des Autors, der die Umwälzungen nicht nur wahrnahm, sondern sie im Formulieren klärte und zur Bewußtheit brachte. Hinzu tritt die Unmittelbarkeit seiner denkerischen Bemühung, die gerade für Laien, ja für solche von »außerhalb« der Kirche keiner nochmaligen Übersetzung bedurfte. Guardinis kraftvoller Anstoß in dieser Wende bezieht seine Wirkung aus einem versuchten Neudenken der Geistesgeschichte: Es geht nicht kurzatmig um Änderung der Liturgie unmittelbar, sondern um Änderung der geistigen Haltung, aus der heraus Liturgie erneut möglich ist und die eine »Überwindung der

Neuzeit« einleitet. Sucht man den Kern des Ansatzes, so zeigt Guardini die unerschöpflichen Zusammenhänge zwischen natürlicher seelischer Vorgabe und Liturgie. Ohne die vom Volk geliebten Formen abzuwerten wird doch ein »Mehr« der Gesamtkirche in Form und Verbindlichkeit aufgewiesen: »Die Wahrheit macht das Gebet kräftig, durchströmt es mit jener herben, erhaltenden, belebenden Energie, ohne die es weichlich wird. (...) Der dogmatische Gedanke macht frei von der Knechtschaft des Gemütes, von der Verschwommenheit und Trägheit des Gefühls« (Vom Geist der Liturgie, 24f). Ein Durchbruch gelang in dem Kapitel »Liturgie als Spiel«: Liturgie ist keineswegs »zweckmäßig«; weder hat sie erzieherische noch absichtsvoll künstlerische Aufgaben; ihr tiefster Sinn ist einfach »Schau«, und zwar Schau von Gottes Herrlichkeit.
Am Ende gelingt in philosophischer Anstrengung eine Überwindung des neuzeitlichen Subjektivismus, die Guardini bis in sein hohes Alter als *die* Aufgabe der Zeit begreift. Es geht um die Neubegründung der Wahrheit vor aller Sittlichkeit, vor allem Handeln, sogar vor der Liebe. »Logos vor Ethos« meint jenen letzten Grund, der aus der Tathandlung des Menschen, aus dem Streben des Willens nicht abgeleitet werden kann, vielmehr unbedingt in sich ruht. Es klingt für geschärfte Ohren sehr modern, wenn Guardini weiterführend vom Vorrang des Seins gegenüber dem Werden spricht. Die Frage, ob dies alles rückständig oder avantgardistisch sei, stellt sich gar nicht; die Entdeckung der »unabänderlichen Gesetze allen Lebens« (Vom Geist der Liturgie, 142) steht nicht unter dem Diktat der Modernität. Daß sich Guardini von Anfang an einer solchen Modernität entzog und sie gleichwohl absichtslos einholte, macht seinen Erstling bis heute zu einem Klassiker. In denselben Umkreis gehören die Werke »Liturgische Bildung« (1923) und »Von heiligen Zeichen« (1922, erwei-

tert 1929), später die Übungen »Wille und Wahrheit« (1933) und das wesentliche Buch über »Die Sinne und die religiöse Erkenntnis« (1950).
Hat man die Grundbewegung des Liturgischen erfaßt, das Sichtbarwerden eines Unsichtbaren, die Verleiblichung des Geistes als den Nachvollzug der Inkarnation Jesu in dem Zeichen der Sakramente, so ist die Frage des späten Guardini 1964 (Brief an den liturgischen Kongreß Mainz) einfachhin folgerichtig, ob der Mensch heute noch liturgiefähig sei. Guardinis zunehmende Befürchtung ist gerade, daß im Laufe der Neuzeit die Autonomie und Selbstgenügsamkeit in dieser Welt ein »Hören und Gehorchen« dem numinosen Bereich gegenüber verunmögliche; so könne es nicht plötzlich liturgisch hergestellt oder »gemacht« werden. Könnte man sich eine Liturgie denken, die sich aus anderen Quellen als dem Erleben und Erfahren speist? Gleichsam eine »nackte« Liturgie, rein aus dem Glauben, bloß aus dem Gehorchen, eine Liturgie, die kein Echo im Subjektiven mehr hat? Diese Entblößung zeichnet sich für Guardini je länger je mehr ab. Der Weg des Glaubens und seiner Darstellung ist ihm zukünftig mehr von der Armut des Nichtwissens und Nichtsehens als vom Reichtum bezeichnet.
Ein zweiter großer Themenkreis sind Schriften zur *Ekklesiologie.* Die Vorträge »Vom Sinn der Kirche« (1922) markieren mit ihrem ersten programmatischen Satz die unerwartete Wendung einer ganzen Generation: »Ein Vorgang von unabsehbarer Tragweite hat eingesetzt: die Kirche erwacht in den Seelen.« Kirche nicht mehr als von außen auferlegte Institution, sondern als mystischer Leib Christi, dem jeder einzelne sein Innerstes, Grundlegung der Freiheit, Grundlegung der Welterfassung verdankt. Es gelang Guardini, gerade der Jugend die von der Kirche eröffnete Polarität von Autorität und Gehorsam, von Bindung an Herkunft

und Bestehen der Zukunft deutlich zu machen. Grundgedanken dieser Art, immer erwachsen aus seinem Methodendenken im »Gegensatz«, durchziehen Guardinis Schriften fast unverändert bis zum Ende.
Aus der Ekklesiologie entfaltet sich in einem dritten konzentrischen Kreis die *Christologie*, die Guardini zusammen mit Karl Adam für die Jahre vor dem Zweiten Weltkrieg einleitet. Kennzeichnend für ein Werk wie »Der Herr« (1937) und für die zugehörigen Schriften »Jesus Christus. Sein Bild in den Schriften des Neuen Testaments« (1940), »Das Christusbild der paulinischen und johanneischen Schriften« (1961) und »Die menschliche Wirklichkeit des Herrn. Beiträge zu einer Psychologie Jesu« (1958) ist die Unmittelbarkeit phänomenologischer Wesensschau, mit der Guardini noch ohne die Hilfsmittel der historisch-kritischen Methode aus den Texten selbst das Antlitz des »Herrn« für den Glaubenden zu enthüllen sucht – immer tröstend und ratend begleitet von den Hinweisen auf das mögliche Verborgensein dieses Antlitzes, und wie der Glaubende mit dieser Leere umzugehen habe, sogar aus ihr leben könne.
Ein vierter Themenbereich sind die *kulturkritischen Schriften*, beginnend mit den in unerhörter Sensitivität geschriebenen »Briefen vom Comer See« (1927) bis zu den späten Versuchen über »Das Ende der Neuzeit« (1950) und »Die Macht« (1951). Was hier Guardini an Kritik der Technik, an Enthüllung von Zerstörung gewordener Gestalt durch die Möglichkeiten des Maschinenzeitalters, an Rückgewinn von Formgefühl und Lebenssicherheit leistet, was er zum Bestehen der übermäßigen Machtfülle an behutsamen und zugleich unnachgiebigen Vorschlägen aus christlicher Erhellung sagt, liest sich heute in einer Weise modern, daß seine damalige Durchbruchswirkung heute schon als in das Denken der Allgemeinheit übergegangen bezeichnet

werden kann. Dies alles durchaus nicht aus einem Spenglerschen Untergangspessimismus geschrieben – obwohl Guardini auch persönlich betroffen, zeitweise verletzt war von Erfahrungen des Verfalls einer alten Kultur, der er sich viel heimatlicher verbunden fühlte als der Gegenwart –, sondern trotz allen Bedauerns doch ein Anlauf, Technik in ihrem Wesen zu bejahen, Zukunft auch in ihren unmenschlich scheinenden Herausforderungen zu bestehen.

Schließlich noch die großen *anthropologischen* Entwürfe seit den zwanziger Jahren (1922 lag bereits eine »Ethik« in Guardinis Bonner Schublade!). Geschult an den großen abendländischen Gestalten, war Guardini zutiefst ein Denker der christlichen Existenz, im Sinne ihrer großen Herausforderung an den nur natürlichen Menschen, im Sinne ihrer »Unmöglichkeit«, die doch von der Offenbarung gefordert, ja unabdingbar herausgerufen wurde. Guardinis Denken kreist um die Personwerdung des Menschen, die zu gleicher Zeit notwendig und äußerste Sinngebung, aber auch eine letzte Anspannung aller Kräfte bedeutet. Trotzdem: Wird diese Anspannung nicht vollzogen, wird paradoxerweise auch die Welt nicht richtig gesehen und gelebt. »Welt und Person« sind in einem innersten Sinne nur aneinander möglich; von daher ist erst dem Christen als Person auch die Welt in ihrem eigentlichen Wesen zugänglich.

Übrigens gewinnt Guardini mit der Philosophie der Person auch eine Kritik des Existentialismus, der die übersteigerte Abhebung auf den Menschen als ausschließlichen Gegenstand des Nachdenkens zum Thema hatte. In Guardinis Denken wird Anthropologie zurückgebracht auf ihr ausschnitthaftes Maß innerhalb einer Gesamtwirklichkeit. Die Aufgabe der Zukunft bestünde nach ihm darin, das Ganze der Welt in den Blick zu nehmen und den Betrachter dabei einzubegreifen. Der Betrachter selbst müßte eine Haltung der Uni-

versalität gewinnen, die auch ein Bewußtsein vom Kosmos umschließt (Der Gegensatz, 198). Damit hängt das Gewinnen einer nachneuzeitlich »offenen Haltung« zusammen. Dies hat nichts mit einem Unbestimmt-Standpunktlosen zu tun, sondern mit »Einsicht in die eigenen Grenzen«, mit »Überwindung der Anmaßung und der engen Individualwelt« (Der Gegensatz, 205). Diese Formulierung spricht nichts anderes als die Forderung aus, über die Neuzeit hinausgehend eine andere Haltung anzunehmen. Haltung deswegen, weil sie einem Gehaltensein entspricht – erstmals wieder und neu. Von Haltung zu reden bedeutet nämlich, die seit 400 Jahren eingeschliffene Ichverhaftung des Individuums aufzugeben, damit seine Setzung als Maß und Mitte der Welt, seinen Glauben an die Grenzenlosigkeit sei es des Fortschritts oder der eigenen »Macht« oder eigener wie fremder Veränderbarkeit.
Was Guardini mit der Überlegung von der »offenen Haltung« leistet, ist ein befreiendes Hinweisen auf das mögliche Bestehen der Zukunft. Guardini schlägt den Verzicht vor: Erst im Verzicht auf eine seit langem eingeübte Unendlichkeit des Wollens (gleich Unmäßigkeit) gelingt das jetzt Entscheidende, »die Sättigung des Endlichen mit Vollendung« (Der Gegensatz, 208). Hier erscheint das letztlich bewegende Ziel der guardinischen Anthropologie in ihrer ganzen Helle: nicht allein der Wille zur ganzheitlichen Sicht, sondern die souveräne Neufassung beladener und belasteter Begriffe wie Grenze, Schranke, Endlichkeit, Zucht, Mitte, Maß. Aufgegeben ist nicht das bloß keuchende Überleben, sondern das Gewinnen einer aufgerichteten, in sich klaren Identität, aus dem Anruf Gottes heraus, woraus die Schwebe zwischen den Un-Möglichkeiten (des heutigen Niedergangs und Aufgangs in einem) möglich wird. Je länger je mehr schiebt sich innerhalb dieser konzentrischen Themenstellungen die *Gottesfrage* in den Vor-

dergrund. Guardinis Anthropologie ist nur denkbar aus seiner Theologie heraus. Personalität ist jenes »Innen«, das er, allgemein sprechend, von einem »Oben« gehalten sein läßt, weil es erst von daher, erweckt, angerufen, personal, Antlitz gewinnt. Dieses »Oben« kann im Tiefsten nicht neutral bloßgelegt, analytisch zerfasert werden, weil man damit in jenes Geheimnis gerät, das Guardini zu nennen und noch vielmehr nicht zu nennen als die eigentlich existentielle Aufgabe kennt. Theologie, die jenes Geheimnis nicht nach langer Denkbemühung stehenläßt, verfehlt überhaupt ihren »Gegenstand« – von daher Guardinis Bemühung, Theologie überhaupt aus dem methodischen Zugriff der anderen Wissenschaften, besonders aus dem naturwissenschaftlichen Begreifenwollen herauszuhalten. Die »Sorge um die Welt« ruht auf der grundlegenden »Sorge um Gott«. Das genannte Geheimnis umfaßt die Frage, die an Letzt-Fragbares heranreicht, weshalb Gott überhaupt Endliches geschaffen habe. Damit ist die Theodizee in der für Guardini eigenen Wendung angesprochen, weshalb Gott überhaupt in der Verborgenheit und Unerkennbarkeit verbleibt, während alles Endliche von ihm nur gebrochen redet. Für Guardini ist bezeichnend, daß er diese Verborgenheit als Aufgabe, ja als beseligende Möglichkeit des Glaubenden faßt: Das Gebet dringt in das Geheimnis ein, hellt aber nicht seine Unbegreiflichkeit auf, sondern erkennt im Gegenteil darin den eigenen letzten Sinn. Die Haltung des Schweigens ist die eigentlich gemäße Weise, sich dem Antlitz Gottes auszusetzen. So ist Gott nicht der »ganz Andere«, sondern er ist der Andere meiner selbst. In der Unbegreiflichkeit beruht gerade die Heiligkeit: »Menschen, Dinge, Geschehnisse sind weltlich, irdisch, diesseitig, da und vorhanden; Gott hingegen ist unweltlich, unirdisch, entrückt, vorbehalten und geheimnishaft.«
Das einzig wirklich Erkennbare an Gott ist die Person

Christi – jenes Wesen des Christentums, das eben nicht neutral betrachtet werden kann. In ihm finden sich anschaulich all jene Paradoxien, die das Göttliche und das Menschliche in ihrer Einheit begleiten. Christus ist der Maßstab jeder Gotteslehre – das Geheimnis Gottes naherückend, und es zugleich in der uns anziehenden und zum lebenslangen Suchen einladenden Ferne belassend.

Guardinis Werk ist deswegen so bezwingend gewesen – und es zeichnet sich ab, daß dieses Bezwingende sich auf Dauer wieder einstellt –, weil seine Werke aus einer tiefen, existentiellen Verflechtung von Person und Gedanken stammen. Auch viele Bemerkungen und Gelegenheitsschriften zeigen in ihrem »Werkstattcharakter«, wie eng verflochten, wie gegenseitig befruchtend bei ihm Anlage und Gabe in ihren hellen und dunklen Möglichkeiten und die Aufgabe der Deutung der Welt, des Menschen, Gottes sind. Und bei welchem bedeutenden Menschen wäre dies nicht – über alles bloß psychisch »Interessante« hinausgehend – das eigentlich Bewegende, das Bezeugende, nämlich die eigentliche Nahtstelle von gewußter, gelernter und gelebter (erlittener, aufgezwungener, zugefallener) Wahrheit?

Bibliographie

1. Werkverzeichnis
Hans Mercker, Bibliographie Romano Guardini (1885–1968), Paderborn/München/Wien/Zürich 1978.
Hier zitierte Werke:
Vom Geist der Liturgie (1918), Freiburg 1983.
Vom klassischen Geist, in: Die Schildgenossen 5 (1924–1925).
Der Gegensatz (1925), Mainz 1955.
Religion und Offenbarung I, Würzburg 1958.
Welt und Person, Würzburg 1939.

Berichte über mein Leben, hg. v. Franz Henrich, Düsseldorf 1984.
Die zitierten Briefe liegen unveröffentlicht im Archiv der Staatsbibliothek München (Ana 342).

2. Sekundärliteratur

Balthasar, Hans Urs von, Reform aus dem Ursprung, München 1971.
Biser Eugen, Interpretation und Veränderung, München 1980.
Gerl, Hanna-Barbara, Romano Guardini (1885–1968). Leben und Werk, Mainz 1985.
Kampmann, Theoderich, Das Geheimnis des Alten Testaments, München 1962.

Wolfgang Frühwald

»Die vielfach verdunkelte und verwirrte Wirklichkeit«

Romano Guardinis Deutung der Welt aus dem Wort der Dichter

1. *Erinnerung*

Seit die letzte Studiengeneration, die bei Romano Guardini noch gehört hat, das heißt die Generation der fünfziger und der frühen sechziger Jahre, sich selbst historisch zu werden beginnt, wuchern die anekdotischen Erinnerungen. Die wöchentliche Abendvorlesung (Donnerstag 18–19 Uhr, Studium universale) im bis auf den letzten Platz gefüllten Auditorium Maximum der Münchener Universität ist vielen von Guardinis Hörern in Erinnerung geblieben. Hans Maier sieht ihn »im Lichthof der Münchner Universität auf und ab gehen, eine zierliche Gestalt, in Eile und doch in sich gekehrt«, er hört »ihn mit brüchiger, fast erloschener Stimme sagen: die letzte Darlegung sei *in solchem Maß Fragment geblieben,* daß er noch einmal ganz von vorn beginnen müsse. Man nahm es nicht als Katheder-Eitelkeit. Der hier vortrug, sprach nicht wie einer, der triumphierend seine Funde vorweist, sondern wie ein Suchender, aus einer demütigen Fraglichkeit heraus.«[1] Kaum einer von Romano Guardinis aufmerksamen Hörern hat es in diesen Jahren noch gewagt, den Lehrer vor oder nach der Vorlesung anzusprechen; allzu streng umgab ihn die Aura jener Konzentration, von der er seinen Schülern verdeutlichte, daß alle Witze über angeblich zerstreute

Professoren von ihr, der auf die eine wichtige Sache gerichteten Anstrengung des in sich gesammelten Denkens sprachen. So hat dann wohl einer dieser Schüler – heute längst in Amt und Würden – heimlich den Zettel von der Tür des Hörsaales abgenommen, auf dem Guardini mit seiner Unterschrift bekundete, daß die nächste Vorlesung leider ausfallen müsse. Hat es aber doch einmal ein für Stimmungen wenig empfindlicher Student gewagt, Guardini nach der Vorlesung anzusprechen und nach dem Unterschied von Gebet und Gedicht zu fragen, so konnte es – zur Überraschung der Kommilitonen – geschehen, daß er sogleich auf einen langen Spaziergang mitgenommen wurde, auf dem ihm eben diese Differenz in einem Privatissimum erklärt wurde.

Guardini sprach in der auf die Minute pünktlich begonnenen Vorlesung mit leiser, aber eindringlicher Stimme, und er konnte es sich leisten, mit leiser Stimme zu sprechen, da man im Hörsaal eine Stecknadel fallen hören konnte. Der Vortrag erforderte in jedem Satz, auch wenn er nicht von Gedanken zu Gedanken fortschritt, sondern wiederholte und variierte, die ganze Aufmerksamkeit der Hörer. Dabei geschah es mehr als einmal, daß wir plötzlich von der Stimme des die Vorlesung unterbrechenden Vortragenden erschreckt wurden, die sich an einen zu spät gekommenen Hörer wandte: »Bitte, verlassen Sie den Saal!« Der zu spät Gekommene, der sich in den Hörsaal hatte schleichen wollen, stand mit rotem Kopf, wie festgebannt am Eingang des Hörsaals, den er nach Guardinis Aufforderung fluchtartig verließ. Romano Guardini sprach nie weiter, ehe die wenigen, die es gewagt hatten, noch nach Beginn der Vorlesung den Saal zu betreten, diesen wieder verlassen hatten. Er nahm seinen Vortrag ernst, und so ernst der einleitende Satz von der Fragmentarität alles bisher Gesagten gemeint war, so ernst war auch die Forderung nach geistiger Disziplin gemeint, die er an seine Hörer stellte. Die Welt der Universität war für ihn »trotz allem« eine »der vornehmsten, die es gibt, weil sie nur der Wahrheit verpflichtet ist«[2]. Dieses von den Nationalsozialisten zerstörte Verhältnis der Universität zur Wahrheit wollte er wiederherstellen helfen; deshalb urteilte er hart, wenn ein Student auch nur geringfügig gegen die äußere Form verstieß. In seiner strengen, dem Dienst an der Wahrheit verpflichteten Auffassung des Professorenamtes definierte er die Universität als »eine lebendige Gemeinschaft in der Hingabe an die Wahrheit«, die es wert war, daß um sie mit hohem Einsatz – wie bei den Geschwistern Scholl und ihren Freunden: selbst um den Preis des Lebens – gerungen wurde.

Ein guter Teil der Wirkung Romano Guardinis ging von der Person des Redners aus, eines verletzlichen Mannes, gleichwohl eines Mannes, der mit der Autorität dessen ausgestattet war, welcher ein langes Leben der Suche nach Wahrheit gewidmet hatte, welcher mit den Denkern des Mittelalters die Schönheit nur als den Glanz der Wahrheit betrachtete und von der Schönheit der Wahrheit mitzuteilen, in der Lage war. Er stellte die Maxime auf, man müsse einen Autor aus seinen Büchern sprechen hören – und in der Tat hatte ich bei seinen Büchern erstmals das Erlebnis, den Klang der Stimme im geschriebenen und gedruckten Wort wiederzuerkennen. Weil er vom Ernst, vielleicht auch von der Melancholie des Wahrheitssuchers geprägt war – selten sahen wir ihn lächeln, an ein befreiendes Lachen seiner Hörer erinnere ich mich nicht –, konnte er in schwierigen Zeiten ein Wort der Ermutigung und des Trostes wagen.

Im November 1956, das Wintersemester hatte soeben begonnen, walzten russische Panzer den ungarischen Aufstand nieder. Die Universität war in heller Aufregung, die Studenten sahen in wütender Ohnmacht ein freiheitsdurstiges kleines Volk der nackten Gewalt ausgeliefert. In dieser Situation geschah, was heute längst, und immer wieder auch pöbelhaft, zum Alltag der Universität gehört: Ein aufgeregter junger Mann stürmte in die Vorlesung des Historikers Franz Schnabel, der, scheinbar unberührt von den nebensächlichen Ereignissen des Tages, über »Die nationalstaatliche Bewegung in Mitteleuropa (1850 bis 1890)« las. Auf den entsetzten Ruf des Hilfe suchenden Studenten: »Herr Professor, wissen Sie denn nicht, was geschehen ist? Und Sie stehen ruhig hier und lesen?« – antwortete Franz Schnabel: »Was wollen Sie? Das gehört zur Geschichte der nationalstaatlichen Bewegungen, und darüber lese ich.« Die scheinbare Kälte und Gelassenheit des verehrten Lehrers hat damals viele Studenten, auch wenn sie ihm zunächst wegen der souveränen Meisterung der ungewöhnlichen Situation Beifall gespendet hatten, tief getroffen. In der gleichen Woche hat Romano Guardini – er las Montag und Donnerstag 18–19 Uhr über »Pascal, seine Erfahrung von der Natur, vom Menschen und vom Religiösen« – im gleichen Hörsaal nicht auf eine Unterbrechung gewartet, seine Betroffenheit nicht verborgen, sein Gefühl der Ohnmacht offen gestanden. Er versuchte wenigstens, uns die Ereignisse in Ungarn durch eine Sprachreflexion zu erklären. Das Bild vom »Block«, das für die mit der Sowjetunion verbündeten Staaten gebraucht werde, sei ein sehr eindringliches und genaues Bild. Ein Block werde nur durch äußeren Druck zusammengehalten, wenn der Druck nachlasse, so zerfalle der Block. Hin und wieder breche sich in der Geschichte der Völker die Freiheit in einem elementaren Ausbruch Bahn; an dem Antagonismus von Freiheitssehnsucht und jeweils verstärktem Druck werde sich die Zukunft der mittel- und osteuropäischen Völker und damit die politische Zukunft ganz Europas entscheiden.

Während der siebzigjährige Franz Schnabel (geboren 1887) – zu unser aller Entsetzen – die Wahrheit des Historikers verkündete: die Geschichte lehre, daß auf einen jeweils längeren Zeitraum des Friedens ein um so schrecklicherer Krieg gefolgt sei, hat der um zwei Jahre ältere Romano Guardini noch versucht, mit uns zu denken und zu fühlen, in uns die Form jenes Europa zu erwecken, das er in den Gestalten der Dichter und der Denker von Sokrates bis Rilke gefunden hatte. Es war daher nur konsequent, daß auf Anregung des Allgemeinen Studentenausschusses der Universität München nicht der Text eines Historikers, sondern Romano Guardinis zwei Jahre nach der Hinrichtung der Geschwister Scholl gehaltene Gedächtnisrede (vom 4. November 1945): »Die Waage des Daseins« ab dem Sommersemester 1955 jedem neu immatrikulierten Studenten überreicht wurde. Es sei »das Vorrecht des jungen Menschen«, heißt es darin, »glauben zu dürfen, vor dem Geist und dem Leben habe die Vernunft der Dinge kein Gewicht«.[3] Und eben dieser »Vernunft der Dinge« – »Vernunft« aber verstanden als »die Fähigkeit, die Ordnungen des Daseins nachzudenken« – galt Romano Guardinis Bemühen. In ihm ordnete er den strengen Dienst an der Wahrheit, die Leidenschaft des Künstlers, die opfervolle Tat »eines von geschichtlicher Stunde Gerufenen« und »das Verhalten des Liebenden, dem ein anderer Mensch sein Leben anvertraut hat oder der sich durch die Not der Verlassenen verpflichtet fühlt«, gleich.

2. *Welt-Anschauung*

Der Literaturwissenschaft hat Romano Guardini keine besondere Aufmerksamkeit gewidmet. Die Frage nach einem »Forschungsstand« schien dem Philosophen unerheblich, und doch fühlte er sich der fachwissenschaftlichen Kritik gegenüber verpflichtet, deren grundlegende Einwände gegen seine Arbeitsmethode immer wieder abzuweisen. So betonte er nicht etwa seine eigene, von der herrschenden Forschungsmeinung abweichende Ansicht, sondern erklärte offen, wichtige Schriften zum Thema überhaupt »nicht gelesen« zu haben. Nur die »Information über das Tatsächliche«[4] schien ihm brauchbar, die Interpretation dagegen ein Auftrag, den er persönlich zu erfüllen hatte, dem er sich durch die Lektüre wissenschaftlicher Literatur nur entzogen hätte. Guardini wußte sich »in hinreichend nahem Kontakt mit den Werken selbst«[5], um deren Wahrheit nicht zu verfälschen; im übrigen aber betrachtete er sich – und wohl zu Recht – als einen der Begründer modernen Interpretierens, worunter er seine Weise der Welt-Anschauung verstand. Sein Lehrauftrag in Berlin, Tübingen und München lautete auf »Religionsphilosophie und christliche Weltanschauung«. Er legte besonderen Wert auf die zweite Komponente dieser Venia legendi, und grenzte sie ab vom Fachverständnis der Kulturwissenschaften. Es ging ihm darum, die Welt, das Lebendig-Konkrete, aus der Perspektive des christlichen Glaubens anzuschauen und zu deuten, ihren Sinn zu erschließen, ihre Fragen zu beantworten. Im Rückblick auf vierzig Jahre akademischer Tätigkeit hat er 1962 eine bündige Definition seiner Arbeit gegeben: »Immer handelt es sich um Ergebnis von Begegnung: um Deutung der ›Welt‹ vom Glauben her; um Fragen, welche die Welt an die Offenbarung richtet.«[6] Zwei Begriffe sind in dieser Definition besonders akzentuiert: »Begegnung« und »Welt«. Sie gehören zum unverwechselbaren Wortschatz Guardinis, der seinen Stil so stark reflektierte, daß er über ihn und seine leitenden Maximen Auskunft geben und in den Vorlesungen seinen Schülern regelhafte Mitteilungen machen konnte.

Guardini hat sich zwar von Modewörtern (wie »eigentlich« und das »Eigentliche«) nicht immer freigehalten, er hat aber Fremdwörter nach Möglichkeit gemieden, der Nominalisierungstendenz der deutschen Syntax widerstanden und immer die einfache der gesteigerten Ausdrucksweise vorgezogen. Nur in den wenigen Neologismen, die sich nicht durchgesetzt haben, merkt man ihm noch die italienische Muttersprache an.

»Begegnung« meinte bei ihm stets nicht nur die Erfassung eines Gegenstandes mit dem Verstand, sondern mit dem Herzen, meinte die »Logik des Herzens«, also eine existenzentscheidende Begegnung, vergleichbar der ersten Begegnung Adams mit Eva im Paradies oder der ersten Begegnung des Petrus, des Matthäus und anderer Jünger des Herrn mit Jesus. So wenig Guardini die historische Gebundenheit seiner Untersuchungsgegenstände übersehen hat, so wenig hat er nur als Historiker interpretiert, sondern »immer als der verantwortliche Helfer und Gestalter seiner eigenen Zeit«[7]. Immerhin hat er Rilke als einen »späten Menschen« gedeutet, hinter dessen Dichtungen »ein ausgebreitetes, reich differenziertes und gestuftes Daseinsbild« stehe[8]; die Dichtung der neueren Zeit schien ihm aufs ganze gesehen doch eine problematische, der sich verselbständigenden Rationalität und dem menschlichen Autonomiestreben unterworfene, vielfach verschlüsselte Botschaft. Er hat das subjektive Element seines Interpretierens nicht geleugnet, sondern in Literatur und Philosophie stets solche Gestalten aufgesucht, in denen, wie bei ihm selbst, »der Denkansatz bei der eigenen Existenz« lag.[9]

»Welt« aber, der zu begegnen ihm sein Lebensauftrag schien, damit er von dieser Begegnung mitteilen könnte, war für ihn nicht allein die Natur, sondern die Welt »im weitesten Sinne«: Menschenleben, Geschichte, Vorgänge und Werke der Kultur, die Sprache und die Dichtung. Das literarische Kunstwerk gar schien ihm eine Welt für sich, »ein Inbegriff, von dem man in so vielfacher Weise handeln kann, als es Weisen gibt, ihm zu begegnen und es ins eigene Leben aufzunehmen«[10]. Interpretation also, die berührende und bedeutende Begegnung des Menschen mit der Welt im Medium der Kunst und des poetischen Wortes, war für Romano Guardini das genaue Gegenteil dessen, was er in seiner Jugend an positivistischen Urteilen über Literatur erfahren hatte. Die zweite, dem naturwissenschaftlich-evolutionistischen Denken unterworfene Hälfte des 19. Jahrhunderts, schien Guardini der Deutung und der Weltinterpretation unfähig, da sie »in ihrem Rationalismus zu sicher und im Gefühl ihrer unfehlbaren Methoden zu ehrfurchtslos [war], um wirklich zu interpretieren, denn das heißt, in die Schule eines anderen Geistes zu gehen«.[11]

Diese 1941 in Berlin publizierten Sätze richteten sich freilich nicht so sehr gegen das späte 19. Jahrhundert, als vielmehr gegen dessen sozialdarwinistisch denkende und vor allem handelnde Erben in der Gegenwart, gegen den Nationalsozialismus, dem Guardini schon mit seinem Hölderlin-Buch (1939) widersprochen hatte. Wenn Hölderlin, dessen Hymne »Der Tod fürs Vaterland« von der nationalsozialistischen Kriegspropaganda mißbraucht wurde, von Guardini 1939 in eine Reihe mit Dante, Äschylos und Pindar gestellt wurde, wenn es ihm darauf ankam, »zu hören, was Hölderlin sagt; wirklich er und nur er, und er ganz«[12], so stellte er dem patriotisch mythisierten Bild des angeblich »deutschesten« aller deutschen Dichter, an dessen Gestalt man den künstlerischen Ausdruck der »Rassenseele« analysierte[13], das Bild des »zu religiösem Dienst gerufenen Sehers« gegenüber und ordnete diesem Bild auch Hölderlins vaterländische Hymnen ein.

Am Werk Romano Guardinis ist präzise zu zeigen, wie

die später in der Literaturwissenschaft mit Recht bekämpfte Methode immanenter Interpretation ihre Faszination aus dem Widerstand gegen den politisch-propagandistischen Mißbrauch der Dichtung und des Bildungserlebnisses gewonnen hat. Guardinis durchaus kritische Rilke-Deutung wendet sich, in Fortführung der Hölderlin-Interpretation, gegen den nationalsozialistischen Opferkult, gegen dessen »Mystik der Erde und des Blutes«[14] und zumal gegen dessen Verherrlichung von Nietzsches dionysischem Rausch. Guardini hat erkannt, daß der Nationalsozialismus die Jugend mit bacchantischen Ritualen geködert hat, ihr jene Massenfeste und Gemeinschaftserlebnisse geschenkt hat, in denen die Berührungsfurcht schwindet und das gesteigerte Lebensgefühl sich mit der Todesbereitschaft verschwistert. Dionysos in seiner modernen Gestalt ist der gefährlichste aller innerweltlichen Heilbringer, der Wider-Christus, der die Person zerstört und nur noch das Volk, die Rasse, das Totale gelten läßt:

»Die Bücher über Dionysos lesen sich wundervoll. Aller Glanz des Lebens scheint aus ihm zu kommen. Wer gegen ihn spricht, gerät in den widerwärtigen Schein der Muckerei – besonders wenn es die Jugend ist, die bei Dionysos steht und ihren inneren Lebensanstieg als Beweis für seine Wahrheit empfindet. Man muß ein bestimmtes Alter überschritten und eine Reihe jener [Daseins-] Rhythmen durchlebt haben, dann entzaubern sie sich und man fühlt ihre verzweiflungsvolle Monotonie.«[15]

In diesem Kontext also sind die Sätze des Rilkebuches aus dem Jahre 1941 zu verstehen. Der christliche Personbegriff ist aufgerufen gegen den Dionysismus und seine Identifikation von Leben der Art und Untergang des Einzelnen:

»Nirgends kommt es [im Dionysismus] auf das Einzelne an, nur auf den großen Strom, und der bleibt – ja gerade im Untergang des Einzelnen triumphiert er. Im Dionysischen gibt es keine Geschichte, ebenso wie es in ihm kein Gedächtnis gibt und keine

Treue. Alledem stellt Rilke das Bewußtsein von der ›Unwiderrufbarkeit‹ alles Menschlichen, von der Würde seiner Einmaligkeit entgegen. Nicht weil es absolut wäre. Es ist ja *nur einmal*, das heißt hier endlich; gerade als solches aber unwiderrufbar.«[16]

Daß Guardini 1941 diese Sätze unmittelbar in die Zeit hinein gesprochen hat, bezeugt auch die durchgreifende Veränderung der Passage in der 1953 erschienenen Gesamtdeutung der »Duineser Elegien«. Dort nämlich fehlt bei der Interpretation der 9. Elegie der Hinweis auf die Würde des Menschlichen ebenso wie der auf die Geschichtslosigkeit des Dionysischen, und damit auch der Hinweis auf den dämonischen Mißbrauch, den die nationalsozialistische Propaganda mit Stoff und Begriff der Geschichte getrieben hat. 1953 heißt es in diesem Zusammenhang nur noch: »Im Dionysischen gibt es keine Gültigkeit und kein Gedächtnis – ihm stellt Rilke das Bewußtsein von der ›Unwiderruflichkeit‹ alles Irdischen, von der Sinn-Dichte seines ›Nur-Einmal‹ entgegen.«[17] Die Gesamtdeutung ist vielleicht näher an Rilkes Text, dessen Wort die alleinige Leitlinie der Interpretation wird, doch im gleichen Maße, in dem sich Guardinis Deutungsstil dem in der zeitgenössischen Literaturwissenschaft verbreiteten Immanentismus nähert und sich von der eigenen historischen Basis löst, gerät sein Text in Gefahr, zu einem bloßen Exempel existenzphilosophischer Lesarten von Literatur zu werden. 1941, im Jahr von Hitlers Angriff auf die Sowjetunion, bedeutete die Anführung des Rilkezitates: »Dann aber tat sich mir Rußland auf und schenkte mir die Brüderlichkeit und das Dunkel Gottes, in dem allein Gemeinschaft ist. [...]«[18] – eine Widerstandshandlung; das gleiche Zitat hat im Jahre 1953 den seine Wirkung bedingenden Unterton – der sowjetische »Untermensch« hatte bekanntlich keinen Anspruch auf Kameradschaft oder gar auf Brüderlichkeit – verloren, es ist zu *einem* Rilkewort neben vielen anderen geworden. Jetzt – 1953 –

endet die Interpretation der 8. Elegie mit dem Allerweltshinweis auf die Polyphonie poetischer Gedanken, und der kraftvoll-bekenntnishafte, Rilkes Text überschreitende Schluß der Deutung von 1941 ist 1953 gestrichen:

»Durch das Gesagte wird die religiöse Bedeutung der Elegien besonders deutlich. Sie tun kund, daß der Kampf um Gott – und, da das Wesen des Menschen sich endgültigerweise nicht in ihm selbst, sondern in Gott bestimmt, um den Menschen – auf einer ganz neuen Ebene beginnt.«[19]

Ich ziehe daraus den Schluß – und in der Regel läßt sich diese Konsequenz auch belegen –, daß in Romano Guardinis Oeuvre die Erstfassungen den meist erweiterten Spätfassungen vorzuziehen sind, da sie nicht nur dem (fast immer) rednerischen Anlaß der Entstehung näherstehen, sondern auch jene Spuren ihres Ursprungs tragen, die der Autor später, aus einer mißverstandenen Vorstellung von der Reinheit des poetischen Wortes heraus, meist getilgt hat. Guardini hat sich 1945 nicht, wie viele seiner Freunde, im ohnehin nur kurz dauernden Glanz des Widerstandes gegen das nationalsozialistische Gewaltregime gesonnt; er hat sein Werk so, wie er es mit Blick auf die »zerstreute, vielfach verdunkelte und verwirrte Wirklichkeit des Daseins« zunächst angelegt und dann in verfinsterten Zeiten mit deutlich politischem Engagement entfaltet hat, auch in die neue Lebensphase transponiert, von der er gesagt haben soll, daß alt werden, schwer sei, alt sein dagegen, schön. Die Annäherung an existenz-philosophisches und psychologistisches Vokabular hat den Alterstexten Guardinis dabei viel von ihrer ursprünglichen Frische genommen, den Ausdruck unmittelbarer Begegnung zurückgedrängt. Zugespitzt erscheint es heute fast so, als hätten sich die Deutungstexte der dreißiger und der vierziger Jahre lebendig erhalten, während zumal die der fünfziger Jahre – mit wenigen Ausnahmen, wie etwa dem »Ende der Neuzeit«[20] – mit dem Verlust der Wirkmächtigkeit eines ontologischen Vokabulars verblaßt sind. Es mag mit Guardinis pastoraler Orientierung auf ein intellektuelles Publikum im Hörsaal, auf der Kanzel und am Rednerpult zusammenhängen, daß er sich in den fünfziger Jahren einem Wortschatz öffnete, der das Pathos, nicht so sehr den »Jargon der Eigentlichkeit« zelebrierte[21].

Die nur scheinbar so sichere, im Tiefsten von Zweifeln angefochtene Sprache Romano Guardinis ist auch Ausdruck einer Persönlichkeit, die – darin den Mystikern der Moderne vergleichbar – sich ihrer Begegnung mit Gott sicher war, die aber das Bewußtsein dieser Begegnung, vor allem die Weise der Mitteilung davon immer wieder dem Verständlichkeitspostulat, der Skepsis und einer nie endenden Kette von Reflexionen unterworfen hat.

Romano Guardini ist geboren und aufgewachsen in dem von Stefan Zweig so genannten »goldenen Zeitalter der Sicherheit«[22], dessen voreiliger Glaube an die sittliche Kraft zivilisatorischer Vernunft durch die beiden Weltkriege und schließlich durch eine Herrschaftsform widerlegt wurde, die »mit einem einzigen Stoß uns um tausend Jahre humaner Bemühungen zurückgeworfen hat«. So lernte Guardini, der Sicherheit des Bewußtseins zu mißtrauen, ja sie geradezu als ein Kriterium des von ihm als gefährlich eingestuften neuzeitlichen Autonomiestrebens zu verstehen. Das »durch Wissenschaft aufgeklärte und durch Technik sicher gewordene Bewußtsein«[23] schien ihm Ausdruck des 19. Jahrhunderts, das in monistischer Verblendung nicht mehr bereit war, auf die Stimme der Geschichte zu hören und daher in der Geschichtslosigkeit der nationalsozialistischen »Bewegung« gipfelte.

Interpretation, Deutung, Welt-Anschauung, wie Guar-

dini sie verstand, waren das genaue Gegenteil dieser hybriden Sicherheit, so daß das Ende einer Zeit des »humanen Menschen« gekennzeichnet ist durch eine Zeit der Interpretation und der Neuorientierung, durch welche aus der sinkenden Epoche zumindest der Begriff und die Realität der menschlichen Person in die neue Zeit gerettet werden müßte: »Wir Heutige haben jene Sicherheit nicht mehr. Das bedeutet viel Schweres, aber auch einen großen Gewinn: wir stehen wieder im freien Raum. Es wird uns leichter als unseren Eltern und Großeltern, zu schauen, zu lauschen und zu lernen.«[24]
Die beiden von Guardini schließlich postulierten Weltzeitalter des »humanen« und des »nicht-humanen« Menschen, das heißt des Menschen, dessen Wirkfeld (in Antike, Mittelalter und Neuzeit) »mit seinem Erlebnisfeld zusammenfiel«, und des Menschen, dessen »Erlebnisfeld [...] von seinem Erkenntnis- und Wirkfeld grundsätzlich überschritten wird«[25], sind von einer Zeit der Deutung und der jeweiligen Neuorientierung überlagert, durch sie getrennt und verbunden zugleich.
Den Schwellen- und Grenzgestalten der Geschichte, unter ihnen den prophetischen Dichtern, die im Sinken des Alten das Neue angekündigt haben, die mit ihrem Werk daher nicht mehr in ihrer Zeit, sondern schon in der Zukunft standen und nun in das neue Weltzeitalter – das irgendwann nach der letzten Jahrhundertwende begonnen hat – gerettet werden sollten, galt Guardinis herausgehobenes Interesse: Sokrates und Platon, Augustinus, Dante, Pascal, Hölderlin, Kierkegaard, Dostojewskij, Freud, Rilke. So sonderbar es zunächst klingen mag: Der Geschichtsschreiber und Deuter von Leben und Person des HERRN[26] hat selbst Jesus von Nazareth zu diesen Grenz- und Schwellengestalten gezählt. Daß »Jesus Christus [...] Geschichte« ist[27], wurde Guardini nicht müde zu betonen. In dieser seiner Historizität steht Jesus »an der Schwelle von [...] zwei Jahrtausen-

den. Er ist, als geschichtliche und zugleich göttliche Wirklichkeit, in ein immer heller, immer kritischer werdendes Bewußtsein aufgenommen und stetsfort als Heiland geglaubt worden«. Weil alle diese Gestalten innerhalb des Zeitalters des »humanen Menschen« am Übergang von Zeiten und Epochen stehen, sind sie in besonderer Weise »ganz auf Interpretation angelegt«[28]. Auf der Höhe ihrer Zeit stehend, werfen sie als Schwellen- und Grenzfiguren auf das jeweils scheidende Zeitalter, »in einem Augenblick, da dessen Gestalt bereits zu sinken beginnt«[29], ein um so helleres Licht; zugleich aber hat sich in ihnen, ob in finsterer oder heller Gestalt, schon die Gestalt der Zukunft hergestellt, noch ehe diese Zukunft sichtbar begonnen hatte.
So konnte Romano Guardini das Erbe seiner Jugend, die Schwermut und ein – freilich christlich gebrochenes – Dekadenzdenken nie verbergen, in welchem Kultur als ein Phänomen des Niedergangs erschien. Da die gedankliche Figur von Niedergängen offenkundig schon früh zu seinem Werk gehörte, war die Frage nach der Zukunft Europas eine seiner zentralen Fragen im Spannungsfeld von Kultur, Politik und Theologie. Er hat sich nie damit begnügt, deutsche (oder italienische) Kunst und Kultur zu deuten, ihm ging es immer um einen europäischen Kulturzusammenhang, in den er das europäische Rußland selbstverständlich einbezogen hat. Eine der wenigen Schriften Guardinis, die sich mit dem Nationalsozialismus unmittelbar auseinandersetzt (»Der Heilbringer in Mythos, Offenbarung und Politik«, 1946), stellt sich deshalb betont in die Nachfolge von Friedrich von Hardenbergs »Die Christenheit oder Europa« (1799), also in die Tradition eines religiös dominierten Geschichtssymbolismus. Des Novalis berühmtes Wort: »Wo keine Götter sind, walten Gespenster [...]«[30] hat Guardini in seiner Zeit erfüllt gesehen

und daraus den Schluß gezogen, daß Europa christlich oder überhaupt nicht mehr sein werde.
Die in der Schrift über die Figur des Heilbringers fast zum Überdruß wiederholte Mahnung, daß Europa eine geistige Lebensform sei, eine »von der Gestalt Christi her bestimmte geschichtliche Größe«[31], setzt in der Struktur seines Werkes voraus, daß diese Gestalt schwindet, ja daß sie in der Gefahr steht, völlig unterzugehen: »– was dann noch von [Europa] übrig bleibt, hat nicht mehr viel zu bedeuten.« In der Entchristlichung Europas aber wäre – so die konkrete Utopie Guardinis – dem Nationalsozialismus ein später Sieg beschieden. Der tödliche Haß des Nationalsozialismus gegen Christus und die Substituierung der christlichen Gestalt des Heilands durch den politischen Messias Adolf Hitler haben nämlich einen macht- und kampfpolitischen Hintergrund: den Versuch der Vernichtung des Christlichen im Europäischen, die Rebarbarisierung Europas, um mit der zurückbleibenden »gestaltlosen Masse [...] nach Gutdünken schalten« zu können.
In diesen Vorstellungen ist die sprachkritische Komponente der Faschismus-Analysen – für Guardini wohl eher durch den Namen Theodor Haecker als durch Karl Kraus und Carl von Ossietzky zu belegen – ebenso kenntlich, wie das große, seit dem Modernismusstreit heftig umstrittene Thema des deutschen und des europäischen Kulturkatholizismus: die Verbürgerlichung des Christlichen, die nach Krieg und Sündenfall des europäischen Christentums endgültig durch die Verchristlichung des Bürgerlichen hätte ersetzt werden müssen.[32] Mit den Autoren eines deutschen Renouveau catholique ist Guardini davon ausgegangen, daß dieses von ihm gemeinte radikale Christentum des neuen Weltzeitalters die Sache von Wenigen, von Einsamen sein werde.

3. *Das Exempel Wilhelm Raabe*

Eine der frühesten, unter dem Gewicht voluminöser Interpretationen idealistisch-symbolistischer Literatur fast vergessenen Deutungen Romano Guardinis ist Wilhelm Raabes Altersroman »Stopfkuchen« (1891) gewidmet.[33] Es mag zunächst der Untertitel dieses Romans: »Eine See- und Mordgeschichte« gewesen sein, der Guardini zu einem 1932 kaum bekannten Werk und zu einem weithin vergessenen Autor geführt hat. Von Guardini, dem aufmerksamen und mitdenkenden Leser von Kriminalgeschichten, berichtet Hans-Reinhard Müller, er habe in den fünfziger Jahren mit dem Verlag Goldmann eine Vereinbarung gehabt, alle dort erscheinenden Kriminalromane auf logische Fehler zu überprüfen. Wilhelm Raabe, der pessimistische Kritiker monistisch-naturalistischer Verödung des Jahrhunderts, galt aber auch als ein Geheimtip des deutschen Kulturkatholizismus, der sich lange Jahre mit der Verteidigung der Heimatkunst eines Fritz Lienhard begnügen mußte. Selbst Heinrich Keiter hat in all seinem kulturkämpferischen Eifer Wilhelm Raabe zwar »Tendenz«, aber nicht Böswilligkeit oder gar Gehässigkeit vorgeworfen.[34]

Wer jedoch Guardinis Raabe-Interpretation aus der Perspektive einer Kenntnis auch der späteren Schriften des Interpreten liest, wird die zutagetretende Verwandtschaft höchst erstaunlich finden. Die von Guardini vorgelegte Struktur-Erzählung von Raabes »Stopfkuchen« ist die deutliche Vorwegnahme eigener Werkstrukturen, denen bekanntlich jede Systematik fehlt, so daß Hans Urs von Balthasar in respektvoller Verärgerung das schriftliche Werk Romano Guardinis einen »kaum übersehbaren Haufen von Publikationen« genannt hat und an der Aufgabe, »eine exakte Geschichte der Grundgedanken Guardinis zu schreiben«, verzweifelt ist.[35] Nicht allein, daß Raabes später Roman aus Reden besteht – aus »endlosen Reden des dicken Heinrich Schaumann«, die im Grunde Gespräche sein sollten[36] – und Guardinis Schriften sich aus Reden, Vorlesungen, Predigten, immer wieder erprobt, nach allen Seiten gewendet, in Fortsetzungen erneut aufgegriffen[37] und nie beendet, relativ entwicklungslos entfalten – auch die Verknüpfung des Erzählfadens bei Raabe, die scheinbare Verwirrung und endliche Entwirrung entsprechen exakt Guardinis Denkstil, so daß er sich mit sichtlichem Amüsement in Raabes Handlungsführung wiedererkennen kann:

»Einen Faden anzuspinnen und ihn liegen zu lassen; an einer anderen Stelle anzufangen und wieder aufzuhören; und an einer dritten und an einer vierten; dann die Enden neu aufzunehmen, und so immer weiter, her und hin... Ist aber der Leser bei der Sache, dann merkt er, wie die Fäden zusammengehen, und ein Stück jenes geheimnisvollen Etwas, das wir selber sind, des Lebens, blickt ihn an...[38]

Aus der Hingabe an einen solchen Erzählstil entsteht jenes Gefühl, das Guardini mit all seinen Reden und Schriften, den liturgischen, wie den philosophischen, theologischen und ästhetischen, vermitteln will: die Gelassenheit, in einem dem Verständnis mittelalterlicher Mystik entlehnten Sinne.

Leitworte der Raabe-Deutung Guardinis sind daher »Gelassenheit« und »Langsamkeit«; eine »Magie der Langsamkeit«[39] steigt aus den Reden des Außenseiters, des verachteten Heinrich Schaumann, genannt Stopfkuchen, der »dick, faul und gefräßig« doch »weiche Füße hat und, so gleichsam an die Kette gelegt«, lernt, die Welt anzuschauen, damit sie ihm Antwort gibt. In Stopfkuchens Gestalt also ist nach Inhalt und Struktur Guardinis Lebenswerk vorentworfen:

»In endlosen Reden, in immer neuen Unterbrechungen, Parenthesen und Wiederholungen geht das Buch, daß man ganz rebellisch wird, bis die Magie dieser Langsamkeit einen faßt, und man sich darein ergibt [...]. Dann aber geht es einem auf, und mit Behagen nicht nur, sondern mit wachsender Ergriffenheit folgt man den durcheinander laufenden Zügen, und sieht in dem Gewirk die Bilder des Daseins auftauchen und durchsichtig werden.«[40]

In der Paradoxie von Heinrich Schaumanns Existenz, der Disproportion von Gestalt und Wirkung sieht Guardini den eigenen Daseinsentwurf schon gestaltet: inmitten einer »wechselnden, lärmvollen Welt voll falschen Heldentums, falschen Glücks und unechter Schönheit« die Menschen zu gesammelter Stille zu führen, inmitten eines explodierenden Erfahrungswandels auf »menschliche Schicksale« zu warten[41], die gehetzten Menschen zu stillen.

Wilhelm Raabes Kunst besteht für Guardini darin zu zeigen, wie »aus einem verzweifelten, lächerlichen Jungen« ein »wahrhaft gelassener Weiser« wird, mit einer Kraft der Seele, die selbst dem verzweifelten Mörder das Geständnis abringt, ihn dann aber nicht dem irdischen Richter, sondern dem ewigen überläßt. Raabe zeigt, wie dieser den chinesischen Regengöttern gleichende Weise – »mit ihren grenzenlosen Bäuchen und ihrem nicht zu erschütternden Wohlwollen«[42] – die verstörte Valentine Quakatz tatsächlich erst »zu einem Menschen« macht, wie er »versteht zu schweigen und zu überlegen, und in seiner unmenschlichen Langsamkeit liegt eine Gewalt, die das Leben stillt und ins Freiere führt«. Mit dieser Deutung hat Guardini der Raabe-Forschung einen mächtigen Anstoß gegeben, den sie bis heute nicht völlig eingelöst hat. In dieser literaturwissenschaftlichen Teildisziplin aber gilt – im Unterschied zur Hölderlin-, Dostojewskij- und Rilke-Forschung – Guardini bis heute mit Recht auch den Fachleuten und nicht nur den Lesern als Anreger und Entdecker. Dies

also ist der »Denkansatz bei der eigenen Existenz«, von dem Hans Urs von Balthasar gesprochen hat.
Die kaum überblickbaren schriftlichen und mündlichen Äußerungen Guardinis, die sich ständig wiederholen, vorausgreifen und zurückdeuten, gehen auf das Schweigen zu, wie sie aus einem Schweigen kommen, in dem allein das Wort »wesenhaft und mächtig« ist[43]. Die Lehre des Schweigens – die Lehre eines aus der Tiefe des Schweigens kommenden Sprechens und die Lehre des Hörens auf ein solches Wort, um sich, mit diesem Wort erfüllt, wieder dem Schweigen anheimzugeben – hat Guardini als sein Lebenswerk angesehen. Darum besteht sein Werk mehr aus Gesprochenem als Geschriebenem, weil ihm das »volle Wort [...] nicht das gedruckte, sondern das gesprochene« schien. Wer diese im Kern seines Werkes stehende Lehre von der dem Menschen nötigen Stille und der Gelassenheit des Hörens aus den vielen Worten Guardinis zu entnehmen imstande war, den zählte er zu seinen Schülern. Und nur solche – Stopfkuchen ähnliche – Menschen hielt er für fähig, die furchtbare »Einsamkeit im Glauben«[44] – Signatur des beginnenden Weltzeitalters – zu ertragen, die Kostbarkeit jener Liebe zu erkennen, die »aus der allgemeinen Welthaltung verschwinden«, aber noch immer »vom Einsamen zum Einsamen« gehen wird.

Anmerkungen

[1] Hans Maier, Romano Guardini – Ein Nachwort. In: Romano Guardini: Vom Geist der Liturgie. Herderbücherei Nr. 1049, Freiburg i. Br. 1983, 146.

[2] Romano Guardini; Die Waage des Daseins. München 1955, 14; das folgende Zitat ebd.

[3] Ebd., 12; das folgende Zitat ebd., 12 f.
[4] Romano Guardini, Hölderlin. Weltbild und Frömmigkeit, München 1955², 17. Zitat aus dem Vorwort zur ersten Auflage 1939.
[5] Romano Guardini, Religiöse Gestalten in Dostojewskijs Werk. München 1947³ (Erste Auflage 1933), 14.
[6] Romano Guardini, Sprache – Dichtung – Deutung. Würzburg 1962, 8. Vgl. dazu auch den informativen Entwurf einer Gesamtdarstellung Guardinis durch Hermann Kunisch, Artikel Romano Guardini. In: Handbuch der deutschen Gegenwartsliteratur unter Mitwirkung von Hans Hennecke hg. von Hermann Kunisch. München 1965, 220–224.
[7] Hans Urs von Balthasar, Romano Guardini. Reform aus dem Ursprung. München 1970 (Münchener Akademie-Schriften, hg. von Franz Henrich, Bd. 53), 53.
[8] Romano Guardini, Zu Rainer Maria Rilkes Deutung des Daseins. Eine Interpretation der zweiten, achten und neunten Duineser Elegie, Berlin 1941 (Schriften für die geistige Überlieferung, hg. von Ernesto Grassi. Vierte Schrift), 21.
[9] Balthasar, 73.
[10] Romano Guardini, Gegenwart und Geheimnis. Eine Auslegung von fünf Gedichten Eduard Mörikes. Mit einigen Bemerkungen über das Interpretieren. Würzburg 1967², 9.
[11] Guardini, Rilke (1941), 23.
[12] Guardini, Hölderlin, 13 (Zitat aus dem Vorwort von 1939).
[13] So hat ihn vor allem Alfred Rosenberg in seinem »Mythus des zwanzigsten Jahrhunderts« gedeutet; zahlreiche Doktoranden und Konjunkturschreiber sind ihm gefolgt. Vgl. etwa: Arno Dreher, Das Fragmentarische bei Kleist und Hölderlin als rassenseelischer Ausdruck. Bonn 1938 (eine Dissertation, die immerhin Günther Müller als Hauptgutachter ausweist).
[14] Romano Guardini, Der Heilbringer in Mythos, Offenbarung und Politik. Eine theologisch-politische Besinnung. Stuttgart 1946, 21.
[15] Ebd., 21.
[16] Guardini, Rilke (1941), 116.
[17] Romano Guardini, Rainer Maria Rilkes Deutung des Daseins. Eine Interpretation der Duineser Elegien, München 1953, 338.
[18] Guardini, Rilke (1941), 107 f.
[19] Guardini, Rilke (1941), 110. Die Interpretation der 8. Elegie endet 1953 mit den Sätzen: »Dann aber darf nicht vergessen werden, daß [Rilke] ja kein Philosoph ist, sondern ein Dichter, dessen Gedanken polyphon sind, Ober- und Unter- und

Nebentöne haben. Hier kam es darauf an, jenen Ton herauszuheben, der das Ganze zu bestimmen scheint« (S. 333).

[20] Romano Guardini, Das Ende der Neuzeit. Ein Versuch zur Orientierung, Basel 1952².

[21] Guardini hat niemals Jargon gesprochen, insofern er seine Sprache stets bewußt gewählt und ihren Stil fast skrupulös reflektiert hat. Der von Adorno 1964 publizierten Kritik am »Jargon der Eigentlichkeit« konnten seine Werke also kaum ausgeliefert werden. Allerdings war Guardini von der Akkomodationspflicht des Glaubens, also von einer zeitgemäßen (und damit gelegentlich der Veraltung unterworfenen) Sprache der Verkündigung überzeugt. Vom Pathos der Eigentlichkeit sind die ästhetischen und die politischen Schriften Guardinis stärker geprägt als die philosophischen und theologischen.

[22] Stefan Zweig, Die Welt von gestern. Erinnerungen eines Europäers, Frankfurt/Main 1947, 16; das folgende Zitat ebd., 20.

[23] Guardini, Der Heilbringer, 11.

[24] Guardini, Rilke (1941), 24.

[25] Guardini, Das Ende der Neuzeit, 81 und 83.

[26] Romano Guardini, Der Herr. Über Leben und Person Jesu Christi, Herderbücherei Nr. 813, Freiburg i. Br. 1980 (Erstfassung: 1937).

[27] Guardini, Der Heilbringer, 18; das folgende Zitat ebd., 19.

[28] Guardini, Rilke (1941), 25.

[29] Guardini, Das Ende der Neuzeit, 33; hier bezogen auf Dantes „Göttliche Komödie".

[30] Novalis, »Die Christenheit oder Europa«, in: Novalis Werke, hg. und kommentiert von Gerhard Schulz, München 1969, 513.

[31] Guardini, Der Heilbringer, 47; die folgenden Zitate ebd.

[32] Guardini soll unter dem Modernismuskampf der Kirche und dem den Geistlichen abverlangten Antimodernisteneid zeitlebens gelitten haben, so daß er auch nie ein von Spannungen freies Verhältnis zur Gestalt Papst Pius' X. entwickeln konnte. – Zur Frage des Verhältnisses von Bürgerlichkeit und Christentum im Werke Gertrud von le Forts vgl. Wolfgang Frühwald, Deutscher »renouveau catholique«. Zur literarhistorischen Einordnung des Werkes Gertrud von le Forts, in: Dichtung ist eine Form der Liebe. Begegnung mit Getrud von le Fort und ihrem Werk, München 1976, 60 ff.

[33] Romano Guardini, Über Wilhelm Raabes Stopfkuchen, Mainz 1932. Der Neudruck dieses Textes in »Sprache – Dichtung – Deutung« (1962), 91–140 ist – im Unterschied zu sonstigen

Neudrucken Guardinis – nur geringfügig bearbeitet. Wenn ich recht sehe, so macht unter den Guardini-Interpreten nur Hans Maier (S. 148) auf Guardinis Raabe-Interpretation als ein »Herzstück« seines Denkens und Empfindens aufmerksam, in dem »die unklassische, unharmonische, rätselhafte Ornamentik des Nordens aus innerster Verwandtschaft geschildert wird«.

34 Heinrich Keiter, Konfessionelle Brunnenvergiftung. Die wahre Schmach des Jahrhunderts, Regensburg und Leipzig 1896, 29.

35 Balthasar, 32.

36 Guardini, Wilhelm Raabe, 24.

37 Während meiner Studienzeit an der Universität München (vom Wintersemester 1954/55 bis zum Sommersemester 1958) las Guardini – zum Teil in Vorlesungen, die sich über drei Semester erstreckten – über seine alten, längst durch Publikationen weithin bekannten Themen, wie »Ausdruck, Symbol, Sprache« (WS 54/55); »Das Ewige und die Geschichte (Platon, Augustinus, Dante)« (WS 55/56); »Pascal, seine Erfahrung von der Natur, vom Menschen und vom Religiösen« (WS 56/57); »Geschichte und Ewigkeit: Die Problemstellung bei Platon, Augustinus, Dante« (SS 57), usw.

38 Guardini, Wilhelm Raabe, 19f.

39 Ebd., 25; das folgende Zitat ebd., 28.

40 Ebd., 54f; das folgende Zitat ebd., 92. Mit dem letztgenannten Zitat greift Guardini auf Raabes Roman »Alte Nester« (1879) aus und belegt damit seine besondere Position innerhalb der Entdeckung von Raabes späten Romanen.

41 Guardini, Wilhelm Raabe, 90; das folgende Zitat ebd.

42 Ebd., 73; die folgenden Ziate ebd., 70 und 90f.

43 Romano Guardini, Besinnung vor der Feier der heiligen Messe, Mainz o.J.[5] (Erste Auflage 1939), 30; das folgende Zitat ebd., 35.

44 Guardini, Das Ende der Neuzeit, 124; die folgenden Zitate ebd., 125.

Hanna-Barbara Gerl

Leben in ausgehaltener Spannung

Romano Guardinis Lehre vom Gegensatz – Versuche zu einer Philosophie des lebendig Konkreten

Mit der umfänglichen Arbeit über den »Gegensatz« legt der damals vierzigjährige Guardini, Professor für christliche Weltanschauung in Berlin, einige »Versuche« vor, denen gegenüber der Autor jedoch in den Vorworten eine nachsichtige Ferne wahrt. Zurückhaltung nämlich zeigen zwei »Vorbemerkungen«, worin es 1925 zur ersten Auflage heißt: »Thesen und Lösungen sind sicher vielfacher Verbesserung bedürftig«, und 1955 zur zweiten Auflage: »Es war nicht viel mehr als eine Jugendarbeit.« Woher diese Vorsicht? Erlaubt die heute gewonnene Entfernung zu Entstehungszeit und Autor, aber auch ein mittlerweile in andere Richtungen aufgebrochenes Denken ein anderes Urteil?

Guardini hat sich mit seinem Thema auf ein Gebiet gewagt, das in der Tat nur mit einem gewissen Wagemut betreten werden kann, handelt es sich doch um philosophisches Urgestein. Seit ihrer Entstehung wird die Philosophie zwillingshaft von dem Problem des Gegensatzes begleitet; genauer: ihre Entstehung selbst ist an das Denken des Gegensatzes und an seine Überwindung in dem Einen gebunden. Wer sich mit dem Thema des Gegensatzes abgibt, muß diesen lang angewachsenen Schatten, vielleicht sogar den Alptraum im (geistesgeschichtlichen) Rücken haben, selbst und gerade dann, wenn es um ein »Neudenken aus der Sache« gehen soll. Denn wenn Guardini die Wirklichkeit unter dem

Gesetz – dem lebendigen Gesetz – des Gegensatzes gebaut sieht, so verdankt er seine Art des Fragens dem allerältesten philosophischen Denken, den Eleaten. Besonders freilich tritt Platon als Inspiration hervor, aber auch der deutsche Idealismus und hier unübersehbar Hegel, von dessen Dialektik Guardini sich abzusetzen versucht. Ungenannt, aber im Hintergrund gegenwärtig stehen Kierkegaard und vor allem Goethe: mit seinem gelassenen Aussprechen von Systole und Diastole, von polarer Ergänzung der »zweierlei Gnaden« in jedem Atemzug, welcher das Leben überhaupt abbildet. Schließlich kommt in Erinnerung die deutsche Romantik, die nicht mehr das auf eine Mitte sich einlassende Denken vorstellt, sondern das bodenlos werdende, sich überstürzende »Fühlen« und Fügen der Nacht- zu der Tagseite, des Unheimlichen zum Heimlichen, der Gefährdung zur Traulichkeit.
Mehr als im allgemeinen Bewußtsein gegenwärtig, wird auch das 20. Jahrhundert von Denkern des Gegensatzes vorbereitet und ausgesagt: Schopenhauer, Kierkegaard, Nietzsche, Bergson, Simmel, Dilthey, Driesch, Scheler und Nicolai Hartmann. Guardini nennt keinen von ihnen, aber als Auslöser, »Wegbereiter« und unterscheidend angezielte Adressaten sind sie anwesend; bis zu welchem Grade ist Guardini, dem »Selbstdenker«, wohl nicht deutlich bewußt und auch nicht wichtig. Offensichtlich erstellt sich in der bescheidenen Gestalt eines »Versuches« (wie es im Untertitel heißt) doch eine Art von Summe aus zweieinhalb Jahrtausenden europäischer Philosophie.
Trotzdem: Unübersehbar liegt es Guardini an einem Neufassen und auf die Gegenwart zielenden Aufbereiten, nicht an einem Weiterspinnen des historischen Fadens. Wie später noch oft, drängt es ihn sichtlich mehr und notwendiger dazu, Selbstdurchdachtes darzustellen als Fremdes vorzuführen. Um dies nicht miß-

zuverstehen: Guardini hat seine Fähigkeit, geschichtlich oder »aus der Herkunft« zu denken, herausragend bewiesen an den Deutungen von Bonaventura bis Pascal, von Sokrates bis Hölderlin und Rilke. Das Herausragende – innerhalb einer Fülle ähnlicher Unternehmungen – besteht bei ihm gerade darin, daß er diese Gestalten nicht als Vergangene und der historischen Wiederbelebung Anvertraute behandelt, sondern als ursprünglich Gegenwärtige. Über die zeitliche Ferne hinweg hellt er die Gegenwart ihrer Aussagen so auf, daß dies die Benutzung der sonstigen Forschungsliteratur nicht vermissen läßt – weil Guardini die Autoren selbst auf ihr Wesentliches und Unmittelbares befragen will.

Mit derselben Präsenz setzt der »Gegensatz« ein: mit dem Hinschauen auf die zur Prüfung stehende Frage, ohne unmittelbar spürbare Rück-Sicht auf frühere Annäherungen. Dem in der Geistesgeschichte nicht bewanderten Leser wird die darin verborgene, nur ab und zu in die Fußnoten verwiesene Kenntnis von der Herkunft des Ganzen nicht augenfällig, jedes Vorwissen bleibt absichtlich im Hintergrund.

Mit dieser scheinbar unvermittelten, dabei aber höchst gesammelten Arbeit am Begriff gewinnt das Buch den Charakter »reiner« Philosophie in einem grundsätzlichen Sinn, der sonst bei Guardini nicht in dieser Weise gewohnt ist. Selbstverständlich wird auch anderswo Philosophisches in der fruchtbaren Grenzoffenheit zur Theorie verhandelt, ja darum geht es letztlich immer. Aber häufig ruhen Guardinis Beobachtungen auf einer Person und ihrem Werk auf, sie sind – auch in dieser Hinsicht – »personales Denken«. Die »reine« Problementfaltung erscheint demgegenüber fast einzigartig.

Liegt darin der Grund, weshalb die Aufnahme des Buches nur zögernd erfolgte? Erst nach dreißig Jahren, spät also im Vergleich zur raschen Auflagenfolge der meisten Schriften Guardinis, kommt es zu einem zwei-

ten Erscheinen; und auch dies geschieht offenbar mehr im Sog des Autorennamens als aus ursprünglicher thematischer Anziehung. Sollte man mithin in dem Buch eine Ausnahmearbeit sehen, die im ganzen Werk eher am Rande steht? Einen Nebenweg des guardinischen Denkens, der von späteren Hauptwegen überdeckt wird? Es ist jedoch umgekehrt: Das Gewicht der Arbeit nimmt um so mehr zu, je mehr man in seine Entstehung und in sein Verhältnis zum ganzen Werk eindringt.
Guardini ist ein unbekannter 29jähriger Theologe, als er 1914 in Freiburg (nach vier ersten kleinen Aufsätzen) eine längere Studie veröffentlicht über »Gegensatz und Gegensätze. Entwurf eines Systems der Typenlehre«. Zwanzig bescheidene Seiten stehen sichtlich am Anfang eines umfassenden Willens zur Theorie. Wie es dem Zwang und der Unsicherheit eines solchen Anfangs entspricht, versucht der junge Autor, den »Entwurf eines Systems« vorzulegen, gewissermaßen nach den Regeln der Kunst zu konstruieren. Es ist für Guardinis Werdegang erhellend, daß er den damaligen Leitgedanken eines »Systems«, wie er Ziel der philosophischen Entwürfe des Deutschen Idealismus war, in dem ausgefalteten Werk von 1925 ausdrücklich abweist. »Sie (= die Gegensatzidee) bedeutet kein geschlossenes System, sondern ein Aufgetansein der Augen und eine innere Richtung im lebendigen Sein.«[1] Das Schulmäßige der ersten Fassung ist in einem noch zu beleuchtenden Vorgang überwunden worden.

I.

Tatsächlich also steht die Gegensatzlehre am Beginn von Guardinis Denken, ja man wird zurückverwiesen auf die ersten Studienjahre, wenn das Vorwort vermerkt, daß schon seit dem Winter 1905, d. h. seit den damaligen

Gesprächen mit Karl Neundörfer, die Sammlung dieser Gedanken anhob. Neundörfer und Guardini waren beide »Mainzer« und enge Freunde vom ersten Schultag an; sie schlugen zwar verschiedene Studienrichtungen ein, vertieften aber die Freundschaft durch eine gemeinsame Ausbildung der Gedanken. Die Gemeinsamkeit – eben nicht nur der Sympathie, sondern der Geistigkeit – verstärkte sich so, daß beide nach kurzer Zeit den Entschluß faßten, Theologie zu studieren, obwohl Neundörfer in der Rechtswissenschaft, Guardini in Philosophie und den Naturwissenschaften eingeschrieben war. Am selben Tag empfingen sie in Mainz die Priesterweihe und fanden dort ihre ersten Aufgaben als Seelsorger, die Guardini schließlich ab 1920 nach Burg Rothenfels am Main führten, auch dorthin von Karl Neundörfer und dessen Bruder Ludwig begleitet.[2]

Mit den erwähnten Gesprächen rückt die Gegensatzlehre überhaupt an die erste Stelle der Prägung des Studenten Guardini; ihre Weichenstellung für seine Gedankenbildung wird offensichtlich. So deutlich die philosophische Grundlegung darin ist, so deutlich sind aber auch Wunsch und Wille, an der gewonnenen Einsicht verschiedene konkrete Themen zu erproben. Denn Guardini bildet mit dem Denken des Gegensatzes ein Grundmodell von Wirklichkeitserfassung aus, das in seiner allgemeinen Gültigkeit – die herauszuschälen ihm offenbar jahrelange Mühe bereitete – anwendbar wird auf unterschiedliche Fragen. So geht es, tiefer verstanden, um ein Gewinnen der *Methode*, wie Wirklichkeit umfassend (und zwar wesentlich von *zwei* Seiten her) gesehen und außerdem noch einmal in den Verschränkungen der Gegensätze begriffen werde. Es ist, in ihrer Vollendung angewandt, die Methode, einen Reichtum der Betrachtung zu gewinnen, der den Reichtum der Verflechtungen des Wirklichen vor Augen stellt. Es geht Guardini um das Heraustreten aus der subjektiven

Sicht und um das Einfinden in die objektive Ganzheit, die aber nicht in ihren unterschiedlichen Strebungen und Spannungen nur verworren und unübersichtlich erscheint, sondern als strukturiert und also geordnet, geistig zugänglich erfahren wird.
Denken des Gegensatzes ist Denken des Ganzen; Entfalten des Gegensatzes ist Gewinnen des Ganzen. Daran wird deutlich, daß mit dem »Gegensatz« für Guardini nicht eine Sonderfrage gelöst werden will, sondern die größtmögliche Aufgabe, den ungeheuren Reichtum der Wirklichkeit sich im Denken methodisch zu eröffnen. Wenn die Philosophie diese Aufgabe lösen will, muß sie aus der vielfach geübten Teilbetrachtung, gerade aus dem nämlich, was an ihr als abstrakt empfunden wird, heraustreten und zu der im Untertitel genannten »Philosophie des lebendig Konkreten« gelangen. In dieser Formulierung liegt nicht eine Bescheidung, als genüge es einmal versuchsweise, Philosophie ohne Abstraktionen zu erproben, sondern im Grunde erhebt Guardini den größtmöglichen Anspruch, über die Abstraktionen hinaus und sie durchlaufend zu einer Sicht des von der Philosophie (jedenfalls im landläufigen Sinn) so oft verlassenen Konkreten zu gelangen. Es geht, um den Anspruch am tiefsten zu benennen, um eine nachkantische und Kant überholende »Kritik der konkreten Vernunft«.
An dieser Formulierung wird einsichtig, weshalb Guardini der sonderbar scheinenden Frage nach dem Gegensatz eine so wesentliche, ihn ursprünglich ergreifende Bedeutung beimaß. Ebenso wird deutlich, daß ihm, am Anfang seiner Studien stehend, die künftige Mitte seines Denkens zugleich bewußt wie unentfaltbar wird. Und daß die schließliche Ausfaltung Jahre braucht, zwei Jahrzehnte zwischen 1905 und 1925, daß aber die erreichte Klarheit immer noch als bloßer Versuch, als ein Unzureichendes, worin der ausführende Wille die

zugrundeliegende Idee nicht einholte, bezeichnet wird, ja daß der Autor in schmerzlichem und fast demütigem Abstand zu seinem Werk dessen Unvollendetheit und bloße Anfangshaftigkeit entschuldigend hervorhebt. Und doch ist an dem Buch immer wieder der Charakter der ersten Liebe, des ersten Eros zu einer ursprünglichen Einsicht augenfällig – besonders am Schluß, wenn die mühseligen Unterscheidungen durchgearbeitet sind.

II.

Guardinis bestimmende Einsicht greift zu auf den Gegensatz als Polarität, welche das gesamte Lebendige durchzieht, ja das Konkrete (theologisch gesprochen das Geschöpfliche) überhaupt ausmacht. Gegensatz ist nicht eine Eigenschaft *am* Lebendigen, sondern das Lebendige selber. Mit dem Gegensatz scheint das Bau- und Wirkprinzip alles Wirkenden gefunden, das »Urphänomen« des Lebens. Es kommt für Guardini alles darauf an, das Gefundene in größter Deutlichkeit zu fassen: nämlich den Gegensatz gerade nicht zum Widerspruch, zu einem Zerreißen der Kräfte entarten zu lassen. Gegensatz heißt ihm beides zugleich: relative Ausschließung und relative Verbindung von Kräften an ein und demselben Ding.

Damit ist der Gegensatz konträr (d. h. eben gegensätzlich-ergänzend) und niemals kontradiktorisch (d. h. widersprüchlich, unbedingt ausschließend) verstanden. Als Beispiel der Kontradiktion, die sich gerade *nicht* vermitteln läßt, führt Guardini den Widerspruch von gut und böse an: hier »hilft« keine Dialektik des Zugleich. Ein solches Ineinander-Umschlagen lehnt er entschieden ab – dies ein Punkt, der in dem heutigen Eindringen psychologisierender, gut und böse »übersteigender«

oder »unterlaufender« Heilslehren eine deutliche Aktualität hat. Hier ist außerdem der neuralgische Punkt der ganzen Untersuchung, an dem Guardini eine Reihe philosophischer »Vordenker«, von den Griechen bis zu Hegel und Kierkegaard, verläßt.

Ein Beispiel unter vielen: Aristoteles hatte den konträren Gegensatz gerade an gut und böse erläutert, zwischen denen es ein Mittleres gebe – aber nicht absolut, sondern erfahrungsmäßig gesprochen; kontradiktorisch sind ihm dagegen einfach bejahende und verneinende Aussagen wie »sitzen – nicht sitzen«. Es sei auch vermerkt, daß Aristoteles und mit ihm die Überlieferung eigentlich vier Arten des Gegensatzes bei Begriffen kennt: zusätzlich nämlich den relativen »doppelt – halb« und den privativen »sehend – blind«; beide erwähnt Guardini nicht.

Hier ist die Stelle, von Guardinis eigenem und selbständigem Weiterdenken der befrachteten Überlieferung zu sprechen. Gelingt ihm der Zugriff auf die Sache vor dem Hintergrund bereits so vieler, nicht angeführter Lösungen? Guardini nimmt den Gegensatz als jene Urerscheinung, woran sich der eine Pol weder aus dem anderen ableiten noch in den anderen überführen läßt. Beide bleiben ebenso streng getrennt wie zugleich nur am anderen möglich. Jeder die Voraussetzung des anderen, trotzdem niemals sich berührend: Der Übergang vollzieht sich immer in einem Absprung, nie in einem Weitergleiten oder Fließen; »feste Haltungen«, nicht ein »schillerndes Ineinander« sind gemeint.[3] Wie dieser »reine Sprung« möglich sei, ist in der Vorstellung nicht mehr zu vollziehen, und doch wird es dauernd gelebt, ja das Leben ist von vornherein mehr als nur die statische Summe beider Seiten, nämlich ihr nicht logisch, aber tatsächlich vollzogener Bezug aufeinander.
Zu Beginn des uferlosen Themas wird die Einschränkung getroffen, der Gegensatz werde hier nicht überhaupt am Konkreten, sondern am Menschlichen besonders

ders aufgezeigt. Innerhalb dieser Beschränkung bildet Guardini folgende Systematik aus:

Kategoriale Gegensätze		*Transzendentale Gegensätze*
intraempirisch	transempirisch	1. Verwandtschaft-Besonderung (qualitativ)
1. Dynamik-Statik	1. Produktion-Disposition	2. Einheit-Mannigfaltigkeit (struktiv)
2. Form-Formloses	2. Ursprünglichkeit-Regel	
3. Integration-Differenzierung	3. Innewohnen-Darüberstehen	

So trocken diese Aufstellung erscheint, so reich wird sie durch die Ausführung und Anwendung. Überzeugend gelingt es Guardini, in der Beschreibung die »Ränder« des Gemeinten mitzubeleuchten, auch in ihrer schillernden Wertigkeit, so wenn er etwa in der »Ursprünglichkeit« auch Randerscheinungen wie »Unstäte«, »Haltlosigkeit« mit angelegt sieht der in oder dazu gegensätzlichen »Regel« auch Rhythmus, Gesetz, Zucht, Dauer und schließlich Starre. Durch dieses weite Einbegreifen vermeidet er ein naheliegendes Hell-Dunkel-Schema, in dem die eine Seite gewollt oder ungewollt in einen weniger angesehenen, sogar belasteten (Un)Wert abgleitet. Vielmehr sind die Pole in sich vieldeutig und werden – was Guardinis bemerkenswerte Beobachtung ist – erst durch die Verankerung am gegensätzlichen Pol »gerichtet«, nämlich in ihrem inneliegenden Unguten, Gefährlichen aufgefangen. Gerade so beweist sich, daß der Gegensatz als sich selbst justierende Spannung und nicht als bloß auseinandertreibende Widersetzlichkeit aufgefaßt werden darf.
Diese einfache, wenn auch in sich reiche Gegenüberstellung leistet dem Problem jedoch noch nicht Genüge. Guardini vollzieht eine Komposition, in welcher die zunächst für sich stehenden Paare in ein konzertantes

Verhältnis zueinander treten. Möglich sind zwei Verhältnisbeziehungen: Kreuzung und Reihung.

In der *Kreuzung* tritt eine Gegensatz*seite* zu anderen Gegensatz*paaren* in Beziehung, so daß eine Dreierzuordnung entsteht. In der Bemühung, die sprachlich unübersichtlich werdenden Beziehungen im Bild zu verdeutlichen, setzt Guardini hier geometrische Zeichnungen ein.
In der *Reihung* wird eine Verwandtschaft der Gegensatzpaare untereinander erkennbar, so daß sie im Grunde als Ausprägungen eines *einzigen* Urgegensatzes erscheinen, der als einziger aber nicht auszusprechen, sondern nur in der Vielheit aufzufächern wäre: Akt – Bau, Dynamik – Statik, Strömen – Dauer, Fülle – Form, Produktion – Disposition, Ursprünglichkeit – Regel, Immanenz – Transzendenz. In dieser Verschränkung der Paare untereinander kommt eine Fülle von Bezügen ins Spiel, ohne dem Entwurf an Klarheit zu schaden. Gelingt es Guardini damit, den Gegensatz denkerisch zu »bewältigen«?

III.

Der Gedanke, daß die Gegensätze sich nicht »treffen«, trotzdem aber unlösbar zueinander gehören, ist wohl jener, an dem sich die theoretische Größe des ganzen Buches ausweisen muß. Denn an die Darstellung dieser gleichzeitig untrennbaren Beziehung und doch grundlegenden Unterschiedenheit sind eine Reihe von Lösungsversuchen gewagt worden, die alle dem tiefsten Ernst der Philosophie angehören und die – im Fachbegriff gesprochen – die erregende Geschichte der Dialektik seit Platon ausmachen.
Guardini versucht, das Wort »Dialektik« so lange hintanzuhalten wie irgend möglich und das Phänomen aus seiner theoretischen Allgemeinheit auf das menschliche Leben einzugrenzen: offenbar um den Boden der Erfahrung unter seine und des Lesers Füße zu bekommen. Dabei beschreibt er, nachprüfbar und mitzuvollziehen, das Verhältnis der Gegensätze im Lebendigen,

das sich im Unterschied zu der bisherigen Aufstellung nicht mehr in reiner Trennung zeigt, sondern meist in gegenseitiger Annäherung. Denn selten wird die reine Typik der Gegensätze angetroffen und dann als »Grenzwert«, als äußerste Gefährdung gerade wegen seiner Reinheit, die nichts Lebendiges mehr an sich hat. Das Genie rechnet Guardini diesem Grenzwert zu, wenn es etwa in die Nähe reiner Form oder reiner Fülle gerät: Es bezahlt diese Einseitigkeit mit dem Leben. Dem tödlichen Extrem des unvermischten Gegensatzes entspricht – wiederum im »Leben« – ein inneres Extrem: wenn die Gegensätze einmal, in einem glückhaften und doch schon verzehrenden Augenblick so ausgewogen zueinander stehen, daß sie das Maß des Gleichgewichts erreichen. In dieser Harmonie ginge der lebenbestimmende Rhythmus, die ständige Verschiebung der einen zur anderen Seite verloren, jenes Pulsieren, das nicht nur ein Nebeneinander, sondern auch ein Nacheinander der Gegensätze kennt. Das Ungleichgewicht ist daher das Normale, das ständige Pendeln der Gegensätze ist Gefährdung und freilich auch rhythmische Vitalität für den einzelnen wie für die Gemeinschaft. Die Krise, will sagen: das Mischverhältnis des Gegensätzlichen, wird Ausweis des Lebens; die reine Gegensetzung, aber auch die reine Aufhebung wird Ausweis des Nicht-Lebensfähigen.

Deutlicher benannt ist ein solcher Entwurf der Versuch, sich von dem übermächtigen Schatten der Hegelschen Dialektik freizuhalten. Hegel hat ja in der Tat in seiner Fassung und Überwindung des Gegensatzproblems das neuzeitliche Denken auf seine Höhe und sein Ende in einem geführt, wobei er verstand, die antike, also im wesentlichen die platonische und neuplatonische Überlieferung des Problems aufzugreifen und in seinem Sinne »aufzuheben«. Freilich ist das Unterfangen aussichtslos, in einigen Zeilen ein Konzentrat der Hegelschen Lösung vorzustellen. (Es unterliegt ja immer schon Hegels treffendem Wort, daß es in der Philosophie kein Fazit gebe.) Trotzdem, im Bewußtsein der Armseligkeit des Vergleichs, läßt sich fragen, worin der Unterschied zwischen Hegels und Guardinis Entwurf bestehen könne.

Worauf Guardini ausdrücklich Wert legt, ist das strenge Auseinanderhalten der beiden Gegensatz-Pole, die zu einer gedachten Synthese weder kommen noch kommen sollen, wenn nicht die Spannung der Wirklichkeit zusammenbricht. Jener gefährlichste Zustand gleichgewichtiger Einung hat für Guardini nur als nie anstrebbare, »zugefallene« Ausnahme des Augenblicks Gültigkeit. So beseligend die Ausnahme wirken kann, so unerträglich ist sie auch im genauen Sinn des Wortes. *Ein für allemal geht es um das Erlernen der Schwebe und nicht der Befriedung.*

Hegels Zielrichtung ist eine andere. Auch er sieht – wie die dialektische Wahrnehmung überhaupt – alles Wirkliche unter dem Gesetz des Gegensatzes gebaut; aber umfassender als Guardini stellt er ebenso den Bereich des Unlebendigen, etwa die Materie unter dieses Gesetz (wie sich in seinem berühmten Beispiel eine Mauer aus Steinen nur deswegen nach oben führen läßt, weil zugleich die Schwerkraft nach unten zieht.) Trotzdem ist Hegels Absicht der Nachweis, daß sich These und Antithese durchaus in einer gültigen Synthese treffen – und das nicht nur im konstruierenden Denken, sondern auf allen Ebenen der Erfahrung. Ja, erst in der Synthese wird die »Wahrheit« der vorausgehenden Gegensätze hervorgehoben, die sich sonst nur verneinend zueinander verhalten. Dies verhindert nicht, daß die Synthese selber wieder Grundlage für neue Verneinung und neue Versöhnung werden kann. In jedem Fall kommt es Hegel darauf an, daß die Gegensätze nicht als zerreißender Widerspruch jeder für sich festgemauert stehen. Bei die-

ser Ergänzung aber behauptet Hegel einen tatsächlichen »Frieden« und nicht nur eine ausgehaltene Un-Möglichkeit. Diese dritte gültige Position der Versöhnung glaubt Hegel in allen Erscheinungen der anorganischen Materie und des organischen Lebens bis zur Welt des Menschen, d. h. bis in die Geschichte und geistigen Vorgänge hinein zu erkennen. So ist ihm das »Reich des Geistes« die letzte geschichtliche Phase aller vorangegangenen Widersetzlichkeiten und gegenseitigen Verneinungen.
Vermutlich geht es Guardini darum, diese *innerhalb* der menschlichen Geschichte behauptete Befriedung der Gegensätze abzuweisen. Dem christlichen Begreifen nach kann die innerweltliche Lösung niemals die endgültige sein: Das »Reich Gottes«, Ziel des Hegelschen Denkens, kann nicht in den jetzigen Strukturen erwartet werden. Insofern beharrt Guardini darauf, daß dieser Optimismus dialektischer Überwindung aller Gegensätze – wie er in der marxistischen Ausprägung des irdischen Reich-Gottes-Staates den Hintergrund dieses Jahrhunderts verdunkelt – gefährlich-mißleitend sei. Das gilt ihm auch für die Erwartung des einzelnen, ein für allemal, irgendwann »später« innerhalb dieser Zeit, mit den Gegensätzen »fertigzuwerden«. Die hier geforderte Tugend heißt in der Tat nicht endzeitliches Eins-und-Alles-Werden-Wollen, wie es Hegel als Vision der Geschichte entwirft, sondern ein Ausharren und Bestehen *vor* dem Ende der Zeit, mit allen Ungereimtheiten und allem Vorläufigen.
Klammert man einmal (sofern es möglich ist) Hegels Festschreiben der Geschichte ein, klammert man überhaupt seine konkreten Anwendungen des Dreischrittgedankens ein, wie er sie z. B. auch für die Kunst vorlegt, so bleibt doch die von ihm erarbeitete *Struktur* von Gegensatz und Versöhnung eine unerhörte Aufhellung. Fraglich bleibt, ob Guardini mit dem wenigen dazu

Gesagten bereits eine Unterscheidung, wiederum in der *Struktur,* zu Hegel geliefert hat, denn auch ihm ist ja das Ziel des konkreten Denkens immer die Einigung des Gegensätzlichen (jene unmögliche und unlogische, aber tatsächliche!) – was Hegel die Synthese nennt. Um die Unterscheidung davon deutlich zu machen, ist Guardinis Auseinandersetzung mit Hegel, die von außerordentlicher Bedeuung für die »Unterscheidung des Christlichen« wäre, nicht eingehend genug und vielleicht auch von einem zu raschen Willen zur Abstoßung begleitet. Allerdings gehört eine Hegel-Kritik struktureller Art zum Schwierigsten, was zu leisten wäre. Guardini hat sie immerhin unter dem Signum des »Lebendigen«, das nicht in die logischen Kategorien einzuwechseln ist, versucht.

IV.

Was bedeutet die »Kategorie Leben« in diesem Versuch? In der Absicht Guardinis soll sie das philosophische Gegensatzdenken aus dem Bereich der Logik in den Bereich der Konkretion ziehen. Ja es erweist sich, daß der Gegensatz gar nicht zuallererst vom Denken aufgerichtet wird, sondern sich am Leben immer schon zeigt. Lebendig ist gleich gegensätzlich, heißt es; die Struktur des Lebens selbst zwingt das Gegensatzdenken auf und überholt sogleich seine logischen Ungereimtheiten: Auseinandertreten und doch Zusammengehören. Vor aller Logik und Unlogik leistet das Leben selbst die Einung des Gegensätzlichen und andererseits sein Pulsieren im Hervorheben einmal des einen und dann des anderen Poles. Im Leben ereignet sich grundsätzlich, was im Denken nur noch mühsam oder nicht zusammengefügt wird.
»Leben« ist also bei Guardini der Vorgang, der das Kor-

rektiv des Denkens darstellt und damit auch das Korrektiv von Wissenschaft. Wenn das konkrete Leben geformte Fülle ist, so greift Wissenschaft daran nur die eine Seite, die Form nämlich, zur Betrachtung heraus – glaubt aber, in der Begriffsbildung die ganze Wirklichkeit zu »haben«.[4]

Die Forderung wäre, ein »lebendiges Denken« zu lernen, in dem die bloße Form des wissenschaftlichen und die ebenso einseitige bloße Fülle des intuitiven Erkennens in der ursprünglichen Konkretion beisammenbleiben oder nach dem methodischen Durchlaufen und Trennen der aufs höchste gespannten Gegensätze sich wieder zusammenschließen. Dieses über-rationale und über-intuitive Denken nennt Guardini »Anschauung«[5], die selber wieder nur augenblickshaft, in einem Gleichgewichtszustand der Erkenntniskräfte gelinge. Mit Sokrates sieht er diese Anschauung als »Zeugung« zweier in der Liebe zur Wahrheit Verbundener.[6]

V.

Was wird damit zu begreifen und neu-ursprünglich, aus der Tradition wie aus der Sache zu erhellen versucht?
Guardini steht mit seinem Beitrag in einer geistesgeschichtlichen Strömung, die auf eine Überwindung der gängigen Wissenschaft mit ihrem begriffs-gebundenen Denken in Quantitäten und Analysen abzielt. Diese Überwindung wird von einer grundlegenden Wandlung der Philosophie begleitet oder sogar hervorgerufen. Ihre Kennzeichen, die heute immer stärker hervortreten, sind ein verdichtetes Wahrnehmen des Geistigen, fern von dem »Stigma der Abstraktion«, das Erkennen der Unzulänglichkeit des Rationalen (aber auch des bloß Fühlend-Intuitiven!), und schließlich eine Wendung zum »Ganzen«, wie vorsichtig und vorläufig es

immer formuliert werden mag. In diesem »Ganzen« ist (wichtig und bezeichnend) die übersteigerte Abhebung auf den Menschen als ausschließlichen Gegenstand des Nachdenkens, wie es z.B. Existentialismus und Existenzphilosophie vollziehen, zurückgebracht auf ihr ausschnitthaftes Maß innerhalb einer Gesamtwirklichkeit.

Es spricht für die Tiefenschärfe von Guardinis Blick, daß er schon so früh Entwicklungen sah und benannte, die heute erst entfaltet sichtbar zu werden beginnen. Im wesentlichen nimmt er eine Wissenschaftskritik kraft Ganzheitsdenken voraus, und das heißt auch ungescheut, daß in der Ablösung der notwendig einseitigen Objektivität der Wissenschaft wieder das Subjekt das ganzheitliche Erfassen des konkreten Gegenstandes ausüben muß. So bringt Guardini vorausblickend auch das Vor-Urteil ins theoretische Spiel, d.h. alle Vorbedingungen und subjektiven Beschränktheiten, die die Wissenschaft freilich aussondern muß, wobei sie andererseits überhaupt das Subjekt, den Betrachter aussondert. Natürlich kann es nicht um das Rückgewinnen des Vorurteils gehen, sondern darum, dessen Beschränktheit durch das Sehenlernen größerer Zusammenhänge aufzuheben.

Die Aufgabe der Zukunft bestünde nach Guardini darin, das Ganze der Welt in den Blick zu nehmen und den Betrachter dabei einzubegreifen. Der Betrachter selbst müßte eine Haltung der Universalität gewinnen, die auch ein Bewußtsein vom Kosmos umschließt.[7] Und er müßte – wie der Pädagoge Guardini anmerkt – auch reif genug sein, um die eine große Gefahr der universalen Haltung mitzuerkennen und ihr zu begegnen: die Lähmung der Tatkraft, der Entschiedenheit für eines und nicht gleich auch für das andere – ausgehaltene, schwebende Spannung des Gegensatzes *im* universalen Wahrnehmen selber.

Wie es der gedrängten, auf das Wesentliche verkürzten Darstellung entspricht, ist dieser Schluß Guardinis allgemein gehalten. Trotzdem ist es fast bestürzend, Stichworte zu lesen, deren Wahrheit heute erst aufzugehen beginnt – wie hier im Wort von der Ganzheit des Wirklichen.

Eingangs war davon die Rede, daß Guardinis innerer Werdegang ihn von dem anfänglichen Willen zum »System« wegführte. Es ist nun deutlicher zu sehen, daß dies mit seinem Gewinnen einer »offenen Haltung« zusammenhängt. Auch in diesem zweiten Stichwort liegt ein wesentlicher Neuansatz heutigen Umdenkens.

Offene Haltung hat für Guardini nichts mit einem Unbestimmt-Standpunktlosen zu tun, sondern mit »Einsicht in die eigenen Grenzen«, mit »Überwindung der Anmaßung und der engen Individualwelt«.[8] Diese Formulierung spricht nichts weniger als die Forderung aus, die Neuzeit als tiefeingeprägte Epoche des Denkens und Handelns zu verlassen, besser: über sie hinausgehend eine andere Haltung anzunehmen. Haltung deswegen, weil sie einem Gehaltensein entspricht – erstmals wieder und neu. Von Haltung zu reden bedeutet nämlich, die seit 400 Jahren eingeschliffene Ichverhaftung des Individuums aufzugeben, damit seine neuzeitliche Setzung als Maß und Mitte der Welt, seinen Glauben an die Grenzenlosigkeit sei es des Fortschritts oder der eigenen »Macht« oder eigener wie fremder Veränderbarkeit.

Allenthalben und so greifbar, daß man es nicht mehr belegen muß, geht es heute um das *Wahrnehmen*, wie kindisch-unreif jene Uferlosigkeit der menschlichen Selbsteinschätzung war, wie gefährlich sie aber gerade wegen ihres unfertigen Durchsetzungswillens wurde. Was Guardini mit der Überlegung von der »offenen Haltung« leistet, ist ein befreiendes Hinweisen auf das mögliche Bestehen der Zukunft. Die Merkmale des

anstehenden, ja zwingenden Epochenwechsels stellte er auch im »Ende der Neuzeit«, freilich düsterer, vor. Hier in seiner Anfangsschrift gibt er eine hoffnungsvolle Sicht auf das kommende »Neue«, das er hier noch als Haltung des einzelnen versteht – während die moderne Erfahrung seine Worte viel eher als gemeinschaftliche, wenn nicht weltweite Aufgabe zu lesen lernte.
Statt Grenzenlosigkeit tritt ihm – als Grund der Offenheit! – die *Grenze* in den Blick, aber nicht die mit Widerwillen eingeräumte, sondern die *bejahte.* Die *»Grenze zum Gesetz der Vollkommenheit machen«:* ein großartiger Satz, ebenso großartig die Wendung von der »Form durch Schranke«.[9] Seinerzeit war es möglich, darin ein »romanisches Formbedürfnis« durchbrechen zu sehen; heute ist es weit gerechter und souveräner möglich, darin Guardinis Sinn für die Grundgefahr einer Epoche zu sehen, die sich in ihren ursprünglich kraftvollen wie gefährlichen Anlagen überschlägt: daraus die unbestechliche Klarheit über das einzig Not-Wendige. Das hat nichts mit einem ästhetischen Empfinden zu tun, um Guardini vor diesem unverständigen Urteil zu verteidigen, weil es sich nicht mehr um den alten Formbegriff handelt. Wenn schon von einem »romanischen Erbe« bei Guardini die Rede sein soll, dann eher bei seiner Betonung des »Sehens«, des »Blickes«, der »optischen Richtigkeit«.[10] Doch läßt sich auch dies weniger individualpsychologisch werten, sondern eher als Zugehörigkeit zur noch neuzeitlichen Einschätzung des Auges als vornehmstem Erkenntnisorgan.
Guardini schlägt den Verzicht vor: Erst im Verzicht auf eine seit langem eingeübte Unendlichkeit des Wollens (gleich Unmäßigkeit) gelingt das jetzt Entscheidende, »die Sättigung des Endlichen mit Vollendung«.[11]
Hier erscheint das letztlich bewegende Ziel des guardinischen Entwurfes in seiner ganzen Helle: nicht allein der Wille zur ganzheitlichen Sicht, sondern die souverä-

ne Neufassung beladener und belasteter Begriffe wie Grenze, Schranke, Endlichkeit, Zucht, Mitte, Maß. Daß es möglich sein soll, in diesen zum Schein abgestandenen, sogar überwundenen Haltungen noch etwas Neueres als die Neuzeit heraufzuführen, ja ihre zerreißenden Gegensätze zu heilen, zu »ergänzen«, das ist das Erregende des Gedankens. Guardini behauptet das Eröffnen der Zukunft *durch die angenommene Grenze.* In dieser paradoxen Überlegung liegt die eigentliche Frucht des Gegensatzdenkens vor.

Es ist eine Frucht, die heute nicht als ersonnenes Gespinst wirkt, sondern als immer drängendere Aufgabe schon fast jedes einzelnen. Aber das Großartige an Guardinis Betrachtungsweise ist, daß »Grenze« nicht matt erduldet werden soll, sondern freiwillig, mit Kraft und Bewußtsein gesucht werden muß. Guardinis Gegensatzlehre, die (vielleicht) bei ihrem ersten Erscheinen trocken gewirkt haben mag, erscheint möglicherweise jetzt, in der täglich zwingenderen Not der geistigen Umstellung, als eine Stimme, die zur Bestimmung des Unbekannten und also zu seiner Bewältigung verhilft; oder um im Bild zu bleiben: Sie erscheint nach vermeintlicher Trockenheit als eine Quelle, die zu überleben hilft. Gemeint ist nicht das bloß keuchende Überleben, sondern das Gewinnen einer aufgerichteten, in sich klaren Identität, aus der heraus die Schwebe zwischen den Un-Möglichkeiten (des heutigen Niedergangs und Aufgangs in einem) möglich wird. Gerade das bestimmt Guardini als Menschsein.[12] Gerade das ist heute nicht ungenau-allgemein (»philosophisch«) zu nehmen, sondern als konkrete Hilfe. Denn entgegen der landläufigen Vorstellung vom abstrakten Denken ist es der rechte Gedanke, der hilft, wenn es um die Bedrohung der eigenen Grundlage geht – er hilft weit konkreter als jede greifbare Maßnahme, weil er nämlich auf den Grund geht.

Es gibt Bücher, die erst durch eine sich herausschälende Entwicklung wichtig werden. Wie es das vergessene Schalenrund gibt, in dem sich nie eine Fontäne erhob – bis die untergründige Veränderung des Wassers sich selbst einen Ausgang sucht und die Schale zum unvermuteten Fließen bringt. Selig, könnte man Kierkegaard weiterformulieren, wer in der Not des steigenden Wassers eine Schale bereit hat, und selig, wessen Schale das steigende Wasser auch füllt. So ist das vorliegende Buch auf die heutige Not angewiesen, aber auch die heutige Nötigung des Umdenkens scheint auf das Buch angewiesen.

Anmerkungen

[1] Der Gegensatz. Versuche zu einer Philosophie des lebendig Konkreten, Mainz [2]1955, 212.

[2] Vgl. L. Neundörfer, in: Romano Guardini. Der Mensch, die Wirkung, die Begegnung, Mainz 1979, 69f.

[3] Der Gegensatz, 91.

[4] Ebd., 167.

[5] Ebd., 181.

[6] Ebd., 184.

[7] Ebd., 198.

[8] Ebd., 205.

[9] Ebd., 208.

[10] Ebd., 202.

[11] Ebd., 208.

[12] Ebd., 210.

Literaturhinweise

Romano Guardini, Gegensatz und Gegensätze. Entwurf eines Systems der Typenlehre, Freiburg 1914

Alfonso Lopez Quintas, Romano Guardini y la dialéctica de lo viviente. Estudio metodológica, Madrid 1966

Alfonso Lopez Quintas, Passión de verdad y dialéctica en Romano Guardini, in: Romano Guardini, El ocaso de la edad moderna, Madrid 1958, 151–180
Marcel Reding, Romano Guardini. Denker des Gegensatzes, in: Die Warte. Perspectives. Kulturelle Wochenbeilage des »Luxemburger Wort«, 17. Februar 1960
Melchiorre Virgilio, Guardini filosofo, in: Humanitas. Rivista mensile di cultura, Milano 21 (1966), 16–36
Karl Wucherer-Huldenfeld, Die Gegensatzphilosophie Romano Guardinis in ihren Grundlagen und Folgerungen, Diss. Wien 1968
Hanna-Barbara Gerl, Die Entdeckung der eigenen Methode: Der Gegensatz und die Weltanschauung, in: Gerl, Romano Guardini (1885–1968). Leben und Werk, Mainz 1985

Jörg Splett

Zum Person-Begriff Romano Guardinis

Ein »Versuch« christlich-philosophischen Nach-denkens

Philosophie lebt – seit den Dialogen Platons – im Gespräch. Sie bedarf einsamer Reflexion und unabgelenkten Denkens. Doch weder der Einsiedler noch der inständig bohrende Forscher oder tüftelnde Konstrukteur noch der gnomisch kündende Meister oder Prophet stellen das »Berufsbild« des Philosophen dar, sondern ein Lehrer, der auf dem gemeinsamen Weg des Disputs sich – und die Partner – dem »sophón« zu nähern sucht, das er nicht besitzt, sondern liebt[1]. Und wird Philosophie in Büchern niedergelegt, so stellt das eigentlich einen Notbehelf dar. Aus diesem Grund *bleiben* hier die Lehrer im Gespräch, solange es fortgeht (und nun gerade dank des Notbehelfs ihrer Bücher). Zwar geht es nicht darum, was einer gesagt hat, sondern was wahr ist[2]; eben dem aber nähert sich philosophisches Denken in der Aufnahme früherer Antworten auf eine »quaestio disputata« und in immer neuer Auseinandersetzung mit ihnen. »Systematische« und »historische« Perspektive lassen sich in dieser Reflexion nicht trennen. Eine Sachfrage evoziert hier darum stets auch Namen.

I. Klassische Person-Theorie

Der Name nun, den das Thema »Person«, gar »Welt und Person«[3], zuerst heraufruft, ist wohl jener Max

Schelers, des Mannes, auf dessen Rat hin Guardini seine Berliner Vorlesungen statt systematisch »historisch« angelegt hat: als vergegenwärtigende Interpretation von Denkern und Dichtern, in Auseinandersetzung mit denen er die »Unterscheidung des Christlichen« und den Eigenbeitrag »christlicher Weltanschauung« zur Sprache gebracht hat.

1. Natürlich beginnt die Geschichte des Person-Denkens nicht mit Scheler. Die klassische Definition verdanken wir dem Römer Boethius: »Persona est rationalis naturae individua substantia.«[4] D.h., Person ist zunächst ein in sich stehendes Dieses, des weiteren ein solches von Verstandesnatur, also um sich und anderes wissend (und von daher auch den Einzelgütern, die es in ihrer Begrenztheit überschaut, nicht einfach verfallen, sondern ihnen gegenüber frei). Die theologische Reflexion der späteren Jahrhunderte hat diese Bestimmung präzisieren müssen, um sie zur Fassung der christlichen Zentral-Geheimnisse »Trinität« und »Hypostatische Union« gebrauchen zu können. So schlägt Thomas vor, das »individua«, das dem Wortsinn nach nur die konkrete Individualität, das jeweilig Diese (im Unterschied zur »zweiten Substanz«: dem »Wesen« des Menschen) bezeichnet, so zu lesen, daß es in emphatischem Sinn den In-sich-Stand besage, also die Möglichkeit ausschließe, von einem anderen Subjekt »aufgenommen« zu werden – wie die menschliche Individualität Jesu von der zweiten Person in der Gottheit[5].

Worin aber gründet diese »incommunicabilitas«, die Unmittelbarkeit bzw. Unaufnehmbarkeit von Person? Darüber hat es unter den scholastischen Schulen verschiedene Ansichten gegeben; man hat diverse »modi substantiales« angenommen oder einfach den Existenzvollzug als solchen[6]. Aber dies war eine Problematik rein theologischen Interesses, ebenso wie es ein rein theologisches Thema war, daß die Personen in Gott strikt durch ihre gegenseitige Bezüglichkeit konstituiert werden. Dies darum, weil alles Absolute, In-sich-Stehende, Substantielle vom einen Gott ausgesagt werden muß: »omnia sunt unum, ubi non obviat relationis oppositio.«[7]

2. Man blieb ansonst dabei, Person durch In-sich-Stand und Selbstbezüglichkeit zu bestimmen. D.h., man fragte eigentlich weniger nach dem Wesen von Person als solcher, sondern vielmehr nach jener »Natur«, die ein »Suppositum« (ein In-sich-Stehendes) zur Person macht, und bestimmte diese als Vernunft. Vernunft nun will zwar etwas anderes vernehmen; sie ist sogar als Allbezug bestimmbar: »Des Menschen Seele ist gewissermaßen alles – quodammodo omnia«, übernimmt der Aquinate von »dem« Philosophen, Aristoteles[8]. Aber der Einungsvollzug von Subjekt und Objekt geschieht beim Erkennen im Subjekt, die Welt wird in das Ich hereingeholt[9]. Und die berühmte Stufung der Wesenheiten, die Thomas in der Summe für die Heiden (IV 11) vornimmt, erfolgt präzise nach dem Maß von Selbstbesitz und Rückkehr zu sich selbst. Wird aber Person derart durch Vernunft und Selbstbezug bestimmt, dann scheint es eine eigene Folgerichtigkeit zu haben, was Scheler nun als Dilemma des deutschen Idealismus herausstellt: entweder geht Person in einer Logonomie unpersonaler Vernunft unter – oder es ergibt sich, soll das individuelle Selbstsein dennoch festgehalten werden, ein »ethischer Auslebeindividualismus ohne jede innere Grenze seines Rechtes«[10].

II. Max Schelers Personalismus

Scheler führt den Personbegriff über die Akte ein. Er bezeichnet für ihn nicht das ontische Subjekt, den substanziellen Träger von Vollzügen, sondern jene Wirklichkeit, die Akte unterschiedlichen Wesens zu *einem* Aktvollzug werden läßt. Und wie der Idee des Aktes die Idee eines Akt-Gegenstandes korrespondiert, so dem Einheitsprinzip der Aktarten, der Person, ein solches der Gegenstandsarten: die Welt (380).

1. »Person ist die konkrete, selbst wesenhafte Seinseinheit von Akten verschiedenartigen Wesens. Ihr Sein ›fundiert› alle wesenhaft verschiedenen Akte« (382f). Sie ist also keineswegs bloß deren Summe und Zusammenhang, aber sie ist auch nicht ein Ding »oder eine ›Substanz‹, die Akte vollzieht im Sinne einer substanzialen Kausalität« (384)[11]. Über das Gegenstandsein hinaus will Scheler sodann vom Personbegriff auch das Subjekt- und Ich-sein ausgeschlossen wissen. Denn »Ich« verweist auf Du und Außenwelt; es ist also doch wieder, obgleich höherer Ordnung, nur ein Gegenstand im Gegenstandsgefüge. ›Person‹ aber soll kein relativer, sondern ein absoluter Name sein. »Gott z.B. kann Person, aber kein ›Ich‹ sein, da es weder ›Du‹ noch ›Außenwelt‹ für ihn gibt« (389).

Andererseits sind personale Akte wesenhaft intentional, d.h. gerichtet auf. Darum entspricht der Person ihre Welt. »Person und Welt [sind demnach jeweils] absolutes Sein und beide in Wechselbeziehung aufeinander« (394). Person bedeutet also kein Weltbestandstück; ebensowenig wird freilich hier die Welt als (transzendental) vom Subjekt konstituiert aufgefaßt. Darum ist Person auch kein solipsistisches Prinzip. Vielmehr gehört »Gemeinschaft von Personen überhaupt zur evidenten Wesenheit einer möglichen [konkreten Einzel]Person« (524), und zwar – wiederum aller faktischen Realisierung voraus – einfach darum, weil »Akte des Wesens von Liebe, Achtung, Versprechen, Befehlen usw. ... Gegenachtung, Gegenliebe, Annehmen, Gehorchen usw. als ideale Seinskorrelate fordern, um einen sinneinheitlichen Tatbestand überhaupt zu bilden« (ebd.).

2. Der daran gewonnene Begriff der »Gesamtperson« (sie ist eben mehr als bloß ein Gesamt von Personen) sei jetzt nicht mehr erörtert; auch nicht, wie sich aus der Wechselspannung von Einzel- und Gesamtperson der Gedanke einer »Person der Personen« ergibt. All das übrigens wird gemäß der phänomenologischen Methode rein »ideal« entwickelt. Daß diese Wesens-Zusammenhänge auch in der Wirklichkeit realisiert sind, erschließt sich einzig dem Glauben aufgrund konkreter Person-Offenbarung (395).

Ihr voraus aber leuchtet grundsätzlich ein, daß Person sich nur in bejahendem Selbstvollzug zu aktuieren vermag, im vollzogenen Ja zur Gemeinschaft der Personen, und daß dieses doppelte Ja nur möglich ist als mitvollziehendes Ja zum Ja Gottes hinsichtlich dessen. Gott aber darf »weder als Einzelperson (was Henotheismus, nicht Monotheismus wäre), noch als höchste Gesamtperson (Pantheismus) gedacht werden, sondern nur als *die* (›einzige‹, nicht zahlenmäßig ›eine‹) unendliche Person schlechthin« (514).

In summa: »Nicht also die Idee ›Person‹ auf Gott angewandt, ist ein Anthropomorphismus! Gott – das ist vielmehr die einzige vollkommene und pure Person. Und das ist nur eine unvollkommene, eine gleichnisweise ›Person‹, was unter Menschen so heißen darf.«[12]

Auf eine nähere Diskussion dieser Sicht, bezüglich ihrer Kohärenz und Denkbarkeit, ihrer eigentümlichen Methodik (und der dementsprechenden Methode ihrer Diskussion), sei hier verzichtet. Denn es ging nur darum, den Hintergrund für unser eigentliches Thema zu markieren: für das Person-Denken Romano Guardinis.

III. »Welt und Person« bei Guardini

1. Er setzt ganz anders ein, nämlich mit einem (Rück-) Blick auf den neuzeitlichen Begriff der Natur und das typisch neuzeitliche Bezugsgesamt von Natur, Subjekt und Kultur, das sich hieraus entfaltet. Dem stellt er erst einmal entschieden das Konzept einer freien Schöpfung der Welt aus (dem) Nichts gegenüber, um freilich sogleich in einem eigenen Kapitel auf die geschöpfliche Situation des *Menschen* einzugehen. Hier macht er deutlich (ohne daß der Name des Cusaners fiele), daß der Schöpfer nicht »der Andere« sein kann, weil er den Menschen nicht einschränkt, sondern ermöglicht. Und in diesem Zusammenhang erscheint erstmals der Begriff der Person: »Durch seinen liebenden Anruf macht Gott den Menschen zur Person, aber in Achtung. Er schafft ihn nicht so, wie Gestirne, Baum oder Tier, durch einfachen Befehl, sondern durch Anruf« (25). Konkret wird dieser Sachverhalt beispielsweise auf dem Weg nach innen erfahren. Man kommt hier an eine innere Grenze, »das Ende der Innerlichkeit und zugleich das Ende der Welt nach innen hin. Da erscheint das von innen heraussteigende Nichts – aber auch die von innen her tragende Hand Gottes« (47). Dazu vermutet Guardini freilich, daß außerhalb der christlichen Offenbarung diese Erfahrung unklar bleibt, ebenso wie die Erfahrung der Höhe, des Droben als Ort Gottes. Wir lassen dies hier zunächst ebenso auf sich beruhen wie die rasche Festlegung auf Christus hin[13].

2. In diesem Denken ist eben sogleich die Theologie mit im Spiel. Darum wird auch die »Welt« hier – biblisch – nicht bloß als geschaffen, sondern vor allem als sündig in sich verschlossene und aus dieser Verschlossenheit erlöste gesehen. Das erklärt sich aus Guardinis Auffassung von christlicher Weltanschauung. »Weltanschauung ist das Bild der Welt, wie es sich zeigt, wenn diese

von der Offenbarung her gesehen wird; der Zusammenhang jener Klärungen, welche die unmittelbaren Weltprobleme aus der Offenbarung empfangen – umgekehrt meint sie den Inbegriff jener Antworten, zu denen die Offenbarung durch die Fragen der Welt veranlaßt wird.«[14]

Heute, nach dem Zweiten Vatikanum und seiner Pastoralkonstitution *Gaudium et spes* über »die Kirche in der Welt von heute« wird man diese Aufgabenstellung wohl stärker der Theologie selbst zuordnen müssen. Die Konfrontation von Offenbarungsaussagen mit der Welt- und Zeitwirklichkeit – nicht nur im allgemeinen, sondern auch in ihren unableitbar konkreten Gestalten – ist selbst noch eine wichtige Aufgabe der Kirche, ihres Amtes und ihrer Theologen, wenn auch die wissenschaftstheoretische Problematik dieses Sachverhalts noch manche Frage aufgibt. Ja, im Grunde konkretisiert sich hier nur jene Begegnung von Offenbarung und Welt (von Gnade und Natur zuletzt), aus der überhaupt Theologie entstanden ist und als welche Theologie besteht und lebt.

Ich würde »Weltanschauung« eher als »eine Art ursprüngliche Auslegung (Interpretation) des Weltphänomens« verstehen wollen, in Übereinstimmung mit Herders Kleinem philosophischem Wörterbuch von Max Müller und Aloys Halder. Sie wäre dann eine apriorische Weise unseres Weltverhältnisses; doch nicht als schlechthin unveränderlicher Rahmen, da sie auch aposteriorische Komponenten enthält: Einzelerfahrungen und -entscheide vermögen sie jederzeit zu beeinflussen und sie wesentlich umzugestalten. In diesem Sinn gäbe es christliche Weltanschauung(en), gekennzeichnet durch eine gewisse Ursprünglichkeit, die sie vom wissenschaftlich ausgeformten *Weltbild* wie von der prüfend-fragenden Reflexion der *Philosophie* ebenso unterschiede wie von einer explizit theologischen Beschäftigung mit Gegenwartsfragen, der Kunst oder Literatur im allgemeinen oder etwa mit der Weltsicht eines Hölderlin, Rilke, Bert Brecht, Peter Handke oder Max Frisch im besonderen.

3. Doch liegt an Etiketten weniger als an der Sache. Der Welt im ganzen jedenfalls steht nun der Mensch gegenüber, »richtiger gesagt Ich« (83). Zu diesem Gegenübersein ist er befähigt, berechtigt, ja verpflichtet durch einen besonderen »Sinnverhalt«. Und dieser trägt den Namen »Person«. Guardini in der ihm eigenen Sicht- und Lehrweise bestimmt ihn nicht abstrakt-prinzipiell, sondern in einem phänomenologischen Aufstieg von den tragenden zu den sinnentscheidenden Schichten der Gesamtgegebenheit. *Gestalt* (im Zusammenhang von Bau und Funktion[15]) ist die erste; sodann *Individualität.* Sie besagt einmal: Schaffung einer spezifischen Umwelt (wie sie sich nach Jakob v. Uexküll als Merk- und Wirkwelt konstitutiert[16]), sodann einen qualifizierten Bezug zu anderen Individuen. Die entscheidende Bestimmung des Individuums ist die der »Mitte« als lebendiges Zentrum, Focus von »Innerlichkeit«. In sie von außen (bei Wahrnehmung wie Assimilation) und von ihr aus nach draußen ist ein »Überschritt« zu tun.

Insofern nun solche lebendige Individualität vom Geist bestimmt ist, ergibt sie die Gestalt der *Persönlichkeit:* Innerlichkeit des Selbstbewußtseins wie des Willens, wobei Wille wesentlich durch Wert-Schätzung und Sinn-Betreffbarkeit bestimmt wird, am reinsten in der sittlichen Beanspruchung erkennbar. Nach außen manifestiert sie sich in Handeln und Schaffen, wobei es wiederum nicht eigentlich um Lebensfristung, sondern um die Sinn-Gestalt von »Werk« geht. Von diesem Persönlichkeitsbegriff, den die Neuzeit vor allem in großen schöpferischen Menschen verwirklicht sieht, ist nun die *Person* im eigentlichen Sinn zu unterscheiden. Das Bisherige hat auf Was-Fragen geantwortet. Person kommt in den Blick, sobald man Wer? fragt. – Grundlegend bestimmt sie Guardini (phänomenologisch vermittelnd) durch die klassische »Incommunicabilitas«.

4. Deren Gefährdung zeigen Phänomene wie der Doppelgänger, die Ichspaltung, der Verlust des eigenen »Schattens«, des »Spiegelbilds« oder der »Seele« (Guardini bezieht sich auf Märchenmotive, ohne das Wort »Besessenheit« niederzuschreiben[17]). Das führt zu einer längeren Reflexion über eine mögliche Erkrankung der Person als solcher. Augustinisch inspiriert, sieht Guardini diese Möglichkeit in einer innerlichen Verhärtung des Menschen, aufgrund deren er sich grundsätzlich dem Anspruch der Wahrheit verweigert (prinzipiell den Unterschied von Wahrheit und Lüge nicht mehr gelten lassen will) und so die Liebe als Lebensrichtung einfachhin leugnet. Doch diese Gefährdungen zeigen nochmals das Wesen von Person als In-sich-Selbstand[18]. – Ist das nicht, fragt Guardini, etwas bloß Formales? Und er antwortet überzeugend mit Ja und Nein. Worum es geht, entzieht sich inhaltlicher Festlegung, weil es sich in allen dargestellten Schichten ausdrückt. Dazu erfolgt nun die fällige Korrektur: Die Schichten liegen nicht abhebbar über-, sondern in Wahrheit »ineinander«. Besser als von Schichten spräche man darum hier wohl nach Paul Tillichs Vorschlag von Dimensionen (ohne daß man damit seinen anti-hierarchischen Vorbehalt teilen müßte)[19]. Doch deren Mittel- und Schwerpunkt ist das Personsein. Schon das Sein überhaupt: daß überhaupt etwas und nicht nichts ist, ist ein Geheimnis; doch entscheidend vertieft es sich angesichts der unauslotbaren »Selbst-Verständlichkeit« der Existenz von Person: »wenn der Satz nicht lautet: ›Etwas ist‹, sondern: ›Ich bin‹. Seine Analyse wäre aus bloßen philosophischen Voraussetzungen nicht zu bewältigen; sie würde in die Wurzeln des Religiösen führen« (102).

5. Auf dieser Grundlegung bauen nun zwei weitere

Kapitel auf: Der personale Bezug – Die Person und Gott. Mündend in eine, wiederum sehr augustinische, Reflexion über »Die Christliche Personalität und die Liebe« (wonach Person zuletzt nicht formal, sondern inhaltlich bestimmt werden muß) sowie ein Schlußkapitel zu einem von Guardinis »Lieblingsgedanken«[20]: der Vorsehung. Trotz seines phänomenologischen Stufenwegs läßt Guardini keinen Zweifel daran, daß Person nicht etwa auf diesem Wege entsteht. Biologisches Werden wie der (Guardini möge verzeihen!) »Sozialisationsprozeß« setzen als Werdegeschehen von Person diese selbst schon voraus. Das heißt, Person bedarf all dessen, aber sie als solche ist nicht dadurch bedingt. Gleichwohl läßt sich (ähnlich wie bei Scheler) fragen, ob die Möglichkeit von Person nicht den Du-Bezug des Ich verlange. Die Antwort sucht Guardini jenseits einer objektivistischen Gleichsetzung der Person mit dem Individuum wie des Schelerschen Aktualismus (freilich wieder ohne Namensnennung). »Beide sind dialektisch voneinander abhängig und beide lösen die Wirklichkeit auf« (108). Person entsteht nicht in Begegnung und Dialog, sondern aktuiert sich nur darin. Nun muß das Schelers Thesen, jedenfalls nach unserer Interpretation, keineswegs widersprechen; doch lassen wir die historischen Fragen beiseite. Jedenfalls zieht auch Guardini ein wesentlich korrelatives Datum heran, die Sprache, die auch in seinem Verständnis kein Produkt, sondern – in der Einheit von Wort und Schweigen – eine Voraussetzung menschlichen Lebens darstellt[21]. – S. 109 verweist eine Fußnote auf die inzwischen oft zitierte Anekdote (in der Chronik des Salimbene) von Friedrichs II. mißglücktem Versuch, an Kindern die Ursprache der Menschheit festzustellen ... Mit einem überraschenden Schritt wird aber diese Dimension nicht weiter in sich selbst entfaltet, sondern durch einen Abschnitt über den Wort-Charakter der Dinge auf den Schöpfergott hin transzendiert. Gott als worthaft in sich selbst (Joh 1,1–2) schafft die Welt durch das Wort (Joh 1,3)[22]. »Daß die Welt in der Form der Gesprochenheit besteht, ist der Grund, weshalb überhaupt in ihr gesprochen werden kann« (112).

6. Damit ist das Thema »Person und Gott« erreicht. »Die Person hat eine Sinnbedeutung, die ihr Seinsgewicht übersteigt«, heißt es sehr plastisch (113). Ihr eignet eine absolute Dignität, die nur aus einem selbst Absoluten kommen kann, und zwar durch die Weise ihrer Erschaffung. Hier wird nochmals gesagt (114), was bereits eingangs anklang: »Das Unpersönliche, Lebloses wie Lebendiges, schafft Gott einfachhin, als unmittelbares Objekt seines Wollens. Die Person kann und will er nicht so schaffen, weil es sinnlos wäre. Er schafft sie durch einen Akt, der ihre Würde vorwegnimmt und eben damit begründet, nämlich durch Anruf. Die Dinge entstehen aus Gottes Befehl; die Person aus seinem Anruf. Dieser aber bedeutet, daß Gott sie zu seinem Du beruft – richtiger, daß er sich selbst dem Menschen zum Du bestimmt.« Der Mensch wird von Gott so gesprochen, daß er sich zugesprochen wird; und demgemäß spricht Gott auch die Welt als Wort auf ihn hin. So ist der Mensch zum Hören und zur Antwort bestimmt, und die Dinge sollen durch ihn »in der Form der Antwort zu Gott zurückkehren« (ebd.). – Damit ist, gewissermaßen in Umkehr der bisherigen Aufstiegsbewegung (ohne daß dies jedoch eigens thematisiert wird), der Kern von Person angesprochen. An die Stelle phänomenologischen Schichtenaufbaus tritt hier prinzipiell-dialogische »Deduktion«. In einer Fußnote weist Guardini darauf hin, daß bemerkte Ähnlichkeiten zu Ferdinand Ebners Gedanken nicht auf Anregungen zurückgehen (Rosenstock-Huessy, Rosenzweig, Buber werden nicht genannt). Und in der Tat stehen hier größere Namen im Hintergrund: Augustins »dialogische

Metaphysik«[23] und Bonaventuras »Intellectus Verbi«[24]. Entsprechend stellt Guardini sogleich klar, daß christlich dieses Verhältnis »nicht von einer im freien Raum der Welt und Geschichte sich vollziehenden religiösen Begegnung, sondern von der Person Christi her« (115) gedacht wird.

Das wird im folgenden vor allem an den Paulus-Briefen erläutert, mit der Sinnspitze in dem Kôan (wie man mitunter heute sagt) des Galaterbriefs (2,20): »So lebe nun nicht mehr ich, sondern Christus lebt in mir.« – In sorgsamer Klärung stellt Guardini zunächst verschiedene Formen des In-seins vor, vom pädagogischen Vorbild bis zur Besessenheit, um schließlich davon jenes In-sein im »Geist« abzuheben, vom prophetischen Zustand her, »da Innen und Außen zu reiner Gegenwärtigkeit aufgehoben [sind], ohne daß die Würde der Person angetastet wäre« (123). So ist christlich der Mensch »kein Wesen, das geschlossen in sich stünde« (124) – weil Gott kein solches Wesen ist.

7. »Die Weise, wie Gott Ich sagt, ist das Eigentliche und Grundlegende« (126). Und hier wird nun Schelers Schlußhinweis konkretisiert: »Wenn es möglich wäre, den Schritt in den Glauben ganz rein zu vollziehen, dann würde die Antwort auf die Frage, was Personalität einfachhin sei, lauten: Gottes Dreieinigkeit. Diese wäre zwar nicht evident im Sinne der Verstehbarkeit, da sie schlechthinniges Geheimnis ist, aber vertraut im Sinne der Wirklichkeit, da ihr Geheimnis den Ausdruck ihrer seligen Absolutheit selbst bildet« (126f).

Um einen klassischen Topos aufzunehmen: In die Sonne dieses Geheimnisses können wir (noch) nicht blicken, aber sein Licht erhellt die uns zugewiesene Welt und uns in ihr. In diesem Sinne heißt Person nun: »das Ich des Menschen, das im Du-Verhältnis zu Gott zu sich kommt; [genauer:] die Selbstheit, die geboren wird, sobald der pneumatische Christus in ihr ersteht und sie in die Relation des Sohnes und der Tochter zum Vater bringt« (133). Damit ist eine vorher unausdenkbare Höhe erreicht, zugleich freilich auch ein vorher undenkbarer Ernst des möglichen Bösen; denn es wird nun nicht mehr bloß durch den Trieb, den seelischen Affekt, den Geist und seine Hybris bestimmt, sondern durch die wachgerufene Person. All das ist nicht zu vergessen, wenn man christlich von Person und Liebe reden will, ohne »von psychologischen oder ethischen Strukturen [auszugehen], sondern vom Urphänomen selbst... Hier ist noch sehr viel zu tun« (136).

IV. Person und Gott (Zur Seinsbegründung von Person)

Der Schlußsatz gilt gewiß noch immer, vielleicht sogar neu – angesichts des Führungs-Anspruchs politischer wie sozialwissenschaftlicher Anthropologien. Auch wir können seinen Auftrag jetzt nicht übernehmen. Doch mag es dazu hin nicht unnütz sein, die Grundstrukturen im aufgewiesenen Logos des Phänomens nochmals eigens nachzuziehen.

1. Und zwar zunächst in bewußtem Verzicht auf Guardinis Christozentrik. Daß der Person-Gedanke sich der christlichen Botschaft verdankt, ist wohl ebenso unbestreitbar wie unbestritten. Doch wie der biblische Sauerteig im Mehl ist er inzwischen in der abendländisch geprägten Geistesgeschichte der Menschheit derart aufgegangen, daß man – jedenfalls heute (noch?) – durchaus von ihm her auf die Botschaft hin argumentieren kann statt umgekehrt. Man kann also zunächst das Bekenntnis dazu voraussetzen, daß der Mensch nie nur als Mittel, sondern »jederzeit zugleich als Zweck betrachtet werden« soll, und dies nicht bloß, weil jeder selbst derart behandelt werden möchte, also aufgrund

des »trivialen« Prinzips: Was du nicht willst..., sondern »kategorisch«, unbedingt[25].

Wie aber soll man den Grund dieser Unbedingtheit, die Kant schließlich als unhintergehbares »Faktum« der Vernunft auffaßt, verstehen?[26] Damit ist nicht eine außersittliche, gar utilitaristische Begründung der Person-Achtung gemeint, die dem Menschen seine Würde nähme, sondern eben die Erhellung dessen, daß die »Sinnbedeutung« der Person »ihr Seinsgewicht übersteigt«; also eine Antwort auf die Frage, von woher denn anerkannt bedingten Einzelnen unbedingter Respekt geschuldet werden könne. Diese Antwort läßt sich in der Tat nicht anders als im Rückgriff auf den Schöpfergott geben[27]. Vielleicht stellt sich die Frage nicht immer, dann mag auch die Antwort nicht notwendig sein; doch wenn sie sich meldet, ist der »Ernstfall«[28] eingetreten, auch wenn man ihn nicht wahrhaben will. Der Ernstfall zeigt, »daß die Personhaftigkeit des Menschen selbst keineswegs selbstverständlich ist. Was unsere humanistische Tradition als die unantastbare Personwürde des Menschen bezeichnet, ist offenbar nicht so geartet, daß man nicht darüber hinweggehen könnte. Der einzelne Mensch kann auch als Sache behandelt werden. Hat seine Personwürde nicht mehr den Charakter eines Glaubenssatzes als den eines isoliert nachweisbaren Elementes anthropologischer Vorfindlichkeit?«[29]

Das führt Wolfhart Pannenberg zu der Frage, ob der Gedanke des Personalen überhaupt primär am Menschen und nicht vielmehr ursprünglich an jener Macht gewonnen werde, die sich in der religiösen Erfahrung geltend macht. – Personalität als religionsphänomenologische Kategorie charakterisiert demnach »die *Unverfügbarkeit* der Macht, die doch zugleich in jenem Widerfahrnis, das die religiöse Erfahrung konstituiert, den Menschen konkret beansprucht« (383). – Und menschliche Personalität ist ursprünglich die Teilhabe an dieser unantastbaren Majestät.

Nach allem bisher Durchdachten ist dem hinsichtlich des göttlichen Personseins zuzustimmen. Die Rede von ihm ist also keineswegs Anthropomorphismus. Weniger glücklich im Blick auf unser Personsein finde ich die Einführung des Teilhabebegriffs in diesen Kontext. Er scheint mir gerade die *Unbedingtheit* der Würde des Einzelnen nicht garantieren zu können. (Und als einen Beleg hierfür nenne ich eben das griechische Vernunft-Teilhabe-Konzept, das Pannenberg anführt.) Dem Anspruch metaphysischer Reflexion wie auch dem religiösen Phänomen entspricht viel eher Guardinis Rückführung nicht auf Teilhabe an, sondern aufs Angerufensein durch Gottes Majestät. Unbedingten Rang hat, richtiger: erhält, wer unbedingt gemeint (und so *als* unbedingt gemeint) wird.

2. Will man vom menschlichen Person-Sein aus von Gott als personalem Wesen sprechen, dann gerät man gewiß vor die Frage: »Kann mehr damit gemeint sein als dies: ›Gott ist derart, daß *wir* erst in der Offenheit zu ihm Personen sind und daß wir uns als Personen zu ihm verhalten müssen‹?«[30]

In diesem Sinn hat Bernhard Welte das uns betreffende »absolute Geheimnis« das »Du-hafte« genannt. D. h., es würde nicht genügen, diese Macht bloß als »ewige Wahrheit«, geltende Wert-Idee, als Grenzbegriff und Kontur unseres Ich und Wir zu denken: das Heilige wird nicht erst von uns (im Vollsinn des Wortes) »identifiziert«, sondern es »selbst ist [aus sich selbst] es selbst«[31]. – Damit aber läßt sich, im Absprung von unserer eigenen prekären Personalität, doch auch vertretbar über das Person-Sein dessen sprechen, der uns betrifft. Und zwar ohne, wie Scheler, der Kritik des deutschen Idealismus dadurch zu entsprechen, daß man einen ich- und du-losen Personbegriff statuiert. Welte entwickelt so aus der Antwort des Menschen, die ja seinem Angerufensein entspricht, aus unserem Anrufen also, darin „wir uns als Personen zu ihm verhalten«, als Bestimmungen des absoluten Geheimnisses Selbstvollzug (da die Du-Anrede den Gemeinten als ihn selbst anspricht) und Anfangen-können (da das Du dem Angeredeten die Möglichkeit freier Erwiderung zuspricht), ja sogar, wenn man sie nicht als faktisch bedingte Bedingungen nimmt, sondern als freie souveräne Möglichkeiten, Kommunikation und Welthorizont (als Wesensmomente von Wort und Antwort)[32].

3. Die Begriffe Gott und Person gehören tatsächlich zusammen: Gott wäre nicht mehr Gott, wenn er weniger wäre als derart selbsthafter Anfang. Und der Mensch könnte seinen Anspruch auf Personwürde gegenüber ihrer theoretisch-praktischen Bestreitung (komme sie von außen oder melde sie sich aus dem eigenen Lebenswillen) nicht rechtfertigen, könnte er sich dafür nicht auf Gottes Anruf berufen.

Fassen wir nochmals zusammen, was das für das zwischenmenschliche Leben bedeutet (vgl. Anm. 27), ehe wir dann die anthropozentrische Perspektive in die theologische transzendieren. Hans Urs v. Balthasar hat 1956 die Situation in einer Weise erhellt, die – will mir scheinen – ohne Abstrich auch heute noch gilt. Er nennt unsere Zeit »eine tragische Epoche, denn sie muß gleichzeitig beides einsehen: daß auf der Welt zuletzt nichts anderes sich verlohnt (weil nichts anderes da ist, wofür man sich einsetzen kann) als der Mensch – und daß der Mensch sich letztlich doch nicht lohnt. Und so ist es die Zeit der Philanthropie und des vollendeten Humanismus, da alle Weltanschauungen – östliche und westliche und jede, die sich in der Mitte dazwischen einzurichten versucht – sich nur noch um den Menschen drehen und um die Hilfe und Förderung und Entfaltung, die man ihm angedeihen lassen kann, und doch diese Sorge einen offen oder versteckt bittern, zynischen oder süßlich-faden oder sanitären und unpersönlichen, unmenschlichen Beigeschmack hat. Aus dieser Tragik gibt es keinen Ausweg, und der Mensch ist sich darüber klar«.[33] Wie aber, wenn es dem Menschen selbst im Grunde gar nicht um sich selber ginge, und wenn es darauf ankäme, dies zu erkennen?

V. Trinitarisches Person-Verständnis (Zum Wesen von Person)

1. Die Frage kann man leicht in einem falschen Sinn verstehen und zu beantworten suchen. »Der Rückzug auf die Person ist heute die allgemein übliche Weise, konservativ zu sein«, wird einem in diesem Zusammenhang vorgehalten[34]. Privatisierend werde den gesellschaftlichen Forderungen ausgewichen. »Gerade ein christlicher Begriff der Person sollte erst in und nach einer kritischen Analyse gegenwärtiger Gesellschaft fixiert werden« (P. Ludz)[35]. Als ob er nicht Voraussetzung voll humaner Kritik zu sein hätte! Als ob es eine menschenwürdige Öffentlichkeit gäbe, wenn nicht erfüllte Privatheit sie speiste! Als ob es menschliche Gemeinschaft gäbe ohne die verantwortliche Gewissenhaftigkeit des jeweils Einzelnen! Mit einem Wort, die formulierte Frage könnte so verstanden werden, als hätte man zwischen »Personsein« und »Funktion« zu wählen[36], und als würde zugleich die Option für letztere nahegelegt: für Funktion gegen Person.
In einem ersten Schritt geht es dabei um das, was eine offenbar sehr leidvolle Grund-Erfahrung Guardinis bedeutet (man spürt den Schmerz in der Entschlossenheit, mit der er sie akzeptiert): daß die Zeit der Persönlichkeit vorbei ist, nicht bloß die ihrer neuzeitlichen Übersteigerung, die »ungesund« wird[37], sondern jenes

»Wertkomplex[es], der zu einem Maßstab geschichtlichen Hochstandes geworden ist«.[38] Guardini meint hierzu (man darf wohl sagen, tapfer wider sich selbst[39]), »im Verzicht auf die reiche und freie Fülle der Persönlichkeitskultur werde das, was eigentlich ›Person‹ ist, das Gegenüber zu Gott, die Unverlierbarkeit der Würde, die Unvertretbarkeit in der Verantwortung, mit einer Kraft und Klarheit hervortreten, die vorher nicht möglich war.«[40]

Aber es bleibt nicht beim Verlust der Persönlichkeit. Die Person selbst scheint sich zu verlieren. »Sorge um den Menschen« bereitet gerade, als »eines der beunruhigendsten Charakteristika unserer Zeit«, ... die Schwächung, die die Standkraft der Person erleidet[41]. Diese Diagnose bildet ja beispielsweise auch den Grundtenor der letzten seiner großen literarischen Interpretationen, seiner Stellungnahme zu »Rainer Maria Rilkes Deutung des Daseins«.[42] In derartigen Entwürfen wird die Person total in Funktion aufgelöst. Hier »*kann* nicht nur auf die ›reditio completa‹ verzichtet werden, sondern es soll darauf verzichtet werden, weil diese Freiheit nur Störung im geplanten Arbeitsgang bedeutet« (M. Müller 117).

2. Man kann nun mit Max Müller betonen, daß auch im Zeitalter des »Arbeiters« (Ernst Jünger) und des Funktionärs der Mensch Person bleibt, und mag dafür Anzeichen benennen (121 f) wie die Einsamkeitserfahrung, deren Not offenbart, daß der Mensch auch heute nicht in seinen Rollen und Funktionen aufgeht, oder das Entstehen neuer Gemeinsamkeiten, so unter den Wissenschaftlern, die aufgrund der Aporien immer weiterer Spezialisierung wieder stärker aufeinander hören wollen. Doch wie läßt die ersehnte personale Gemeinschaft über ihr Da-sein im Modus schmerzlich erfahrener Abwesenheit hinaus sich *positiv* denken und leben?

Der christliche Denker wird, wie gesagt, auf die christliche Botschaft verweisen. Doch in welchem Sinn genauer? – Heinrich Rombach sagt uns, der Zusammenhang zwischen Funktionalismus und christlicher Theologie sei »so fundamental, daß eins das andere erzwingt. Darum läßt sich auch zeigen, daß in der Entwicklung der neuzeitlichen Wissenschaft jeder Schub in der Steigerung der exakten Wissenschaft parallel geht mit einem Schritt in der religiösen Reformbewegung.«[43] Aber wird eine derart weitgehende »Legitimierung der Neuzeit«[44] der Wirklichkeit besser gerecht als die globale Säkularisierungsthese (und auch Guardinis wohl etwas pauschale Verabschiedung ihrer)? – Inwieweit wird näherhin das Struktur-Denken in seinem Gang von Cusanus über Descartes und Leibniz zu Kant aus einer vollen Entsprechung zum Ereignis der Inkarnation dadurch gewissermaßen hinausgedreht, daß es sich fundamental als Funktionalismus moderner *Natur*philosophie und -wissenschaft etabliert und erst von hier aus sich dem Verständnis freiheitlichen Miteinanders von Personen zuwendet? Anders gesagt: der Zentralbegriff der »Erscheinung« (der Explikation, des Symbols o. ä.) wird hier offenbar doch noch einmal monologisch entwickelt statt dialogisch. Die strukturierte Gesamtheit von Punkten einer Kurve indes ist ein anderes als das wechselseitige Füreinander sich begegnender Freiheiten. Nicht die Gemeinsamkeit vieler in der Vielfalt ihrer Funktionalitäten im Mit- und Fürsein ist das ursprünglichste Phänomen, nicht die Wechselbestimmtheit der Einzelmomente einer Gesamterscheinung und auch nicht das eigentümliche Verhältnis von Strukturgesetz und Strukturerscheinung (von Formel und aus Punkten gebildeter Kurve); nicht also das Verhältnis von Ton zu Ton in der Melodie, von Ton zum Melodienganzen und von diesem zu seinem Gesetz (Rombach I 234). Ursprünglich ist vielmehr das »explosive« Aufeinandertreffen zweier Erscheinender in der gemeinsamen Erscheinung ihrer und ihres Aufeinandertreffens[45]: ein Wort ist nie nur meines, sondern unseres. Und wenn der Mensch durch Anruf wird, dann ist das Wort dieses Rufs nur als gehörtes existent, d. h. als Antwort. Von Guardini her denkend, muß man das Schöpfungsgeschehen also statt univok analog fassen. D. h. die Schöpfung des Menschen ist weniger nach dem Bild der Herstellung von Tongefäßen zu denken (Röm 9, 20 ff) denn nach jenem Modell, das die Trinitätstheologie für den Sohn als Wort erarbeitet hat. Der Mensch als »Hörer des Wortes« (Karl Rahner) ist dies nicht bloß im fundamentaltheologischen Sinn einer »potentia oboedientialis« für ein mögliches Offenbarungswort Gottes; er ist nicht einmal nur, dem zuvor, »der zum Hörer des Welt-Wortes Bestellte« (Welt u. Person 114). Ursprünglich ist er vielmehr der Hörer jenes Wortes, das er selbst *ist.*[46]

3. 1916 hat Guardini einen kleinen Aufsatz »Über die Bedeutung des Trinitätsdogmas für die sozialen Beziehungen« veröffentlicht[47]. Er meditiert darin über den Sachverhalt, daß die restlose Selbsthingabe (ihrer einen göttlichen »Natur«) durch die drei Personen in Gott nicht bloß zusammengeht, sondern eins ist mit der abgründigen Wahrung ihrer Unterschiedenheit (als »Personen«). Was dort mehr pädagogisch existenziell überdacht wird, wäre (»existenzial«) ontologisch zu vertiefen.

Ich meine damit, daß Person überhaupt und wesenhaft aus dem Bezug gedacht werden müßte, und zwar nicht als Selbstbezug, sondern als Du-Beziehung. Daß nicht so sehr ihre Beziehung als Funktion ihres übergreifenden Selbstands, sondern eher ihr Selbstand als der Ernst ihres Bezugs zu denken wäre. Auf die klassische Theorie hin besagt dies, daß die »rationalitas« der Natur von Person nicht eigentlich vom Bei-sich-sein oder Zu-sich-kommen (der »reditio«) aus konzipiert werden sollte, sondern vom »Außer-sich-sein«, der Ekstase her. Mit Scheler zu sprechen, besagt dies durchaus eine Akzentuierung des Aktes vor dem Substrat. (Ich sage bewußt weder: »der Dynamis vor dem Sein« [Welt und Person 108] – das würde Scheler nicht gerecht –, noch: »des Vollzugs vor dem Sein«, denn das hieße, die klassische Metaphysik nicht begriffen zu haben.) Aber mitnichten wäre Person ein »absoluter« Begriff. Absolut ist »das Personale«, d. h. die personale Bezugswirklichkeit.

4. *Exkurs zur Theologie:* Das macht vielleicht eine theologische Klarstellung nötig. Denn man könnte fürchten, ein solches Konzept müßte entweder »panentheistisch« Gott auf die Schöpfung hin relativieren, indem es diese als für ihn notwendig fordert, oder es müßte einen Personbezug in Gott selbst postulieren – und gäbe damit den strikten Geheimnis-Charakter des Dreifaltigkeitsglaubens auf. Hier wird selbstverständlich die volle Freiheit der Schöpfung vertreten, und zwar nicht bloß um der Souveränität und Göttlichkeit des freien Gottes willen, sondern bereits wegen des Personseins des Menschen.[48] Würden wir gerufen, weil man uns brauchte, gälte dieser Ruf uns nur im Maß unserer Brauchbarkeit für den Rufer. So aber wäre Person in ihrem Unbedingtheitsrang überhaupt nicht erblickbar[49]. Wie jedoch steht es dann mit dem Geheimnis-Charakter des trinitarischen Dogmas? – Man könnte so argumentieren wie Walter Simonis, der für sein Unternehmen eines rationalen Beweises der Trinität auf dem Unterschied zwischen der »immanenten Trinität«, der Dreifaltigkeit Gottes als solcher, die dem Denken zugänglich sei, und der »ökonomischen Trinität«, dem unableitbaren Heilshandeln Gottes in Inkarnation und Geistsendung zum Ziel der visio beatifica des Menschen, insistiert[50]. Ohne das jetzt zu diskutieren, wähle ich einen anderen Weg. Ich gehe davon aus, daß *Wahrheit und Ernst der Personwirklichkeit erst im Christusgeschehen offenbar* geworden

sind. »Geschichtlichkeit« als menschliches Existenzial besagt nämlich vor allem, daß der Mensch zur Wahrheit über sich nicht je schon aus sich selbst gefunden hat, daß sie ihm vielmehr gesagt werden muß.

In diesem Geschehen aber hat er nicht so sehr neue »Informationen« erhalten, als daß er (im ursprünglichen Sinn dieses Wortes) in eine neue Form des Selbst- und Welt- und Gottesverhältnisses gebracht worden ist. Nun hindert nichts, daß er in prinzipieller Reflexion auf die Erfahrungen seiner konkreten Existenz fortschreitend thematisiert und ausdrücklich klarer versteht, was darin unthematisch impliziert ist[51]. Impliziert aber ist, wie bedacht, im Personsein des Menschen die Personalität seines Schöpfers und in seiner Existenz als »gerufener Freiheit« die souveräne Freiheit des allmächtigen Rufers. – Gott kennt keine Not, die ihn zu etwas triebe, keinen Mangel, der Ergänzung heischte. Sein Schöpferruf wird ihm nicht von kosmischer Einsamkeit abgepreßt[52]; denn als Produkt der Nötigung mag dies und jenes entstehen, nie aber eine freie Person. Ist Gott jedoch andererseits – und zwar eben aus der hier reflektierten Erfahrung des Rufs – nicht bloß als das unbewegte Gute zu denken, das einzig Liebe *zu* sich und zur Vollkommenheit seiner erweckt[53], sondern selber als liebend und Liebe, dann muß man von ihm so denken, daß er in sich selbst das Spiel von Hingabe und Annahme der Gabe, von »Wiederfinden« (= Einssein) im »Abschied« (= Unterscheidung), daß er also *in* sich subsistenter Bezug ist.[54]

Doch damit genug der zum Exkurs gewordenen theologischen Klärung. Sie besagt keineswegs, daß wir nun doch in die Sonne zu blicken vermöchten; denn ganz zu schweigen von der ökonomischen Trinität: Was ist mit solch grundsätzlicher »Struktur«-Erkenntnis von der unausdenklichen »Qualität« und »Intensität« des innergöttlichen Lebens gewußt? Aber wir sehen in diesem

Licht nun auch das Licht (vgl. Ps 36, 10) mit neuen Augen.

5. Weit entfernt, das Geheimnis antasten zu wollen, suchen wir gerade die Weise, wie man es am gemäßesten bewahrt: sowohl das des Dogmas wie jenes Geheimnis, um das es in dieser Besinnung zu tun ist: das der Person. Wie also sollen wir nun ihr Geheimnis denken? Mein Vorschlag geht dahin, es weniger darin zu sehen, daß sie *anderen* nicht restlos zugänglich wäre, als vielmehr darin, daß sie sich selbst nicht zugänglich ist – weil sie in offenster Zugänglichkeit vorbehaltlos auf den anderen zugeht. D.h. im »Ineinanderblick« (D.v. Hildebrand) der Liebe erblickt ein jeder gerade nicht sich, sondern sein Gegenüber. Nicht der Mangel an Selbstbesitz also, nicht der zu akzeptierende Kummer des »Plural«, sondern der Mangel an absolutem, d.h.: ganz gelöstem, selbstvergessenem Bezug macht es aus, daß wir nicht im vollen Sinne Personen sind, gegenüber Gott als dem einzig vollkommenen Personalen.

Um beim Bild des Sehens zu bleiben, das die Tradition griechisch-abendländischen Denkens so liebt: Person heiße Auge, natürlich nicht im Sinn objektiver oder naturhafter Optik, sondern als lebendiges Sehen (und Hören), als »Auge des Herzens«: »Ubi amor, ibi oculus.«[55] Solches Auge durchschaut nicht, sondern erblickt – und erfüllt sein Erkennen in jener anerkennenden Bejahung, die der biblische Doppel- und Vollsinn von »erkennen« anspricht (z.B. Gen 4, 1). *Ich* erblicke, nicht ein anderer an meiner Stelle (dies die Unmittelbarkeit und Unvertretbarkeit der Person). Doch ich erblicke nicht mich, sondern mein Du. Mich erblickt mein Gegenüber. Damit aber erfüllt Personalität sich in jener unfaßlich intimen Diskretion, in der zwischen Liebenden eines jeden Geheimnis nicht von und bei ihm selbst, sondern jeweils beim andern – und so wahrhaft bewahrt wird[56].

In Aufnahme von Guardinis Hinweis wäre hier wieder vom Ernst dieser Situation auch im Sinn äußerster Gefährdung zu sprechen. Sie macht die fast übermächtige Versuchung zum Absehen von Person oder/und zu ihrer Manipulation (beim anderen wie bei sich selbst) nur zu verständlich. Doch wer darob sich ängstlich festhalten wollte, hätte sein Leben von vorneherein verspielt. Der Sinn (d.h. ursprünglich: Richtung) von Person liegt eben nicht im Selbstbesitz, sondern darin, sich zu verlassen. Nicht von sich weg, sondern auf den anderen hin, der in der Annahme dieser Zu-kunft sich seinerseits auf den Ankommenden (hin) verläßt.
Das bevorzugte Bild-Wort der Tradition dafür ist seit je das (auch hier schon genannte) des Spiels: der Reigen der Seligen, der kosmische Tanz göttlicher Gemeinschaft. Es kann jetzt nicht mehr dargestellt werden, wie darin Ich und Du – gemäß der *trinitarischen* Urwirklichkeit – sich aus der geschlossenen Dyade ins seinerseits selbstlos offene *Wir* übersteigen (so daß auch der Riß zwischen Privatheit und Gemeinschaft zum Bezug wird)[57]. »Von außen« ist solches Spiel unbestreitbar nicht vom reibungslosen Funktionieren eines alldurchgreifenden Struktur-Gesetzes zu unterscheiden. – Man kann »Spiel« als naturphilosophische Grundkategorie statuieren und es in diesem Verständnis durch alle Dimensionen von Natur und Kultur hin mit Gewinn »durchspielen«.[58]
Von »innen«, was nach allem gerade nicht heißen soll: in re-flexiver Introspektion, sondern aus dem ekstatischen Bewußtsein des Spiels selbst heraus (darin die Partner so »bei sich« sind, daß sie – »gänzlich weg«, ganz »hingerissen« – beieinander und bei ihrem Spiel sind[59]) weiß man es anders, und zwar vom »privaten« Mitsein bis in kosmische Dimensionen (die übrigens der Mensch seit jeher engstens aufeinander bezieht). Um mit einem großen Gesprächspartner Guardinis zu

schließen: Vom dreipersonalen Gott her ist es die Liebe »l'amor che move il sole e l'altre stelle«.

Anmerkungen

[1] *Heraklit* (Fr 32): »Eines, das allein Weise (sophón), will nicht und will doch mit dem Namen des Zeus benannt werden.« Und »philosophia« läßt sich ohne weiteres als Liebe zu ihm statt zur »Weisheit« (sophia) lesen – so wie etwa »philagathia« nicht Liebe zur agathia ist (die es nicht gibt) sondern zum agathón, dem Guten. Vgl. *M. Heidegger,* Was ist das – die Philosophie? (Pfullingen [Neske] [3]1963) 21.

[2] »Das Studium der Philosophie hat nicht den Sinn, zu erfahren, was andere gedacht haben, sondern zu erfahren, wie die Wahrheit der Dinge sich verhält.« So *Thomas von Aquin* in einem »historischen« Aristoteles-Kommentar: In De caelo et mundo 1, 22.

[3] *R. Guardini,* Welt und Person. Versuche zur christlichen Lehre vom Menschen (Würzburg [Werkbund] 1939). Auf dieses Werk vor allem stützt sich unser Referat, und zwar nach der 2. Auflage von 1940.

[4] Liber de duab. nat. (Contr. Eut.) 3 (MPL 64, 1343).

[5] Sth I 29, 1 ad 2.

[6] Vgl. *Patres SJ,* Theologiae Summa III, Matriti (B.A.C.) [3]1956, Tract. I De verbo incarnato (J. Solano), Thesis 4; *J. B. Lotz,* Ontologia. Metaphysicae generalis pars prima, (Pullach [Msk.] 1959), Thesis 19.

[7] *Denzinger-Schönmetzer,* Enchiridion Symbolorum 1330 (Dekret für die Jacobiten des Konzils von Florenz, nach einem Satz Anselms von Canterbury [MPL 158, 288]).

[8] Sth I 16, 3 (In de anim. III 13 [431 b 20 ff]).

[9] Vgl. *W. Kern,* Das Verhältnis von Erkenntnis und Liebe als philosophisches Grundproblem bei Hegel und Thomas v. Aquin, in: Schol. 34 (1959) 394–427.

[10] Der Formalismus in der Ethik und die materiale Wertethik. Neuer Versuch der Grundlegung eines ethischen Personalismus (GW 2), (Bern–München [Francke] [5]1966) 372.

[11] »Person ist ›Akt-substanz‹.« Wesen und Formen der Sympathie (in: GW 7), (Bern–München [Francke] 1973) 219.

[12] Zur Idee des Menschen, in: Vom Umsturz der Werte (GW 3), (Bern–München [Francke] [5]1972) 190.

[13] »An beiden Stellen steht Gott; richtiger gesagt, Gott in Christus« (40), im Zug einer kosmischen Tradition vom Epheser- und Kolosserbrief bis zu (bei allen Unterschieden) Teilhard de Chardin. Vgl. demgegenüber *M. Blondels* »immanent« transzendierende Analyse der Selbsterfahrung des Menschen: »Im Grunde meines Bewußtseins ist ein *Ich*, das nicht mehr *ich* bin.« Die Aktion (1893). Versuch einer Kritik des Lebens und einer Wissenschaft der Praktik (Freiburg–München [Alber] 1965) 373.

[14] Religion und Offenbarung I, Würzburg (Werkbund) 1958, 13f. »Der Blick, den die Kirche im Glauben, aus dem lebendigen Christus heraus und in der Fülle ihrer übertypischen Ganzheit auf die Welt tut.« Unterscheidung des Christlichen, Mainz (Grünewald) 1935, 22 ([2]1963, 33).

[15] Vgl.: Der Gegensatz. Versuche zu einer Philosophie des Lebendig-Konkreten (Mainz [Grünewald] 1925).

[16] Streifzüge durch die Umwelten von Tieren und Menschen (Hamburg [rde] 1956).

[17] Es erscheint erst S. 118, bei der Erörterung des paulinischen »Er lebt in mir«, siehe unten.

[18] Darum ist Person prinzipiell unzählbar. Man könne von einer Freundschaft, einer Ehe sprechen, doch nicht strengen Sinnes von zwei Personen (99f). Hier meldet sich wieder ein Gedanke, der uns zuvor bei Scheler in theo-logischem Horizont begegnet ist: in seinem Bestimmungsversuch eines angemessenen Monotheismus. Die Tradition sagt es von den drei Personen in Gott (z.B. Augustinus De Trin. V 10 [MPL 42, 918]).

[19] Dimensionen, Schichten und die Einheit des Seins, in: Philosophie und Schicksal (GW IV), (Stuttgart [Ev. Verlagswerk] 1961) 118–129.

[20] *H. U. v. Balthasar,* Romano Guardini. Reform aus dem Ursprung (München [Kösel] 1970) 49.

[21] Ich erinnere an die bekannte Formulierung Wilhelms von Humboldt: »Der Mensch ist nur Mensch durch die Sprache; um aber die Sprache zu erfinden, müßte er schon Mensch sein.« Über das vergleichende Sprachstudium ... (1802), in: Werke in fünf Bänden (*A. Flitner/K. Giel),* (Darmstadt [Wiss. Buchges.] 1960ff) III 11. *H. Arens,* Sprachwissenschaft. Der Gang ihrer Entwicklung von der Antike bis zur Gegenwart (Freiburg–München [Alber] [2]1969) 3: »Mythen verschiedener

Völker berichten, wie der Mensch zum Feuer kam oder das Getreidekorn gewann – von den Göttern, aber ich kenne keinen Mythos (d.i. Wort), der überliefert, wie der Mensch zum Wort, zur Sprache gelangt.«

22 Wenn G. hier anmerkt, die johanneische Logos-Lehre wurzele vor allem im atl. Wortcharakter der Dinge (d.h. ihrer Herkunft aus dem wirksamen Jahwewort), erst in zweiter Linie im griechischen Logos-Begriff, so bestätigen dies auch heutige exegetische Forschungsarbeiten, vor allem an den Targumin, aramäischen Versionen zur Thora (nach mündlicher Mitteilung von Prof. Dr. Fritzleo Lentzen-Deis SJ, Frankfurt/Rom).

23 *R. Berlinger,* Augustins dialogische Metaphysik (Frankfurt/M. [Klostermann] 1962).

24 *W. Schachten,* Intellectus Verbi. Die Erkenntnis im Mitvollzug des Wortes nach Bonaventura (Freiburg–München [Alber] 1973); vgl. *K. Hemmerle,* Theologie als Nachfolge. Bonaventura – ein Weg für heute (Freiburg u. a. [Herder] 1975). Schon in seiner Diss., Die Lehre des hl. Bonaventura von der Erlösung. Ein Beitrag zur Geschichte und zum System der Erlösungslehre (Düsseldorf [Schwann] 1921), hat G. über den beiden »unpersönlichen« Erlösungskonzeptionen (159) juristischer Satisfaktion und quasi physischen Gnadeneinflusses die Sicht der »Erlösung als Wiederherstellung der Gemeinschaft mit Gott« herausgearbeitet (20f, 158–167).

25 »Jederzeit zugleich als Zweck...«: *I. Kant,* Grundl. z. Metaphysik der Sitten, in: Werke in sechs Bänden (Weischedel) (Darmstadt [Wiss. Buchges.] 1956) IV 60f. Das »triviale« Prinzip (nicht mit der Handlungs-*Regel* zu verwechseln, auf sie greift auch Kant zurück): ebd. 62.

26 Kap V, WW IV 141f. Vgl. *J. Schwartländer,* Der Mensch ist Person. Kants Lehre vom Menschen (Stuttgart–Berlin u.a. [Kohlhammer] 1968), bes. 148ff.

27 Siehe ausführlicher: *J. Splett,* Der Mensch ist Person. Zur christlichen Rechtfertigung des Menschseins (Frankfurt [Knecht] 1978).

28 *H. U. v. Balthasar,* Cordula oder der Ernstfall (Einsiedeln [Johannes] 1966).

29 *W. Pannenberg,* Grundfragen systematischer Theologie. Ges. Aufsätze (Göttingen [Vandenhoeck & Ruprecht] 1967) 382 (Die Frage nach Gott).

30 *E. Kunz,* Glauben – Gnade – Geschichte. Die Glaubenstheologie des Pierre Rousselot S.J. (Frankfurt [Knecht] 1969), 287 Anm. 32.

[31] *B. Welte,* Heilsverständnis. Philosophische Untersuchung einiger Voraussetzungen zum Verständnis des Christentums (Freiburg u. a. [Herder] 1966) 105.

[32] Religionsphilosophie (Freiburg u. a. [Herder] 1978) § 8.

[33] Die Gottesfrage des heutigen Menschen (Wien–München [Herold] 1956) 206 f.

[34] *M. Greiffenhagen,* zitiert von Th. Strohm, Theologie im Schatten politischer Romantik. Eine wissenschafts-soziologische Anfrage an die Theologie Friedrich Gogartens (München [Kaiser] 1970) 164.

[35] Strohm 165.

[36] Vgl. zum Folgenden: *M. Müller,* Person und Funktion, in: ders., Erfahrung und Geschichte. Grundzüge einer Philosophie der Freiheit als transzendentale Erfahrung (Freiburg–München [Alber] 1971) 83–123.

[37] Vom Sinn der Kirche. Fünf Vorträge (Mainz [Grünewald] 1922) 31.

[38] Die Existenz des Christen (München u. a. [Schöningh] 1976) 463.

[39] Vgl. *F. Wechsler,* Romano Guardini als Kerygmatiker (Paderborn [Schöningh] 1973) 70–74; 73: »Das Ja zum technischen Zeitalter und der zu ihm gehörenden Masse ist dem Humanisten Guardini, der mit seinem Wesen noch in der alten Epoche wurzelte, nicht leicht gefallen.« Er verweist mit Recht besonders auf die Briefe vom Comer See und die Sammlung: In Spiegel und Gleichnis. Bilder und Gedanken (Mainz [Grünewald] 1932) (154 f: »Die Tatsache, daß es sehr viele Menschen gibt, gehört zu den schwersten Lasten unseres Daseins«).

[40] Das Ende der Neuzeit. Ein Versuch zur Orientierung (Basel [Hess] 1950) 80.

[41] Sorge um den Menschen (Würzburg [Werkbund] 1962) 121.

[42] ... Eine Interpretation der Duineser Elegien (München [Kösel] 1953).

[43] Substanz, System, Struktur. Die Ontologie des Funktionalismus und der philosophische Hintergrund der modernen Wissenschaft. 2 Bde. (Freiburg–München [Alber] 1965/66) I 225.

[44] *H. Blumenberg,* Die Legitimität der Neuzeit (Frankfurt [Suhrkamp] 1966).

[45] Vgl. *C. A. v. Peursen,* Wirklichkeit als Ereignis. Eine deiktische Ontologie (Freiburg–München [Alber] 1971) bes. Kap. 7.

[46] Vgl. ausführlicher *J. Splett,* Konturen der Freiheit. Zum christlichen Sprechen vom Menschen (Frankfurt [Knecht] [2]1981) Kap. 6 (Anthropo-theologie); *ders.,* Gotteserfahrung im Den-

ken. Zur philosophischen Rechtfertigung des Redens von Gott (Freiburg–München [Alber] [3]1985) Kap. 7 (Gottes Menschlichkeit [Analogie]); ders., Zur Antwort berufen. Not und Chancen christlichen Zeugnisses heute (Frankfurt [Knecht] 1984), Kap. 1 (Leben als Antwort).

[47] In: ThGl 8 (1916) 400–406.

[48] Vgl. *J. Splett,* Reden aus Glauben. Zum christlichen Sprechen von Gott (Frankfurt [Knecht] 1973) 142ff; ders., Gottes Freiheit und die Kontingenz der Schöpfung, in: Ph. Schmitz (Hrsg.), Macht euch die Erde untertan? Schöpfungsglaube und Umweltkrise (Würzburg [Echter] 1981) 39–64.

[49] Siehe: Der Mensch ist Person, gemäß Register s.v. Person und Würde. Vgl. gegenüber *C. F. v. Weizsäckers* Option für die neuplatonische Emanation (350), derentsprechend sein Buch, Der Garten des Menschlichen. Beiträge zur geschichtlichen Anthropologie (München [Hanser] 1977), auch im Register zwar »Ich« und »Bewußtsein«, nicht aber den Begriff der Person zuläßt. *Guardinis* anschauliche Vergegenwärtigung »zwanglosen« Freiheitsbezugs, in: Glaubenserkenntnis. Versuche zur Unterscheidung und Vertiefung (Würzburg [Werkbund] 1949) 33–44 (Gottes Walten und die Freiheit des Menschen).

[50] Trinität und Vernunft. Untersuchungen zur Möglichkeit einer rationalen Trinitätslehre bei Anselm, Abaelard, den Viktorinern, A. Günther und J. Frohschammer (Frankfurt [Knecht] 1972) (zusammenfassend: 183–185, 190f).

[51] Gotteserfahrung im Denken Kap. 1 (Christliche Philosophie) sowie Exkurs 2.

[52] *J. W. v. Goethe,* Wiederfinden (im Buch Suleika des West-östlichen Divan, Hamb. Ausg. II 83); Weizsäcker 346–356.

[53] *Aristoteles,* Metaph. XII 7 (1072b 3).

[54] Vgl. meinen Artikel »Gott/Trinität. A. Philosophisch« im Neuen Handbuch theologischer Grundbegriffe (Hrg. *P. Eicher*), München 1984, Bd. 2, 122–133.

[55] *Richard v. St.-Victor,* Benj. Min. 13; *Thomas v. A.,* Sent. 3 d 35, 121. Zum Hören vgl. *Paul Claudels* Buchtitel: L'oeil écoute (Paris [Gallimard] 1946); für den Topos der Augen des Herzens (von Sir 17,8 über Eph 1,18 bis zu *Saint Exupérys* Kleinem Prinzen) vgl. *G. Kranz,* Liebe und Erkenntnis. Ein Versuch (München–Salzburg [Pustet] 1972).

[56] Siehe *J. Splett,* Lernziel Menschlichkeit. Philosophische Grundperspektiven (Frankfurt [Knecht] [2]1981) Kap. 3 (Prüfstein Diskretion), bes. 78–80.

[57] Dazu: *J. Splett*, Wagnis der Freude. Meditationen zu Worten der Schrift und Zeichen der Kunst (Frankfurt [Knecht] ³1984) 31 ff (Den Schauenden schauen), sowie: *J. u. I. Splett*, Meditation der Gemeinsamkeit. Aspekte einer ehelichen Anthropologie (A.-St. Michael [Bläschke] ²1980) 34 ff (Drei-Gefüge); im Rückgriff auf *Richard v. St.-Victor*, Die Dreieinigkeit (Einsiedeln [Johannes] 1980), 95–110.

[58] Siehe *M. Eigen/R. Winkler*, Das Spiel. Naturgesetze steuern den Zufall (München [Piper] 1975).

[59] Dem Anderen das Reimwort gleichsam von den Lippen pflükkend wie Faust und Helena in der herrlichen Szene »Im inneren Burghof« (Hamb. Ausg. III 282 f).

Leo Scheffczyk

Das Christusgeheimnis in der Schau Romano Guardinis

Eine Darstellung der Christusauffassung Romano Guardinis hat manche Schwierigkeiten zu gewärtigen. Sie hängen zunächst mit der Eigenart seines Denkens zusammen, das nicht ein theologisch-systematisches, sondern ein meditativ-anschauendes ist und das doch bei der Darstellung der »Christologie« auf sein Wesen und seinen Kern hin befragt werden soll und damit systematisch angegangen werden muß. Das führt die Gefahr herauf, daß man aus der lebendigen, sich dem Gegenstand in konzentrischen Ringen nähernden Bewegung nur einen Ausschnitt herausseziert und das bewegte Ganze auf eine statische Formel zurückführt.

1. *Christozentrik und Universalität als Aufgaben*

Mit diesem meditativ-bewegten Denken Guardinis ist auch eine andere sachliche Eigentümlichkeit seines christologischen Bemühens gegeben (wobei »Christologie« hier nicht im fachtheologisch-dogmatischen Sinn zu verstehen, sondern als Inbegriff eines lebendigen Nachvollzugs des Christusmysteriums aufzufassen ist), die für den Beurteiler die eigentliche Schwierigkeit erbringt. Sie ist in dem gelegen, was man die »Christozentrik« des Guardinischen theologischen Denkens nennen darf. Hierin der denkerischen Linie Pascals nahekommend und dem religiösen Zug einer vom

Wesentlichen und Ursprünglichen[1] betroffenen Zeit (nach dem Ersten Weltkrieg) verhaftet, erkannte er in Christus nicht eine Teilwahrheit oder eine Teilwirklichkeit des christlichen Glaubens (und wäre es auch die bedeutendste), sondern seinen Kern, sein Wesen und seine Natur, so daß die paradoxe Kennzeichnung möglich ist, er habe die Natur des Christentums mit einer Person gleichgesetzt, nämlich mit der Person des Gottmenschen Jesus Christus. So ist seine Behauptung zu verstehen: »Es gibt keine Lehre, kein Grundgefüge sittlicher Werte, keine religiöse Haltung und Lebensordnung, die von der Person Christi abgelöst, und von denen dann gesagt werden könnte, sie seien das Christliche. Das Christliche ist ER SELBST; das was durch Ihn zum Menschen gelangt und das Verhältnis, das der Mensch durch Ihn zu Gott haben kann. Ein Lehrgehalt ist christlich, sofern er aus seinem Munde kommt. Das Dasein ist christlich, sofern seine Bewegung durch Ihn bestimmt ist. In allem, was christlich sein soll, muß Er mitgegeben sein«[2].

In jeder christlichen Wahrheit, in jedem christlichen Anspruch und Ausdruck muß also Christus mitgegeben sein. Er ist Wesensmitte, Inhalt und Geist des Ganzen. »Was in Christus geschieht, ist vom Rang der Schöpfung. Nein, es steht noch über dieser«[3], wie die neue Schöpfung über der ursprünglichen, alten steht. Dieser Schöpfung ist aber Christus wie das Exemplar, das Urbild oder die Idee inne: »Der ewige Sohn steht zum Geschaffenen so wie die Idee zu dem von ihr begründeten, und wie das Gotteswort zu dem durch es geschaffenen Ding«[4]. Wenn man deshalb zur Wahrheit der Dinge vordringen will, muß man auf Christus treffen.

Diese »Christozentrik« Guardinis, die in Konsequenz zugleich auch als »Christofinalität« bezeichnet werden könnte, ist vom urchristlich-paulinischen Geist inspiriert (weshalb Guardini bei der Zeichnung des »Bildes von Jesus Christus im Neuen Testament«[5] mit dem kosmischen Christus des Paulus beginnt und danach erst zu den Synoptikern übergeht) und von der Denkform Bonaventuras bestimmt, für den Christus »tenens medium in omnibus«[6] ist, der Mittelpunkt der Schöpfung, aber zugleich auch (kraft der Menschwerdung) der Umschlagpunkt der Hinneigung Gottes zur Menschheit und zum Aufstieg dieser Menschheit durch Christus zu Gott[7].

Nun aber ist es Guardinis ausdrückliches Anliegen, die christliche Wahrheit, d.h. die Christuswahrheit selbst, in Beziehung zur Wirklichkeit der geschaffenen Welt zu setzen und sie in einer universalen Weltschau (die nicht zu verwechseln ist mit dem nachchristlichen Surrogat einer »Weltanschauung«) gleichsam zu verifizieren. Er wollte damit in einem unverkennbaren Zug zur Menschenbildung und Pädagogik dem nachchristlichen Denken der Moderne (deren Tragik er tief empfand) im Spiegel der christlichen Wahrheit sein originäres Antlitz wiederentdecken helfen. Dazu mußte er die vielfältigsten Bereiche philosophischen, literarischen, anthropologischen und kulturellen Lebens aufsuchen, um sie im Lichte der Christuswahrheit dem Verständnis des modernen Menschen neu zu erschließen. Das ließ ihn »zu einem der wenigen Universalisten« werden, die sich »inmitten des Spezialistentums unserer Epoche der Totalität des geistigen Lebens verpflichtet« wußten[8].

Was ihm in diesem Punkte nicht selten zum Vorwurf gemacht wurde[9], nimmt bezüglich seiner »Christologie« für den Interpreten den Charakter einer nicht geringen Schwierigkeit an: Auch die Christusaussagen tragen ein universalistisches Gepräge, d.h. sie ziehen sich, in Konsequenz der auf die ganze Weltwirklichkeit bezogenen Christozentrik, faktisch in alle von dem Blick des Weltinterpreten berührten Bereiche und Sachgebiete hinein. Sie betreffen die Dogmatik[10] genauso wie die Exegese

und die Liturgie[11], sie finden sich in philosophischen Erörterungen[12] genauso wie in kulturgeschichtlichen Analysen[13], sie durchziehen vor allem die geistesgeschichtlichen Deutungen der für die Neuzeit paradigmatischen Dichter und Denkergestalten. So stellt Guardini selbst einmal fest, daß er an der Leitlinie der von ihm behandelten großen Denkgestalten von Augustinus bis Dostojewskij der Frage nachgegangen sei, »wie sich das psychologische Element mit dem sinnhaft-wertmäßigen, dem metaphysischen und theologischen« verbindet, und daß sich an diesen »Modellen« für ihn der Sinn für die Erfassung der »echten und zugleich einzigartigen Menschlichkeit« Jesu herausgebildet habe[14].
Aber der feinfühlige Interpret geistiger Epochen und ihrer Repräsentanten hat an diesen »Charakterzeichnungen« nicht nur das Gespür für das Einzigartige an der Gestalt Jesu entwickelt, er hat das an ihnen hervortretende Menschliche immer auch in Bezug zum »Menschen schlechthin« gesetzt und an ihnen wie an einem Abbild die Wirklichkeit Christi erschließen wollen: an Pascal das Wiederfinden der Passion Jesu in einem Menschen[15], an Hölderlin die Transzendenz des Christus gegenüber allem mythischen Erleben[16], am Dostojewskijschen »Großinquisitor« die Fehlform eines idealistischen Christus, der sich in der wirklichen Welt nicht inkarniert[17], am Fürsten Myschkin, dem »Idioten«, das Symbol Christi in einem Menschen, der wie »ein Lamm« durchs Leben geht und »die Liebe des todbringenden Mitleids« verkörpert[18].
Die Guardinische Christusauffassung führt kraft ihrer Christozentrik und der universalen Durchdringung der Christusidee in so viele Bereiche und strahlt in so viele Lichtpunkte aus, daß es schwer wird, alle diese Funken wiederaufzunehmen und zu einer Einheit zusammenzufügen. Aber wenn dies auch bezüglich aller Einzelheiten nicht gelingt, so ist es doch unter Beschränkung auf das

Grundsätzliche möglich. Man kann die sprühenden Funken der Guardinischen »Christologie« auf das Zentralfeuer zurückführen, dem sie entstammen: das ist die ungeschmälerte Anerkennung des Geheimnisses des Gottmenschen nach dem Dogma von Chalkedon[19], und das ist die einheitsstiftende Struktur eines Glaubens, der Christus nicht nur als »Gegenstand« vor sich hat, sondern der ihn als inneres Prinzip und gleichsam als Erkenntnisform in sich trägt.

2. *Christus als inneres Licht*

Eine erste Eigentümlichkeit der Christusauffassung Guardinis, die seine Sonderstellung in der Reihe moderner Christusdeutungen kennzeichnet, hat mit seiner speziellen philosophischen und religiös-theologischen Erkenntnisauffassung oder Erkenntnistheorie zu tun. In ihr wird der »innere Christus«, der Christus im Bewußtsein als Erkenntnisform in Kraft gesetzt, bevor Christus als Inhalt, als Gestalt oder »Gegenstand« in den Blick genommen wird.

Was damit gemeint ist, läßt sich mit einem uns bekannteren und allgemeineren Umstand erklären, der lange Zeit als unausgesprochene Voraussetzung allen theologischen und christologischen Denkens anerkannt war. Es ist die Überzeugung, daß man von Gott und Christus nur in der rechten Weise denken und sprechen könne, wenn man den Glauben habe und im Glauben stehe. Diese scheinbar selbstverständliche Voraussetzung theologischer Arbeit, die mit dem Wesen der Theologie als Glaubenswissenschaft gegeben ist, erfährt aber bei Guardini eine ganz bewußte und reflektierte Begründung, so daß sie daraufhin auch für die Christologie eine besondere, tiefreichende Bedeutung gewinnen kann.

Guardini kommt auch in dieser Hinsicht von der nie verleugneten platonisch-augustinischen-bonaventuranischen Tradition her, die seine Erkenntnislehre prägt. Nach dieser, an der Ideenlehre Platons und an der Illuminationslehre Augustins ausgerichteten Auffassung, kommt die wahre Wesenserkenntnis der Dinge, der Gegebenheiten und Wahrheiten zustande durch einen inneren Lichtvorgang – Licht, Erleuchtung, Erhellung, Epiphanie waren Lieblingsworte Guardinis –, in welchem die Wesensideen der erkannten Dinge in den Geist eingestrahlt werden, so daß er sie in ihrem Innersten erfassen und der Wahrheit innewerden kann. Da aber die Ideen von Gott, dem Schöpfer der Dinge, herrühren, ist jede Erkenntnis der Gegenstände und Inhalte eine Berührung des Geistes mit Gott und eine Kontaktnahme mit ihm. Das gilt besonders von den höchsten »Gegenständen« des menschlichen Erkennens, von Gott und Jesus Christus.
Guardini aber hat diese klassische Grundauffassung, die eine starke Stellung in der christlichen Tradition besitzt, wie immer weitergedacht und sie in Verbindung mit einer modernen philosophischen Denkrichtung zusammengebracht, die seine Denkstruktur insgesamt kennzeichnet. Es ist die Philosophie der Phänomenologie, die zum Wesen, zum Sinngehalt der Dinge zu gelangen trachtet, aber dabei die Forderung nach der entsprechenden Erkenntnishaltung des Menschen zu seinem Erkenntnisgegenstand aufstellt. Nach dieser zutreffenden Auffassung kann ein Gegenstand, wie Guardini selbst einmal sagt, »erst dann wirklich und voll erfaßt [werden], wenn das Subjekt ihm gegenüber die entsprechende Haltung einnimmt«[20]. Auf die Theologie und das Gottgeheimnis übertragen, besagt diese erkenntnismäßige Forderung: Der Mensch kann nicht *über Gott* denken, er vermag rechtens nur *von Gott her* zu denken, d.h. im Lichte der göttlichen Offenbarung und im

Fluidum jenes Lichtes, das Gott selbst schenkt. Solches Erkennen ist »Nachvollzug von Gottes eigener Erkenntnis«[21].

Dieses Licht ist aber nicht nur für den abstrahierenden Verstand bestimmt. Es hat als göttliches Licht die Eigenschaft und Macht, in das Innerste des Verstandes und des geistigen Lebens des Menschen einzudringen, das die Theologie, auch wieder von der augustinischen Tradition berührt, das »Herz« des Menschen nennt[22].

Diese Bewußtseinskonstellation hat verständlicherweise ihre Bedeutung für die Christuserkenntnis und das Denken von Christus. Auch dieses Denken kann nicht anders gelingen denn als eines, das von Christus herkommt, das in seinem Lichte steht. Dies besagt, daß Christus, bevor er als Gegenstand und Inhalt menschlichen Denkens und Sprechens angegangen werden kann, im Inneren des Menschen anwesend sein und das Auge des Menschen mit seinem Licht schärfen muß. Nur so, wenn Gleiches auf Gleiches trifft, wenn Christus im Licht Christi angenommen und beurteilt wird, kann rechte, gläubige Christuserkenntnis geschehen.

Was hier im Vorraum der Erkenntnis bei Guardini geschieht, ist nichts Geringeres, als daß Christus in seiner Licht- und Sinnhaftigkeit als Erkenntnisform des Denkens verstanden und geradezu als »Kategorie« angesehen wird, mit der allein er als »Gegenstand« richtig erfaßt werden kann. Die äußere Ausrichtung auf Christus ist vorbereitet und getragen von einer inneren, gläubigen Erleuchtung durch Christus, so daß der Akt der Erkenntnis Christi und des Redens über ihn aus dem Inneren des gläubigen Menschen erfolgt und sich Inneres und Äußeres verbinden. Es ist eine Weise des Christusglaubens und der Christusliebe, die allein zur wahren Erkenntnis Christi zu führen vermag. Diese Grundlegung der Erkenntnis Christi im Inneren des Menschen durch das von ihm kommende Licht hat Guardini auf den ersten Seiten seines bedeutsamsten Christusbuches so formuliert: »Worauf es ankommt, ist die Erkenntnis, die Christus selbst gibt, wenn Er ›die Schrift aufschließt‹ und ›das Herz in uns zu brennen anfängt‹« (Lk 24, 27 und 32); denn »die Person Jesu Christi in ihrer geschichtlichen Einmaligkeit und ewigen Herrlichkeit ist selbst die Kategorie, welche Sein, Tun und Lehre des Christlichen bestimmen«[23]. Das gilt natürlich zu allererst von der Christuslehre selbst.

Damit hat Guardini bezüglich der Christusdeutung auch eine methodische Vorentscheidung getroffen, die ihn in einen gewissen Gegensatz zur historisch-kritischen Exegese brachte. Obgleich er sich an die Heilige Schrift hielt, um sich von Jesus gleichsam als dem inneren Lehrer belehren zu lassen, konnte er doch dazu die Mittel der historisch-kritischen Methode nicht vollauf verwenden und einsetzen, obgleich er sie nicht verachtete und ihnen an ihrem Platz ein Recht einräumte[24]. Nur erkannte er, daß man mit der rationalen historisch-kritischen Methode die Heilige Schrift nur als menschlich-geschichtliche Quelle zu fassen bekommt wie andere literarische und religionsgeschichtliche Dokumente. Das Ganze der Erscheinung Christi, das Absolute und Gottheitliche des Christusereignisses, kann man mit einer rational-analysierenden philologischen Methode nicht fassen. Guardini hat damit die Exegese auf die Probleme der Selbstreflexion als theologischer Wissenschaft hingewiesen, die freilich bis heute nicht recht aufgenommen worden sind[25].

Diese erkenntnistheoretische, glaubensmäßige Grundeinstellung Guardinis zum Christusthema bildet bereits einen gewissen Vorentscheid für die inhaltliche, die materiale Gestaltung seiner Christusdarstellung. Die historisch-kritische Methode hinter sich lassend, übergeht Guardini folgerichtig die Christusbilder der alten religionsgeschichtlichen Schule mit ihren durchaus subjektiven und geradezu willkürlichen Modellierungen der Gestalt Jesu. Über das Scheitern dieser angeblich wissenschaftlichen Betrachtung des Lebens Jesu urteilt ein moderner evangelischer Exeget: »Die Rationalisten schildern Jesus als Moralprediger, die Idealisten als Inbegriff der Humanität, die Ästheten preisen ihn als den genialen Künstler der Rede, die Sozialisten als den Armenfreund und sozialen Reformer und die ungezählten Pseudowissenschaftler machen aus ihm eine Romanfigur«[26].

Die Unzuständigkeit einer angeblich rein historischen Erfassung der Gestalt Jesu führte Guardini auch zu einer betonten Distanzierung von den angeblichen religionsgeschichtlichen Parallelen zum Christentum und seinem personalen Wesenskern. Obgleich er Buddha und den Buddhismus kannte und für die Zukunft (in einer Art prophetischer Sicht) die Notwendigkeit der Auseinandersetzung mit dem »ungeheuren und zugleich so ruhig sich durchsetzenden Anspruch«[27] Buddhas voraussah, vermochte er hier keine wesentliche Ähnlichkeit anzuerkennen. Nicht einmal die (heute wieder stark hervorgehobene) Ähnlichkeit Jesu mit den Propheten Israels, dieser moderne Zweig der ebionitischen »Prophetenchristologie«, vermochte sein Christusbild maßgeblich zu bestimmen. Das Unvergleichliche an Jesus, das er etwa in dem johanneischen Wort »Ich bin der Weg, die Wahrheit und das Leben« (Joh 14,6) hervordringen sah, führte ihn auch zur kritischen Absetzung von den Jesuserfahrungen und Jesusbildern moderner Nichtchristen[28], die heute von manchen Autoren als Quelle christlicher Jesuserkenntnis ausgegeben werden. Die heute oftmals propagierte Methode, auch die außerkirchlichen Jesusinterpretationen zur Erkenntnis Christi heranzuziehen und die Christen über Jesus erst sprechen zu lassen, »nachdem sie tatsächlich zuerst auf das gelauscht haben, was die Nichtkirchli-

chen ihnen über Jesus v. Nazaret zu erzählen haben«[29], würde von Guardini nicht befürwortet werden. So kommt denn seiner Christusdarstellung, trotz ihrer grundsätzlichen Ausrichtung auf das Denken und Empfinden der Zeit, im Hinblick auf heutige christologische Strömungen ein entschieden kritischer Faktor zu, wie er überhaupt Zeitnähe nicht mit Zeitverfallenheit verwechselte und gerade aus der kritischen Distanz zur Zeit in tieferem Sinne zeitwirksam wurde.
Darum würde ihm auch die heutige Schematisierung der Christuslehre in eine »Christologie von oben« und eine solche »von unten« (die vom natürlich-geschichtlichen Jesus von Nazaret ausgeht und dessen Präexistenz als eine spätere Bedeutungssteigerung erklärt) nicht entsprechen. Der von ihm erschaute Christus übersteigt jede solche künstliche Trennung nach innen und nach der Tiefe hin, weil seine Erkenntnis aus dem Grunde des gläubigen Herzens erwächst, das mit seiner Anschauung ebenso zum Herzen des Erlösers, d.h. zu seinem geheimnishaften Kern und Wesen vordringt.

3. *Das Geheimnis als Gestalt*

Das innere Licht, das der Christusglaube vermittelt, ist nach Guardini die Voraussetzung für das Aufleuchten der Wirklichkeit Jesu Christi vor dem Auge des Glaubenden. Von den Voraussetzungen des Lichtes und des Sehens her, das zwar nicht körperlich zu verstehen ist, das aber doch eine Dimension des geistigen Schauens, des Erfassens von Konkretem und Gestalthaftem meint, wird verständlich, daß Guardinis Christuslehre nicht eigentlich dogmatisch ausgerichtet und strukturiert ist. Das will sagen, daß sie sich wesentlich nicht mit der kirchlichen Lehrformel, ihrem Ausdruck und Gehalt wie ihrer gedanklichen Durchdringung befaßt. Nicht als ob der katholische Denker das Dogma der Kirche unbeachtet ließe oder es gar als ungewichtig ansähe. Er spricht sogar relativ oft vom Christusdogma (der Menschwerdung), das ihm als Grund, als Ausgangspunkt, aber auch als Leitlinie seiner Christuserkenntnis dient. Aber das Dogma als solches gibt dem »schauenden« Theologen nicht das her, was der lebendige Blick auf Christus ersehnt und auch erfaßt. Das besagt keine Kritik am Dogma, welches als Lehrformel durchaus in seiner Begrenztheit gesehen werden darf. Mit dieser Begrenztheit rechnet ja das Glaubensleben insgesamt. Es ist sich durchaus bewußt, daß das Christusgeheimnis nicht nur in der lehrhaften Formel ausgesagt wird, sondern umfassender in der Verkündigung, in der liturgischen Feier und in der Erfahrung des Glaubens zum Ausdruck kommt.

Darum denkt Guardini sehr positiv über die christologische Lehrentwicklung der alten Kirche, die im Dogma von Chalkedon einen gewissen Abschluß fand[30]. Während neuere Theologen diese Entwicklung als einen unnötigen Umweg der spitzfindigen griechischen Spekulation betrachten oder nur als eine der vielen Möglichkeiten ansehen, die bedauerlicherweise durch Chalkedon blockiert wurden[31], sieht und wertet Guardini die Notwendigkeit dieses Weges zur Ausgestaltung der grundlegenden Wahrheit. »Die erste Aufgabe der Christologie hat darin bestanden, außer Zweifel zu bringen, daß Jesus von Nazaret mehr und anderes war als ein bloßes Geschöpf. Unser durch Reden und Schreiben abgestumpfter Sinn versteht die Leidenschaft nicht mehr, mit welcher die christliche Frühzeit durch Jahrhunderte um die christologischen Probleme gekämpft hat – eine Leidenschaft, die trotz allem Sehr-Menschlichen, das hineinspielte, heilig genannt werden darf. So wurde der Satz, Christus sei der ewige, wesensgleiche Sohn des Vaters, als nicht mehr zu erschütterndes Mal der Wahrheit aufgerichtet. Den zweiten Schritt hat das christliche Bewußtsein durch die Erkenntnis getan, daß dieser Gottessohn in Christus wirklich Mensch geworden ist. Er hat nicht nur in einem Menschen Wohnung genommen, sondern als reales, ja als das entscheidende Glied in der Menschheitsgeschichte gestanden. Ganz in ihr und zugleich unabhängig. Ja nur deshalb in so einzigartiger, erlösender Weise in ihr, weil er aus der Freiheit dessen kam, der über aller Geschichte und über aller Welt steht«[32]. Hier ist auch, ganz im Sinne der Väter, die Christuswahrheit mit der Erlösungswahrheit verbunden und klargestellt, daß wir ohne das Dogma von der Person des Gottmenschen die Wahrheit von der Erlösung verlieren würden. Von diesen im Verlauf der Dogmengeschichte ins Licht gehobenen Wahrheiten sagt der Autor anerkennend: »Diese Wahrheiten standen nun in einer Form da, die ebensoviel Hoheit wie Reichtum, ebensoviel Wahrheit wie Geheimnis war: sie waren Dogma«[33].

Und doch kann die Aussage des Dogmas und seine Forderung dem Anliegen der Guardinischen Christuserkenntnis nicht genügen, wie sie im Grunde keinem Gläubigen genügt, der die lebendige Begegnung mit Christus als das Ziel aller Christuslehre versteht. Deshalb kommt es zunächst bei Guardini zu der angedeuteten Eingrenzung des Sinnes und der Bedeutung des Dogmas. Er versteht das Dogma wesentlich von seiner das Geheimnis umschreibenden, es umschreitenden und eingrenzenden Funktion. Es will und kann als begriffliche Aussage die geheimnishafte Wahrheit nicht erfassen und durchdringen, ihre Wirklichkeit nicht durchleuchten, weil es als begriffliche Formel gleichsam flächenhaft gehalten ist. So vermag das Dogma in seiner flächenhaften Dimension nur die Grenzen anzugeben, in deren Innerem sich die höhere Dimension des Gestalthaften und Leibhaften erstreckt.

Darum ist der gestalthafte Denker auch der Auffassung, daß das christologische Dogma von Chalkedon mehr abwehrend und negativ gehalten war, was sich etwa an den Negativ-Partikeln »unvermischt und unverwandelt – ungetrennt und ungesondert« nachweisen läßt. Das war nach seiner Auffassung auch der Gang der nachfolgenden dogmatischen Christologie, die, »wenn ich recht sehe, im Wesentlichen negativ geblieben ist. Sie hat gesagt, was nicht ist. Nun muß die positive Arbeit beginnen«[34]. Damit ist nicht gemeint, daß die dogmatische Theologie in ihrer Geschichte nichts dem Glauben und die Erkenntnis Förderndes und Weiterführendes erbracht hätte. Sie vermochte aber mit ihrer begrifflich-theoretischen Erkenntnis- und Darstellungsweise nicht in die höhere Dimension der leibhaften Wirklichkeit vorzudringen. Dieses Eindringen nennt Guardini die »positive Arbeit«, welche der Wirklichkeit des Geheimnisses nahezukommen sucht.

Daraus läßt sich seine Forderung erklären: »Auf der anderen Seite ist aber auch klar, daß die Christologie einen Schritt weiter tun muß. Und das nicht nur aus der Folgerichtigkeit des theologischen Forschens, sondern auch des christlichen Lebens wegen. Die betende Meditation bedarf eines Zuganges, der sie tiefer ins Eigentliche führt. Entsprechendes gilt für das Handeln. Wir verstehen das christliche Leben als Nachfolge ..., was aber ist damit gemeint? In welcher Weise sind Person und Leben Jesu für uns normativ? Wenn man über die abstrakten Applikationen hinauskommen; wenn Christi Tun und Leiden, seine Haltung und seine Gesinnung unser menschliches Dasein aufhellen und führen; wenn der Gedanke vom ›neuen Menschen‹, der ›verwandelt ist in das Bild [der Herrlichkeit des Herrn]‹ (2 Kor 3,18) deutlich und inspirierenden Inhalt gewinnen soll, dann muß dieses Bild konkreter werden, als es meistens der Fall ist«[35].

Es ließe sich allein an der Analyse dieses Satzes aufzeigen, was Guardini mit seiner »Christologie« intendierte. Die Worte von der »betenden Meditation«, vom Leben und Handeln Christi, von seinem Tun und Leiden, von seiner Haltung und Gesinnung und der Gegensatz zu den »abstrakten Applikationen« deuten darauf hin, daß dem Autor keine theoretische Christuslehre vorschwebt (obgleich diese einschlußweise immer vorhanden ist), sondern die Zeichnung des Bildes vom »neuen Menschen«. Ihm steht nicht der Entwurf einer philosophischen oder dogmatischen Gedankenbildung vor Augen, sondern die Darstellung einer lebendigen Person, die auch anderen Personen begegnen und diese in die Nachfolge rufen kann.
Was Guardini erreichen möchte, läßt sich aus dem Vergleich mit dem ersehen, was er in den Entwürfen seiner großen Dichter- und Denkergestalten intendierte und was er dort unter den Begriff der »Gestalt« faßte. Ausdrücklich vermerkt er, daß er diese Entwürfe als »Vorübung für den Versuch« betrachtete, »die Gestalt Dessen zu zeichnen, der Sohn Gottes und Menschensohn ist«[36]. Dem »schauenden« Blick des Phänomenologen entspricht als Objekt nicht ein Gedankengebilde, sondern ein leibhaftes Bild selbst. Mit Recht hat man behauptet, daß Guardini als einer der wenigen die theologische Wahrheit in der Form der Ästhetik ausdrückte, d. h. (nach dem ursprünglichen Verständnis der Ästhetik) in der den geistigen Blick des Menschen affizierenden Konkretheit und Ganzheit der lebendigen Form, der geschlossenen Struktur, der plastischen Figur und eben der »Gestalt«.
Was der phänomenologische Denker dabei unter der »Gestalt« verstand, läßt sich an vielen seiner Aussagen erkennen. Sie ist »konkretes Dasein, Werk und Schicksal Jesu«[37]. Sie ist die Verbindung von »psychologischem Element mit dem sinnhaft-wertmäßigen, dem

metaphysischen und theologischen«[38]. Die »Gestalt« ist das Phänomen Jesus Christus selbst, wie es dem vom Licht des Christusglaubens erhellten meditativen Denken aufgeht: als Einheit zwischen dem »Christus des Glaubens« und dem »Christus der Geschichte«, als Zusammensein von Göttlichem und Menschlichem, als Sinnganzes von gottmenschlichem Sein und Tun, als Transparenz des Menschlichen für das Göttliche, als die Fülle von Sein und Geschichte Jesu Christi.

Natürlich hat eine solche Zusammenschau ihre methodischen Probleme, um die der Autor weiß. Aber eine Ausarbeitung dieser phänomenologischen Gestalterkenntnis nach der methodischen Seite hin könnte die Berechtigung dieser eigentümlichen Optik für den Bereich einer spirituellen Theologie durchaus begründen; denn es ist legitim anzunehmen, daß sich im Gottmenschen alle Strahlen des Wirklichen bündeln und alle Wirklichkeitsbereiche zusammenschließen. Deshalb ist der Versuch der anschauenden »Rekonstruktion« dieser Einheit nicht illegitim, wenn er die Historie und die Fakten nicht verzeichnet und wenn er für Korrekturen von dieser Seite her offen bleibt.

Diese gestalthafte Erfassung und Deutung Jesu Christi ist von seiten des Autors auch dadurch legitimiert und vor Mißverständnissen geschützt, weil er nicht beansprucht, die Gestalt Jesu Christi dem schauenden Denken zu unterwerfen und dem Blick des Geistes völlig durchsichtig zu machen. Guardini veranschlagt die Tatsache durchaus, hier wiederum von der dogmatischen Erkenntnis geleitet, daß Jesus Christus in seiner Person und in seinem Werk das höchste Glaubensmysterium darstellt, das von keiner theologischen Methode bewältigt und das auf keinem Weg des Denkens oder der Meditation ausgeschöpft werden kann.

So spricht er immer wieder, ganz im Gegensatz zu heute üblichen Jesusdeutungen, vom Geheimnis Christi, dessen Fülle von keinem Licht durchdrungen wird. In einer Grundsatzerwägung zur biblischen Christologie stellt der Autor betont fest, daß Christus »der ins Vorbehaltene Gottes Entschwindende«[39] ist und daß seine »Himmelfahrt« nicht ein einzelnes Geschehen besage, sondern die Form angebe, in welcher uns Christus überhaupt gegeben und zugänglich ist, nämlich als die Vernunft übersteigendes Mysterium. In Christus ist nicht nur das Geheimnis der Gnade anwesend und am Werke, sondern das Geheimnis Gottes selbst. »Er ist nicht nur ein Besonderer unter den Übrigen allen; eine Ausnahme, die aber doch Gott gegenüber einen Teil der Gesamtheit bildet, sondern steht, obwohl wirklich Mensch, von vornherein auf seiten Gottes. Er kommt von Gott her«[40].

Bei dem Bemühen um Christus geht es »nicht um eine enthusiastische Verkündigung der Gnadenfülle Christi, sondern um einen deutlich und genau gemeinten, freilich jede natürliche Begreifbarkeit übersteigenden Gedanken«[41]. Der Zeichner eines religiös-theologischen Christusbildes »erwartet nicht, eine edle, oder große, oder religiös-geniale Persönlichkeit zu finden ..., sondern etwas, das Menschenmaß übersteigt. Ein Wesen, das ist ›wie wir, in allem uns gleich‹; dessen Wurzeln aber in Gott liegen, und dessen Erfahrungs- und Bestimmungskraft die Schöpfung umgreift«[42]. Christus »kommt aus dem Geheimnis Gottes und kehrt dorthin zurück, nachdem er ›bei uns ein- und ausgegangen ist‹ (Apg 1, 27)«[43]. Dieses Geheimnis wird aber nicht nur im allgemeinen und gleichsam in Umrissen entworfen, sondern auch mit allen biblischen und dogmatischen Einzelheiten versehen, die je für sich den herausfordernden, sogar ärgerniserregenden[44] Charakter des Mysteriums noch steigern. Dazu gehören die Präexistenz des Sohnes, sein inneres Verhältnis zum Vater und zum Geist, seine Menschwerdung mit der Sühnetat

am Kreuz und der geschichtlich-ereignishaften Auferstehung und seine Herrlichkeitsexistenz beim Vater.
Angesichts dieses fraglosen Festhaltens am Geheimnis des Gottmenschen stellt sich dem Beurteiler unwillkürlich die Frage, ob von diesem in kosmische und himmlische Dimensionen hineinragenden Christus der Mysterien überhaupt eine »Gestalt« oder »ein Bild« zu entwerfen ist. Es ist für das Problembewußtsein Guardinis bezeichnend, daß er sich diese Frage auch stellt und sie nicht unkritisch übergeht. So heißt es einmal: »Vielleicht werden wir nicht einmal zu einer Gestalt gelangen, sondern nur zu einer Reihe von Linien, die über unseren Blickkreis hinaussteigen.«[45] Derselben kritischen Einstellung entspricht die (ursprüngliche, später allerdings neu interpretierte) Behauptung, daß es eine »Psychologie Jesu« nicht gebe; »denn im Innersten seiner Persönlichkeit steht das Geheimnis des Sohnes Gottes und hebt jede ›Psychologie‹ auf«[46]. Wenn schon der Christ nach Aussage des Apostels unbeurteilbar ist, um wieviel mehr dann der Sohn Gottes selbst! So weiß der umsichtige und für alle geistigen Imponderabilien feinfühlige Autor durchaus um das Problem einer »Gestaltung« des sich ins Geheimnis zurückziehenden Phänomens Jesus Christus.
Aber er läßt darum doch von dem gestalterischen Unternehmen nicht ab, dessen Legitimität er mit zwei Argumenten ausweist, von denen das eine nur gelegentlich benannt wird. Es besteht in der Überzeugung von einer gewissen Analogie, ja sogar von einer gewissen Konvenienz zwischen dem Geheimnis der Wirklichkeit und in Sonderheit des Menschen überhaupt und dem Geheimnis Jesu Christi. Das Verbindende ist die religiöse Erfahrung des Geheimnisses überhaupt, das die Welt durchwaltet und das vor allem im Menschen »atmet«. »Das Geheimnis ist eine Grundqualität des Daseins, deren der Mensch bedarf ... Es ist Anzeichen dafür, daß

alles Seiende aus dem ›Anderen‹ kommt und zu ihm hinführt.«[47] Der Mensch, der dieser seiner Existenz Rechnung tragen und sie nicht verfehlen will, muß mit dem Geheimnis umgehen, es gleichsam als heuristisches Prinzip seiner Entfaltung und Gestaltung annehmen. Von daher gibt es auch einen Zugang zum noch höheren Geheimnis Christi, vor allem, wenn die alles begründende Voraussetzung ernstgenommen ist, daß Christus im Gläubigen der innere Lehrer ist, der sein Geheimnis dem Glaubenwollenden selbst auslegt. Dann kann die Gestaltgebung dieses Geheimnisses kein unbegründetes, eitles Unterfangen sein. Es ist für die christliche Existenz als Begegnung mit Christus und als Nachfolge Christi notwendig.

Das zweite Argument für die Legitimität einer solchen theologischen »Gestaltwerdung« Christi, wie sie Guardini unternimmt, liegt in einem Gedanken, der bei ihm geradezu allgegenwärtig ist und der keiner besonderen Betonung bedarf: Es ist die ganz realistische und mit einer einzigartigen Intensität ergriffene Überzeugung von der Menschwerdung des Sohnes und von der wahren Menschheit Christi, die ja tatsächlich eine morphē (vgl. Phil 2,7) angenommen hat und zur Gestalt geworden ist. Ein theologischer Denker, der so stark von der Kategorie des Ästhetischen bestimmt ist, besitzt die Legitimität, das Geheimnis des Gottmenschen in dieser Weise gestalthaft zu fassen und dem auf das Urbild Christi orientierten Menschen dieses Bild zur Anschauung zu erheben, welche freilich keine rein sinnenhafte, sondern eine geistig-geistliche und meditative ist.

4. *Das Christusgeheimnis im Spiegel des Menschseins*

Es hängt mit der gestalthaften Schau des Christusgeheimnisses bei Guardini zusammen, daß der Blick sich zuerst zur Menschheit Jesu Christi wendet, eine Ausrichtung, die, wenn sie nicht abstrakt und isolierend geschieht, durchaus biblisch und dogmatisch begründet ist; denn der Sinn des Christusereignisses liegt nicht in einer Demonstration der Gottheit als solcher, sondern in ihrem Herabkommen in die Menschheit und in ihrer Offenbarung im Medium einer wirklichen Menschennatur (man darf auch in konkreterer Fassung sagen, ohne die Einpersonalität anzutasten: in einem wirklichen Menschen). Deshalb ist der beherrschende Zug der Guardinischen Christologie vom Menschsein des Gottessohnes bestimmt, wie etwa die kleine Studie über »Die menschliche Wirklichkeit des Herrn«[48] dies schon im Titel ausweist, wie es aber besonders ausdrucksvoll das große Werk »Der Herr« bestätigt.

Freilich ist die Menschheit Jesu Christi nicht um ihrer selbst willen und in abstrahierter (d.h. von der Gottheit losgelöster) Form in den Blick genommen. Die von Guardini zur Schau erhobene »Gestalt« ist das Ganze des vom durchgeistigten Auge des Glaubens wahrgenommenen Phänomens Jesus Christus. Dieses Ganze bietet dem Blick des Glaubens gleichsam als Außenseite das Menschsein Christi dar, und zwar nicht in statischer Gegenständlichkeit und Monumentalität, sondern in der Bewegtheit eines geschichtlichen Lebens, zu dem die völkische Herkunft genauso gehört wie die Taufe und die Versuchung, die Verklärung auf dem Berge, die Fußwaschung, der Prozeß, der Tod und die Auferstehung. Wie richtig erkannt wurde[49], nahm Guardini mit dieser Darstellung der Geschichte Jesu einen alten theologischen Topos auf, der seit der Väter-

zeit bis hin zur Aufklärung auch in der dogmatischen Theologie (bzw. Christologie) stark beachtet und gepflegt wurde: es ist die heilsgeschichtliche Betrachtung der mysteria vitae Christi, der »acta et passa«[50] Jesu Christi, die neben der spekulativen Behandlung des Persongeheimnisses Jesu als Mittel zur Ausdeutung der Geschichtlichkeit und Menschlichkeit des Christusgeschehens und der Erlösung verwandt wurde.
Allerdings verleiht der moderne Autor diesem Topos einen neuen Stellenwert und eine neue Bedeutung. Er setzt ihn nicht als Ergänzung *neben* oder hinter die systematische Christologie, sondern versteht ihn als die umfassende Struktur und die umgreifende Dimension, in welche das Geheimnis der Gottperson mit allen seinen Facetten eingefügt ist oder (besser gesagt) aus der es hervorleuchtet; denn die eigentümliche Funktion dieser Darstellung des Menschen Jesus und seiner Geschichte ist die Transparenz des Menschlichen für das Göttliche, das Durchscheinen des Göttlichen aus dem Menschlichen, eine Art von Diaphanie Gottes im Menschen.
Aber der Guardinische Ansatz zeigt gegenüber dem der traditionellen Theologie noch eine andere Eigentümlichkeit. In der Tradition waren das Menschsein Jesu und seine Geschichte gleichsam nur generell und allgemein gefaßt. Es ging um die menschliche Natur und um den Erweis ihres Unterworfenseins unter das menschliche Schicksal, die conditio humana, wie sie sich zwischen Geburt und Tod in erlösender Weise auszeitigte. Aber es wurde damit nicht eigentlich das Spezifische, das Persönliche und Individuelle an der Gestalt Jesu und ihrer Geschichte ergriffen. Dieser (verstehbare) Ausfall lag an der noch nicht bekannten oder noch nicht angewandten Kategorie des Psychologischen zur Deutung der Christusgestalt. Gerade die Heranziehung dieser Kategorie aber kennzeichnet den modernen Inter-

preten der Jesusgestalt, der auch das Individuelle und die psychologische Einmaligkeit dieses Menschen erkennen möchte, damit gewiß an die Grenze des bei Christus Möglichen vorstoßend.

So gewiß deshalb das große Werk »Der Herr« die umfassende Zusammenschau des lebendigen Jesus Christus und seines Lebens bietet, so ist doch die tiefste, subtilste (und damit auch schon am meisten problematische) Sicht der Wirklichkeit Jesu Christi in dem kleinen Werk über »Die menschliche Wirklichkeit des Herrn« geboten, die den bezeichnenden Untertitel trägt »Beiträge zu einer Psychologie Jesu«.

Aber damit lenkt der Autor keineswegs in die Bahnen der liberalen Leben-Jesu-Forschung zurück, die in ihrer Weise das rein Menschliche am historischen Jesus auch unter Verwendung psychologischer Elemente zu erfassen suchte. Das »Objekt« der Guardinischen Psychologie ist nicht der Jesus der Geschichte, die einfache menschliche Persönlichkeit, die es *so nie* gegeben hat, sondern es ist dieser Jesus in Einheit mit dem geglaubten Christus, wie er aus der Verkündigung der apostolischen Kirche hervortritt.

Dabei ist selbstverständlich vorausgesetzt, daß diese aus der Verkündigung hervortretende Jesusgestalt auf jene erste Wirklichkeit Jesu zurückweist, welche die Jünger im menschlichen Umgang erlebten. Aber sie erfuhren schon damals, daß diese Wirklichkeit ihr Begreifen überstieg, und legten dieses Übersteigende in verschiedenen Phasen und Entwürfen aus, die aber alle an dem Übersteigenden des Ursprungs haften. Das ist der Grund, warum der moderne Autor es wagen kann, das Jesusbild des Glaubens mit dem Vertrauen des Glaubens auch psychologisch anzugehen, weil die Existenz eines unbegreiflichen, heilsbedeutsamen Menschen nur im Glauben recht erfaßt werden kann, der Glaube aber am historischen Kern und Ausgangspunkt haftet.

Kann aber von einem solchen unbegreiflichen Menschen eine Psychologie entworfen werden, vor allem, wenn sie den Anspruch erhebt, die individuelle Artung und die spezifische Eigenart dieses Seelenlebens zu erfassen? Nach Guardini ist dies dann möglich, wenn diese Psychologie sich nicht unterfängt, das Seelenleben Jesu den allgemeinen psychologischen Gesetzen und Determinanten zu unterwerfen oder dieses Seelische in die psychologischen Kategorien aufzulösen. Der Vorgang muß angesichts des Unbegreiflichen an Jesus ein umgekehrter sein: Die psychologischen Kategorien sind nur Ausgangspositionen und vorbereitende Deutemuster mit nur dienender Funktion. Sie haben die Aufgabe, im Zuge ihrer Anwendung auf das Begreifbare des Lebens Jesu sofort auch wieder abgestoßen zu werden im Hinblick auf das Unbegreifbare, das sie nicht aufzunehmen vermögen. So sagt der Autor selbst mit einer geradezu entwaffnenden Offenheit, daß diese Psychologie zum Scheitern verurteilt sei: »Von ihnen her (den leiblichen, seelischen und geistigen Zusammenhängen) ist ein Verstehen ..., eine Psychologie möglich, zu deren Wesen es freilich gehört, auf jeder Linie eben jener Zusammenhänge zu scheitern.«[51]
Freilich ist solches Scheitern nicht das letzte Wort dieser singulären Psychologie und nicht ihr intendierter Sinn. Dieser liegt vielmehr im Hinweis auf das mitten in allen natürlich-seelischen Phänomenen aufbrechende Überragende, Einzigartige, Göttliche dieser Gestalt. Die Psychologie Jesu ist damit als Versuch zu bestimmen, im Spiegel des echten individuellen Menschseins Verständnis für das Überbegreifliche, das essentiell Geheimnishafte, das Gottheitliche am Menschen Jesus zu erwecken: die Transparenz des individuell Menschlichen für das Geheimnis Gottes zu erschließen.
Das geschieht im einzelnen etwa durch die Hervorhebung von Jesu »wunderbar reiner Menschlichkeit«[52],

durch Erschließung seines einfachen, die Wirklichkeit selbst treffenden Denkens[53] seines mit sich selbst vollkommen einigen Willens[54], seiner »letzten Einsamkeit«[55], seiner »unter allem Erleben hingehenden Ruhe, die aus dem gleichen Ursprung kommt wie seine Furchtlosigkeit«[56], seines aus dem Innersten hervorleuchtenden Friedens[57], seines ruhigen Todes- und Auferstehungsbewußtseins[58]. Diese Linien ergeben keinesfalls das Bild eines geistigen Genies (das immer eine Randexistenz bleibt) oder eines religiösen Enthusiasten oder eines ethischen Heroen. Alle diese Kategorien werden überstiegen durch die schlichtmenschliche Gestalt, die nicht durch extreme Leistungen frappiert, sondern durch das ruhige Wesen des Menschlichen, durch das kernhafte Sein, durch ein ursprüngliches Leben, für das Guardini die Kategorie des »Anfangs«[59] herbeizieht, verstanden im Sinne eines analogielosen Menschseins, eines aus menschlichen Voraussetzungen nicht ableitbaren neuen Seins, dessen Erklärung nicht in ihm selbst gesucht werden kann. So weist alles psychologische Bemühen um den Menschen Jesus zuletzt auf das Gottgeheimnis seines Daseins hin, »zu dem Punkt, wo jede Psychologie scheitert«[60]; denn »sein Dasein ruht ganz und gar auf der Beziehung zum Vater«[61]. So schließt diese Psychologie mit der »Feststellung, daß der Vorgang, um den es sich handelt, in die Unbegreiflichkeit des Gottmenschentums mündet«[62]. Die Psychologie Jesu macht dadurch, daß sie an eine Grenze stößt, also gerade im Modus des Scheiterns, das Gottgeheimnis Jesu um so deutlicher transparent.
Trotzdem wäre die Frage möglich, was damit für den Christusglauben geleistet sei, und ob es sich nicht um einen Umweg handele, den sich das gläubige Denken ersparen könnte, indem es sich etwa allein auf die Wunder Jesu als Erweis seiner Gottheit zurückzöge. Aber solches Fragen verrät eine Minderbewertung des wah-

ren Menschseins Jesu in seiner Offenbarungs- wie in seiner Erlösungsfunktion. Man könnte die Frage (vorbereitend) mit dem Hinweis auf das in der Tradition ausgebildete Ganze der »Mysterien des Lebens Jesu« beantworten[63], dem die Bemühungen Guardinis um das menschliche Leben Jesu (formal beurteilt) auch zugehören, ohne daß damit ihre Originalität bezweifelt werden müßte. Schon in dieser alten Tradition hat man um die Bedeutung gewußt, die das Befassen mit dem menschlichen Leben Jesu für den Glauben an die wahre Menschheit Christi in Auseinandersetzung mit dem Doketismus besitzt. Man erkannte das Bedeutsame dieses Bemühens weiter in der Aufschließung des Heilsplanes Gottes an den Etappen und geschichtlichen Ereignissen des Lebens Jesu, an seiner Erniedrigung und Erhöhung. Man wußte schließlich um die Bedeutung dieses Eingehens auf die Geschichte des Menschen Jesus für das Verständnis der Erlösung als einer in das menschliche Dasein eingreifenden und alle menschlichen Situationen übergreifenden Geschichte. Hieran schloß sich immer auch der Gedanke an, daß damit für den Menschen die eigentümliche Möglichkeit einer Kontaktnahme mit Christus erschlossen war, gemäß dem Grundsatz des Thomas: »Actio Christi fuit nostra instructio«[64].
Alle diese Momente und Intentionen stehen auch im Hintergrund der Guardinischen »Christologie«. Aber sie sind in durchaus neuartiger Weise (gerade mit den Mitteln dieser an die Grenze herangehenden Psychologie) personalisiert, individualisiert und in die lebendige Ich-Du-Beziehung des Christen zu Jesus Christus gebracht. Das letzte Ziel dieser Gedankengänge ist die Aufschließung eines Raumes der Begegnung des Christen mit der Person Jesu Christi, deren Anziehungskraft durch nichts stärker entfacht werden kann als durch seine vom Logos erhobene Menschlichkeit. Insonderheit erfüllt diese exzeptionelle Psychologie des Lebens

Jesu die Aufgabe, den Menschen in die Begegnung und in die Nachfolge Christi hineinzugeleiten. Sie soll »zeigen, wie diese menschlich-übermenschliche Wirklichkeit, sobald sie im Glauben angenommen, in der Liebe zu eigen gemacht und lebend mitvollzogen wird, eine Daseinshaltung ermöglicht, zu welcher der Mensch aus sich heraus nicht imstande ist«[65], zu der er als Christ aber berufen ist. So gilt das Leben des in der Personeinheit mit Gott lebenden Menschen Jesus als das wirkkräftige Urbild des Lebens des von der Gnade erhobenen Menschen; der in seiner Menschheit wahre Sohn Gottes wird zum anziehenden Vorbild des Adoptivkindes, das jeder Getaufte darstellt.

5. *Der ewige Christus*

Damit aber erfaßt die Schau Guardinis aus der inneren Logik ihres Ansatzes her einen weiteren Zug an Christus, der sich als der abschließende und vollendende erweist. Die Gedankenbewegung greift vom geschichtlichen Christus, dessen Herkunft aus der Präexistenz immer miterfaßt ist, auf den übergeschichtlichen, ewigen Christus, d.h. auf seine überzeitliche Postexistenz über, die dem Christusbild erst seine Fülle verleiht, aber auch seine Intensität im Leben des Christen. Hier erst gewinnt das Christusbild den Charakter des vom Autor so benannten »Ganzen«[66].
Dieses Ganze, das der Autor vor allem aus der paulinischen und johanneischen Theologie erhebt (auch unter Heranziehung der Apokalypse) ist schon in dem ursprünglichen Glaubensansatz keimhaft angelegt, insofern der Glaube nicht auf einen isoliert zu denkenden historisch-menschlichen Christus trifft, sondern auf den aus der Ewigkeit »Gekommenen«[67]. Aber hierzu gibt Guardini die vertiefende theologische Erklärung:

»›Gesendet werden‹ und ›kommen‹ konnte der Sohn nur, weil Er in lebendiger Personalität ewig da war«[68]. Das Einzigartige der geschichtlichen Existenz Jesu Christi erklärt sich nur aus seiner Ewigkeit, die er beim Vater in der Einheit des Geistes besitzt. Wenn aber seine Ewigkeit vorausgesetzt ist, so muß sie auch als bleibend angenommen werden; d. h. daß dem Kommen, zeitlich-geschichtlich geurteilt, auch ein »Wieder-Gehen« entsprechen muß. Vom Geheimnis dieses Weggehens sind besonders die johanneischen Abschiedsreden erfüllt, die darauf hinweisen, daß Christus »in den Urbereich des göttlichen Anfangs«[69] zurückgehen muß, wo er der Herrlichkeit des Vaters teilhaft wird, die er aber beim Vater schon hatte, »ehe die Welt war« (Joh 17,5). Darum ist das für Welt und Menschheit so bedeutsame Kommen und Gehen Christi nur ein Ausschnitt aus der Ewigkeitsexistenz Christi, die sich dem Glauben gerade im Blick auf die historische Existenz Christi erschließt. Aber das Auge kann an diesem historischen Ausschnitt nicht haften bleiben. Es wird von ihm auf den ganzen Christus verwiesen, auf den Christus der Herrlichkeitsexistenz beim Vater, der »gestern, heute und in alle Ewigkeit derselbe ist« (Hebr 13,8).
Dieser in die Herrlichkeitsexistenz des Vaters gewandelte Christus gewinnt für die Welt wie für den Menschen erst die alles umfassende, vollendete Heilsmacht und Heilsbedeutung. »Christus ist hier nicht in die Schranken des Ortes und der Dinge eingebunden, sondern tritt immerfort aus der Freiheit der reinen Geistesbewegung hervor. Er ist nicht durch das Maß der irdischen Dinge, durch ihre Gewöhntheit und Verständlichkeit festgelegt; sondern erhebt sich immerfort, selbstherrlich sein Bild bestimmend, aus dem schöpferischen Ursprung … Er ist's, der Meister von Nazareth, und doch neu, unfaßlich, geheimnishaft, der Erste und der Letzte«[70].

In der Ewigkeitsexistenz beim Vater weitet sich in der »Christologie« Guardinis die Grundkategorie, unter welcher er die Erscheinung des geschichtlichen Christus faßt, noch einmal in eine neue, letzte Dimension aus. Wie sein hervorragendstes Jesusbuch zeigt, ist es die Kategorie des Herrseins Jesu Christi. Er ist auch in seiner menschlich-geschichtlichen Erscheinung kraft seiner Hoheit, seiner Andersheit, seines Forderungscharakters »der Herr«, dies in bewußten Gegensatz gestellt zu jeder »anthropozentrischen« Titulierung etwa als »Ideal«, als helfender Mitmensch oder als provozierender Sozialprophet. Aber dieses Herrsein gewinnt erst in der Verklärung seine universale Größe und Macht. »Dieser Christus ist Trost und Drohung zugleich. Er ist der Herr. Er ist die Wahrheit, aber auch die Macht. Er ist der Sinn, aber auch die Wirklichkeit. Er wird sein, wenn nichts Irdisches mehr ist; wird siegen, richten und vollenden.«[71]

Aus der Herrlichkeitsexistenz Christi ergibt sich schließlich auch erst die Intensivierung und Radikalisierung des Christusverhältnisses des Menschen, auf welche das »christologische« Konzept Guardinis angelegt ist; denn (wie angedeutet) ist die Schau der Gestalt Jesu Christi auf die personale Begegnung der Antwort und der Nachfolge ausgerichtet. Aber in der Kategorie der Begegnung bleibt es doch bei einem letzten Gegenüber und Distanz der Person. Der Christusglaube ist aber zuletzt nicht ein solches Gegenüber, das im Moralischen verbleiben müßte, sondern Einssein mit der Wahrheit und dem Leben Christi. Ein solches Einssein kann aber nur erreicht werden durch die neue vergeistigte Existenzweise, in welcher »der Herr der Geist ist« (2 Kor 3,17). »›Der Herr ist der Geist‹, bedeutet, daß in Christus Gott in der Weise zu den Menschen kommt, sie innerlich erfaßt, löst, öffnet, frei macht, umwandelt, umschafft: als Gnade.«[72] Erst vom ewigen Christus her

wird das Verhältnis des Menschen zu ihm vollends bestimmt: »Christus ist im Menschen, und der Mensch ist in Ihm. Er wird in eine Gemeinschaft des Daseins mit Christus gezogen – gleich als ob dieser in den Glaubenden einginge – und nun in ihm wäre: als Gestalt, die in ihm waltet; als Kraft, die in ihm arbeitet. Dieser innere Christus will sich in seinem Menschendasein ausdrükken.«[73] Das ist die Bestätigung der Erkenntnis: »Nicht mehr ich lebe, Christus lebt in mir« (Gal 2,20).
So zeigt die Christusschau Guardinis eine große (vom Verfasser selbst wohl gar nicht systematisch begründete) Geschlossenheit. Sie geht vom Licht Christi aus, das der Glaubende empfängt, um die Gestalt Christi in ihrer geheimnishaften, schließlich ins Ewige hineinragenden Dimension zu erfassen; sie endet aber wiederum beim »inneren Christus«, der den Menschen mit seiner vergeistigten Gestalt durchdringt und durchherrscht. Das Mittelstück dieser grandiosen christologischen Gedankenbewegung ist aber der geschichtliche Jesus, sein einzigartiges Menschsein, seine »Gestalt«, ohne die wir die Höhen und Tiefen des Christusgeheimnisses nicht ermessen könnten.

Anmerkungen

[1] Vgl. deshalb die treffende Kennzeichnung der Gestalt und des Werkes durch H. Urs v. Balthasar, Romano Guardini. Reform aus dem Urpsrung, München 1970.

[2] R. Guardini, Das Wesen des Christentums, Würzburg [5]1958, 81.

[3] Der Herr. Betrachtungen über die Person und das Leben Christi, Würzburg [13]1964, 362.

[4] Das Wesen des Christentums, 67.

[5] Das Bild von Jesus dem Christus im Neuen Testament, Würzburg [3]1953.

[6] Vgl. dazu L. Scheffczyk, Das Weltverhältnis des Menschen

nach dem christlichen Schöpfungsglauben, in: Theologisches 167 (1984) 5689 ff.

[7] H. Urs v. Balthasar, a.a.O., 67.

[8] So J. Laubach, Über Romano Guardini. Theologen unserer Zeit (hrsg. von L. Reinisch), München 1960, 136.

[9] Vgl. dazu E. Biser, Interpretation und Veränderung. Werk und Wirkung Romano Guardinis, Paderborn 1979, 35.

[10] Hierfür ist beispielhaft die Schrift über: Die Lehre des hl. Bonaventura von der Erlösung, Düsseldorf 1921.

[11] Vgl. dazu: Das Jahr des Herrn, Mainz 1949.

[12] Welt und Person. Versuche zur christlichen Lehre vom Menschen, Würzburg [4]1955, 98 ff.

[13] Das Ende der Neuzeit. Ein Versuch zur Orientierung, Basel 1950, 132 f.

[14] Das Christusbild der paulinischen und johanneischen Schriften, Würzburg [2]1961, X f. Vgl. auch W. Frühwald, »Die vielfach verdunkelte und verwirrte Wirklichkeit«, in diesem Buch.

[15] Christliches Bewußtsein. Versuche über Pascal, Leipzig 1935.

[16] Hölderlin. Weltbild und Frömmigkeit, Leipzig 1939.

[17] Vgl. H. Urs v. Balthasar, a.a.O., 86; L. Scheffczyk, Gott und Welt im Werk Dostojewskijs, in: Theologisches 135 (1980) 4155 ff.

[18] Religiöse Gestalten in Dostojewskijs Werk. Studien über den Glauben, München [4]1951; vgl. H. Urs v. Balthasar, a.a.O., 87.

[19] Vgl. hierzu: Die menschliche Wirklichkeit des Herrn, Würzburg 1958, 12.

[20] Vgl. J. Laubach, 141.

[21] Ebd., 143.

[22] Ebd., 138.

[23] Das Wesen des Christentums, 81.

[24] Die menschliche Wirklichkeit des Herrn, Würzburg [2]1958, 19 f.

[25] Vgl. aber die Ausführungen über die Grenzen der historisch-kritischen Methode bei dem evangelischen Exegeten P. Stuhlmacher, Thesen zur Methodologie gegenwärtiger Exegese, in: Zeitschrift für die neutestamentliche Wissenschaft 63 (1972), 18–26. Vgl. auch A. Mertens, An den Grenzen der historisch-kritischen Methode, in diesem Buch.

[26] J. Jeremias, Der gegenwärtige Stand der Debatte um das Problem des historischen Jesus, in: H. Ristow/K. Matthiae (Hrsg.), Der historische Jesus und der kerygmatische Christus, Berlin 1960, 14.

[27] Das Wesen des Christentums, 14. Vgl. auch J. Sudbrack, Der geistliche Lehrer, in diesem Buch.

[28] Vgl. zu diesem literarischen Genre u. a.: Machoveč, Jesus für Atheisten, Stuttgart ²1973.

[29] So E. Schillebeeckx, Jesus. Die Geschichte von einem Lebenden, Freiburg ³1975, 23.

[30] Die menschliche Wirklichkeit des Herrn, 11 ff.

[31] So E. Schillebeeckx, 486.

[32] Die menschliche Wirklichkeit des Herrn, 11.

[33] Ebd., 12.

[34] Ebd., 12.

[35] Ebd., 13 f.

[36] Das Christusbild der paulinischen und johanneischen Schriften, XI.

[37] Das Wesen des Christentums, 11.

[38] Das Christusbild der paulinischen und johanneischen Schriften, Würzburg ²1961, 20.

[39] Das Bild von Jesus dem Christus im Neuen Testament, Würzburg ³1953, 23.

[40] Das Wesen des Christentums, 47.

[41] Ebd., 79 f.

[42] Das Bild von Jesus dem Christus im Neuen Testament, 23.

[43] Der Herr, X.

[44] Zum Ärgernis, das Christus erregt, vgl. u. a.: Die menschliche Wirklichkeit des Herrn, 140.

[45] Das Bild von Jesus dem Christus im Neuen Testament, 23.

[46] Der Herr, IX.

[47] Religion und Offenbarung, Würzburg 1958, 65.

[48] Beiträge zur Psychologie Jesu, Würzburg 1958.

[49] H. Urs v. Balthasar, 67.

[50] Thomas v. Aquin: S. th. III q 27.

[51] Die menschliche Wirklichkeit des Herrn, Würzburg ²1958, 13.

[52] Ebd., 35.

[53] Ebd., 54.

[54] Ebd., 55.

[55] Ebd., 64.

[56] Ebd., 67.

[57] Ebd., 68.

[58] Ebd., 72.

[59] Ebd., 119 ff.

[60] Ebd., 99.

[61] Ebd., 99.

[62] Ebd., 13.

[63] Vgl. dazu L. Scheffczyk (Hrsg.): Die Mysterien des Lebens Jesu und die christliche Existenz, Aschaffenburg 1984.
[64] S. th. III q 40 a 1 ad 3.
[65] Die menschliche Wirklichkeit des Herrn, 74.
[66] Das Bild von Jesus dem Christus im Neuen Testament, 121 ff.
[67] Vgl. dazu das Kapitel: Das Gekommensein: Die menschliche Wirklichkeit des Herrn, 131 ff.
[68] Ebd., 155.
[69] Ebd., 157.
[70] Das Bild von Jesus dem Christus im Neuen Testament, 91.
[71] Ebd., 91.
[72] Ebd., 44.
[73] Ebd., 51.

Alfred Mertens

An den Grenzen der historisch-kritischen Methode

*Orientierungen im Blick auf Romano Guardini**

Ich möchte mit einer kleinen persönlichen Erinnerung beginnen: In der Exegese des Neuen Testaments haben wir uns während meines Studiums in den Jahren 1953 bis 1959 lange Vorlesungen hindurch mit der Frage herumgequält, ob Judas Ischariot sich nach Mt 27,5 erhängt hatte oder ob er nach Apg 1,18 vornüber zu Boden gestürzt war, so daß sein Leib auseinandergeborsten war und alle seine Eingeweide herausgefallen waren. Geistlich gelebt aber haben wir von Romano Guardinis »Der Herr«; dieser Christus war derjenige, in dessen Nachfolge und Dienst wir eintreten wollten, nicht der blasse Christus der Exegeten, bei aller ihrer persönlichen Frömmigkeit und Kirchlichkeit.

Standen wir also damals schon »an den Grenzen der historisch-kritischen Methode« und suchten unseren Stand bei Guardini? Es war noch nicht die historisch-kritische Methode, sondern – so möchte ich die damals erlebte Exegese beschreiben – es war jene eher enzyklopädisch interessierte Realienkunde, die einen möglichst getreuen Zugang zur Zeit und Welt der biblischen Texte zu eröffnen suchte in der Hoffnung, daß damit auch diese selbst sich erschließen würden. Und wir haben dabei in der Tat manches gelernt, was heute eher zu kurz kommt – zum Schaden des Ganzen. Aber die Probleme waren in der Tat ähnlich wie heute: Wir standen an den Grenzen einer exegetischen Methode. Sie zeigten sich daran, daß wir mit

ihr und von ihr nicht oder nur schwer zu leben vermochten. Jedenfalls hat uns kaum jemand gezeigt, wie das möglich gewesen wäre.
Heute stehen wir nun »an den Grenzen der historisch-kritischen Methode« und versuchen, von Guardini her Anregungen und Orientierungen zu entwickeln, wie hinter diesen Grenzen neues Land zu gewinnen sei. Als einem Exegeten und einem Vermittler biblischer Themen kommt mir dabei die Aufgabe zu, nicht allein den Umgang Guardinis mit der Schrift in seinen Voraussetzungen und methodischen Schritten nachzuzeichnen – das ist längst vorbildlich geschehen, etwa durch Th. Kampmann oder F. Wechsler oder H. Urs von Balthasar –, sondern die Anregungen Guardinis für die heutige Situation weiterzudenken. Ich möchte das im folgenden versuchen.

1. *An den Grenzen der historisch-kritischen Methode?*

Das Wort von den Grenzen der historisch-kritischen Methode ist inzwischen nicht nur hoffähig geworden, es ist geradezu ein Modewort. Das heißt in der Folge leider auch, daß es nicht mehr legitimiert, also begründet werden muß. Und damit scheint die Methode selbst in manchen Kreisen zum Freiwild geworden, zur allgemeinen Treibjagd preisgegeben.
Es kann nicht im Ernst bestritten werden, daß die historisch-kritische Methode ihre ganz großen Meriten errungen hat. Während R. Pesch noch vor Jahren nach »Verlust oder Gewinn« der »neuen Exegese« fragen konnte, haben Tausende von Bibellesern ihre Ergebnisse – bei aller schwierigen Fremdheit der Methode selbst – als Befreiung empfunden, als Ende jener Engführung, in die ein historizistischer Biblizismus geraten war.
Aber die Grenzen? Es gibt sie zweifellos. Sie liegen zum Beispiel dort, wo das methodische Instrumentarium so

kompliziert geworden ist, daß es der Bibel*leser* nicht mehr gebrauchen und selbst der exegetische Fachmann kaum mehr überschauen kann. Sie liegen zum Beispiel dort, wo das »Buch der Bücher« nur noch als ein Stück Literatur betrachtet und in entsprechender Weise angegangen wird; das, was Glaube und Kirche zu diesem Buch und seinen Inhalten zu sagen haben, wird dann gleichgültig; und auch das, was ein Inhalt *für heute* zu sagen habe, wird dann der subjektiven Beliebigkeit des einzelnen Lesers und seiner Fähigkeit, sich betreffen zu lassen, anheimgestellt. Das sind in der Tat Grenzen!

Der Vorwurf, der als Grenzmarkierung am häufigsten erhoben wird, lautet etwa: Die historisch-kritische Methode sei eine »einseitig historisch interessierte Fragestellung«; der Exeget, der mit dieser Methode arbeitet, wird als »Historiker« bezeichnet; es kann von einer »historischen Beweisaufnahme« die Rede sein und von einem »Kurzschluß«, der sich aus der »historischen Betrachtung« nahelege; im übrigen scheine es für die Exegeten »geradezu ein Beweis ihrer (...) wissenschaftlichen Unabhängigkeit und Voraussetzungslosigkeit zu sein, wenn wieder einmal in prachtvoller Phalanx Exegese und Dogmatik in Widerspruch miteinander liegen«; und daß die Ergebnisse nur »existentielle und religiöse Belanglosigkeit« seien, ist von vornherein ausgemacht und »darf die Exegese als historische Wissenschaft nicht anfechten«. So und ähnlich Eugen Drewermann in einem Aufsatz über »Exegese und Tiefenpsychologie«[1], in dem er die Unzulänglichkeit der historisch-kritischen Methode vor allem an den mythischen Motiven der jahwistischen Urgeschichte nachweisen und zugleich eine tiefenpsychologische Deutung einfordern will.

Mir scheint, daß in einem solchen Rundumschlag eher die Grenzen der Kritik an der historisch-kritischen Methode markiert sind als die der Methode selbst. Mir ist bei der Lektüre des Aufsatzes zum Beispiel aufgefallen, daß die historisch-kritische Methode immer nur als »historische« Methode apostrophiert wird, die heute niemand interessieren könne; Worte wie »Formkritik« oder »Redaktionsgeschichte« fallen überhaupt nicht; es ist auch überhaupt nicht die Rede von einem Begriff wie »Sitz im Leben«, obwohl jeder Kenner weiß, wie sich gerade von diesem Haupt- und Staatsbegriff der Methode exegetisch exakt die Übersetzung des alten Textes in eine strukturanaloge Situation von heute vornehmen läßt – was, wenigstens im Ansatz, durchaus noch Aufgabe einer historisch-kritischen *Exegese* ist. Andere Methoden – wie die tiefenpsychologische – müssen und sollen damit nicht ausgeschlossen sein.

Die historisch-kritische Methode leistet mehr, als manche Grenzgänger wahrhaben wollen. Sie ist auch heute unverzichtbar. Und dennoch ergänzungsbedürftig! Es ist immerhin interessant, wie Guardini, hellsichtig und weise vorausblickend wie in vielen Punkten, auch hier die Grenzen der Methode markiert hat. Er sieht z.B. die Gefahr, daß die historisch-kritische Methode in ihrer Durchforstung literarischer Schichten auf eine erste, anfängliche Aussage hin die Einheit der apostolischen Verkündigung in Frage stellt. »Eine Haltung wie die gezeichnete wäre nicht ›wissenschaftlich‹, sondern ungläubig.«[2] Die historisch-kritische Methode wäre so, »bei aller Brauchbarkeit im einzelnen, widerspruchsvoll, unsicher, zerstörend«.[3] Es bliebe nur ein exemplarischer Zeitgenosse übrig, sonst nichts. Die so gebrauchte Methode könnte vor allem nicht erklären, wie aus den vielen, oft genug unscheinbaren Ereignissen des Lebens Jesu das eindrucksvoll-einheitliche Zeugnis von der Christusgestalt geworden sei; die Redaktoren im NT müßten viel größer gewesen sein als Jesus selbst.

Guardini erhebt darüber hinaus ebenfalls den Vorwurf des Historismus. Bereits 1928, als im katholischen Lager von der Methode noch kaum die Rede sein konnte, hat er die theoretischen Voraussetzungen seiner Schriftauslegung

bedacht[4]. Danach fordert jeder Gegenstand auch eine ihm gemäße Erkenntnishaltung. Im Blick auf das NT müssen die dort gesammelten geschichtlichen Quellen auch als solche genommen und ausgewertet werden. Das eigentliche aber, die Schrift als aus dem Pneuma entstandenes Offenbarungsereignis, ist damit noch nicht erreicht; es verlangt nach einer pneumatischen Erkenntnishaltung, nach dem Glauben.[5] In bezug auf die moderne Exegese heißt das: Sie ist weithin »historisch. Wissenschaftliche Schriftauslegung bedeutet für sie fast durchwegs rein geschichtliche Auslegung.«[6]
Nun ist Guardini aber bereits damals, vor über 50 Jahren, einen Schritt über den heute üblichen Historismus-Vorwurf hinausgegangen. Er sieht nicht nur die Gefahr einer historischen Relativierung, sondern auch die Gefahr eines drohenden Verlustes an Gegenwärtigkeit: »Der Historismus verliert in seinem Gestern das Ewige und auch das Jetzt. So wird er unaktuell, akademisch. Das Wort Gottes ist aber nicht in pastoraler ›Anwendung‹, sondern wesenhaft praktisch. Es ist wesenhaft Anruf Gottes, aus seiner Ewigkeit in – nicht Zeit überhaupt, sondern – die heutige Zeit. So wird es auch theologisch nicht richtig erfaßt, wenn es nicht aus seiner Zeitunmittelbarkeit erfaßt wird. Es fällt aus dem Ganzen heraus, was wesentlich hineingehört: der ›Hörer des Wortes‹, denn er ist der Heutige. Eben damit aber wird die Theologie zu einer gleichgültigen Angelegenheit.«[7] Das Verbleiben also in einer akademischen Lust an der Vergangenheit, die Ungleichzeitigkeit zum heutigen Hörer und Leser der Schrift als Grenze der historisch-kritischen Methode. Im Grunde ist damit schon ganz früh, 1928, alles Entscheidende gesagt. »Eine namhafte Entwicklung seiner Gedanken, gar eine Änderung seiner Grundpositionen ist zwischen 1920 und 1960 nicht wahrnehmbar. Akzente werden leicht verschoben, die Sprache wird nüchterner, ernster. Die Forderungen bleiben dieselben.«[8]

Diese Positionsbestimmung Guardinis ist zunächst einmal anzuerkennen. Dennoch sei die Frage erlaubt, ob er damals, 1928 – weithin ohne persönliche Erfahrung mit der Methode, nur aus der Fremderfahrung, aus dem Wissen um Arbeiten evangelischer Autoren – nicht eher Grenzsteine gegen ein aufklärerisches Zerrbild der Methode gesetzt hat als gegen diese selbst. Im Blick auf das abgeschlossene Werk Guardinis und seine abgeschlossene Methodenreflexion urteilt E. Biser dazu: Für die historisch-kritische Methode fühle sich Guardini nicht kompetent. »Deshalb müsse sein Verfahren in der von ihm einbekannten Einseitigkeit hingenommen werden. Damit aber schlägt seine Methodenkritik auf sein eigenes Vorhaben zurück. Denn sie beraubt ihn der Möglichkeit, die Gestalt Jesu aus ihrem historischen Kontext, wie ihn die in ihrer geschichtlichen Bedingtheit begriffenen Quellen vermitteln, zu erheben. Nimmt man hinzu, daß er sich aufgrund dieser Vorentscheidung auch die ganze Fülle von Erkenntnissen entgehen läßt, die von der textkritischen, literarkritischen, formgeschichtlichen und redaktionsgeschichtlichen Forschung gezeitigt wurden, so mischt sich in die Bewunderung, die der Originalität seines Verfahrens gilt, das Bedenken, ob sich der mit ihm erhobene Wahrheitsanspruch mit einem derartig breiträumigen Erkenntnisverzicht vereinbaren lasse.«[9] Das ist ein ziemlich hartes Urteil. Ich halte es für falsch, weil es für Guardini bereits eine Kenntnis der Methode voraussetzt, die er damals kaum gehabt haben konnte.

2. *Historisch-kritische Methode und Guardinis Schriftauslegung. Ein Vergleich am Beispiel der Verklärungserzählung(en)*

Es soll die historisch-kritische Methode und die Schriftauslegung Guardinis an einem konkreten Beispiel verglichen werden. Ich tue damit – durchaus eigenständig – etwas Ähnliches wie H. Kahlefeld in seiner letzten Arbeit vor dem Tod, als er ein Bändchen mit Schriftauslegungen Guardinis herausgegeben und im Nachwort einen solchen Vergleich ebenfalls angestellt hat.[10] Bei meinem Vorhaben geht es weniger um einen Vergleich von Einzelheiten im Vorgehen als um einen Vergleich der Ergebnisse; an ihnen müßte abzulesen sein, in welche Richtung die Methode zielt und – gemessen daran – wie sie zu charakterisieren ist.

Ich wähle als Beispiel die Erzählung(en) von der Verklärung Jesu. Der wissenschaftliche Kommentar dazu, der mit der historisch-kritischen Methode umgeht, bearbeitet die markinische Fassung (Mk 9,2–13); er ist dem Band II des großen Markus-Kommentars von R. Pesch aus der Reihe »Herders Theologischer Kommentar zum NT« von 1977 (S. 69–82) entnommen, also dem umfangreichsten und anspruchvollsten katholischen Kommentar der Gegenwart. R. Pesch kommt – zusammengefaßt – zu folgenden Ergebnissen:

Gattungs- und formkritische Informationen: Es handelt sich um eine Epiphanieerzählung. Die Jünger als Adressaten des ihnen geltenden Offenbarungsgeschehens weisen auf die Situierung des Abschnitts hin: »Die Verarbeitung von Leiden und Auferstehung Jesu in christologischer Reflexion innerhalb der Passionsgeschichte.« (70) Man kann wegen der alttestamentlichen Anspielungen auch von einem »christologischen Midrasch« sprechen (ebd.).

»Nicht durch sezierendes Auseinanderhalten allein, sondern durch Verstehen der gewollten Motivvermischung erschließt sich der Sinn des Textes« (71).

Vers-um-Vers-Kommentierung (mit folgenden Schwerpunkten):

2 Die Einleitung, der hohe Berg und die Zeitangabe haben epiphanialen Charakter.

2–3 Die Metamorphose Jesu ist »eine Prolepse seiner

Auferstehung« (72); so wird den Jüngern das Ziel des Leidensweges gezeigt.

4 »Daß Elija und Mose mit Jesus reden (...), zeigt an, daß Jesus ihrer Welt angehört« (74). Jesu Verhältnis zu ihnen soll geklärt werden.

5 Zur Reaktion des Petrus: Für »Jesus kommt ein dauerndes Wohnen im himmlischen Glanz noch nicht, für Mose und Elija ein Wohnen auf der Erde nicht mehr in Frage« (76).

7 Die Stimme aus der bergend-verbergenden Wolke bezeugt: »Jesus, nicht Mose und nicht (der wiedergekommene) Elija ist die entscheidende Heilsgestalt, *der* Sohn Gottes« (77).

9 Das Schweigegebot hat die Funktion, den Sinn der Verklärungsszene im Wort aufzuschlüsseln.

10 Die Diskussion der Jünger über das Geschehen betrifft die »Totenauferstehung im Blick auf Jesus, den Menschensohn, und sein Verhältnis zu Elija (und Mose)« (78).

Überlieferungskritische und traditionsgeschichtliche Informationen: »Als einheitliches Thema von 9,2–13 erweist sich also die Frage des Leidens und der Auferstehung des Menschensohnes Jesus. Wird in der Verklärungsgeschichte in proleptischer Schau den auserwählten Jüngern Jesu Auferstehung erschlossen, so im Gespräch beim Abstieg im Hinblick auf das Leidensgeschick des in Johannes dem Täufer gekommenen Elija sein Leiden.« Um eine vordatierte Ostererzählung handelt es sich nicht.

Redaktionskritische, die theologische Linie des Evangelisten nachzeichnende Informationen:

- »Die Ankunft der Gottesherrschaft in Macht (V 1), welche die drei ausgewählten Jünger proleptisch schauen dürfen, ist die Totenauferstehung ...« (82).
- Zusammen mit der Erzählung von der Taufe Jesu und der von der Akklamation des heidnischen Hauptmanns unter dem Kreuz bildet die Verklärungserzählung

einen wichtigen Pfeiler in der Gesamtkomposition des Evangelisten: Jesus ist nach dem Auftreten des Johannes der letzte gottgesandte Bote, der geliebte Sohn Gottes.

– Funktion für die Hörer: »über die Jünger sind sie aufgefordert, auf Jesus zu hören, auf ihn, den Auferstandenen, wie er im Evangelium verkündet wird bzw. selbst zu Wort kommt« (82).

Wie sind diese Ergebnisse zu bewerten? Auf den ersten Blick fehlt eine Auseinandersetzung mit den Parallelen in den Großevangelien. (R. Pesch verzichtet bewußt darauf, weil diese Auseinandersetzung bei der Besprechung eben dieser Parallelen stattzufinden habe.) Daß die historisch-kritische Methode nur Geschichtliches als Ergebnis zeitige, wird man nicht mehr sagen können. Immerhin sind am Schluß auch die Hörer der Botschaft angesprochen (vgl. oben). Im übrigen ist die Funktion der Perikope im Ganzen des Evangeliums, aber auch im Ganzen einer neutestamentlichen Verkündigung deutlich bestimmt. Freilich könnte man sich eine weitere Einordnung in eine biblische Theologie denken; aber das ist wohl nicht mehr Aufgabe eines wissenschaftlichen Kommentars zu einem ganzen Evangelium, sondern eher die einer entsprechenden Monographie. Immerhin ist auch die Bedeutung des Abschnitts im Blick auf das Leiden und die Auferstehung Jesu und der Jünger klar herausgearbeitet. Es wäre gar kein Nachteil, wenn auch der am NT Meditierende solche am Text selbst erarbeiteten Ergebnisse zur Kenntnis nehmen und weiterverfolgen würde; er wäre so davor bewahrt, allzu vieles aus der eigenen Nabelschau in den Text hineinzutragen, wie es – auch zum Schaden von Meditation und Predigt – nur allzu häufig geschieht.

Romano Guardini geht in seiner Arbeit über die Verklärungserzählung ganz anders vor. Ich wähle das entsprechende Kapitel aus dem Buch »Der Herr«[11] aus.

Was macht Guardinis Arbeit nun im Wesen aus? Er kennt

durchaus Fragestellungen, wie sie auch der wissenschaftliche Kommentar behandelt: »Man sagt, die berichtenden Jünger hätten den Glauben, den ihnen erst das Ostererlebnis gegeben habe, bereits in die voraufgehende Zeit zurückverlegt...« Aber keine Anmerkung verrät, wer etwa »man« sei. Zwar wird eine Antwort auf diese – durch die Art ihrer Darbietung von vornherein als falsch charakterisierte – Meinung bereitgehalten. Aber im Grunde interessiert die ganze Auseinandersetzung nicht: »Im Eigentlichen steht nur der Glaube.« Es handelt sich offensichtlich um eine andere literarische Art des Umgangs mit dem biblischen Text als in einem wissenschaftlichen Kommentar; aber wie ist sie zu benennen?

Den synoptischen Zusammenhang berücksichtigt Guardini überhaupt nicht. Er folgt eher einer Art Evangelienharmonie. So wenn er zwar im Grunde auf die Mt-Fassung zusteuert, ihre Besonderheiten aber gar nicht beachtet und dann zur Lk-Fassung hinüberspringt, weil sie allein etwas zum Inhalt des Gesprächs zwischen den drei verklärten Gestalten sagt.

Überhaupt fällt auf, daß der Text selbst in der Auslegung Guardinis einen verhältnismäßig geringen Raum einnimmt, obwohl er im Grunde von nichts anderem sprechen will, wie auch die Überschrift des Abschnitts bezeugt: »Die Verklärung«. Er geht auch zunächst vom Text aus, gerät dann aber auf einen sehr ausgedehnten anthropologisch bestimmten Anmarschweg: Jesus hat das Leben der Menschen gelebt, aber ganz anders als wir...« »Unser Leben – welch ein seltsames Ding!... Was macht eigentlich das Wesen des menschlichen Lebens aus?« Die Ergebnisse solcher Überlegungen werden jeweils mit dem Leben Jesu verglichen: »Eben das ist in Jesus Christus anders.« Anders übrigens auch als bei Buddha, der nur ganz auf der Seite der Menschen steht. Jesus ist der unvergleichlich Einzige, von vornherein. Das kann mit Worten aus ganz anderen Teilen der Schrift belegt werden, z.B.

mit Worten über die Auferstehung im 1 Kor oder über das Licht in der Finsternis nach dem Johannes-Prolog. Im Grunde wird der Glaube der Kirche an Jesus, den Christus, nicht aus den Worten der Schrift erarbeitet, sondern er begleitet von Anfang an die Auslegung. Der Glaube der Kirche ist früher als die hier vorgelegte Arbeit am Text; die Auslegung ist selbstverständlich kirchliche Auslegung – damit freilich nicht schon falsch!

Wir haben es hier mit jenem Prozeß von Aufstieg und Abstieg zu tun, der bei Guardinis Interpretation religiöser Texte immer wieder eine Rolle spielt: Im Aufstieg werden die irdischen, welthaften Dinge, zumal die anthropologischen Grunderfahrungen zur Metapher für das in Christus aufstrahlende göttliche Mysterium; im Abstieg wird aber ihre Bedeutung erst von oben, aus dem »Eigentlichen« – ein Lieblingswort Guardinis – deutlich.[12]

Im Zusammenhang des langen anthropologischen, aber immer schon an Christus ausgerichteten Anmarschweges fällt dann zum erstenmal das Wort vom »Flammenbogen«; es wird zum Bildwort, das schließlich der gesamten Interpretation ihre Anschaulichkeit gewährt und sie so auch zusammenhält. »Flammenbogen« – das ist der geheimnisvolle Zusammenhalt zwischen Menschenseele und Menschenleib; er kommt von der Seele herüber, aber im Grund von Gott; er heißt »Gnade«; in der Sünde ist er erloschen; in Jesus Christus aber ist er »göttlich rein und stark«, er besteht »zwischen dem Sohn Gottes und dem Menschenwesen Jesu«; er ist »dieses Glühende«, das hinter dem ganzen Leben und Sterben Jesu steht; bei ihm heißt er nicht »Gnade«, sondern »Heiliger Geist«; er ist »jenes Lebendig-Überlebendige«, darin bei der Verklärung deutlich ist, was das »Wesen« Jesu ist, was »in ihm« ist: »die Herrlichkeit des Logos-Gottes im Menschensohn«.

Ganz unvermittelt – wie nach einer letzten Wegbiegung – mündet dann der anthropologische Anmarschweg in die

»Hauptstraße«, die den Textabschnitt selbst kommentiert. Dabei gibt es wieder ganz wichtige exegetische Informationen: das Geschehen trägt sich auf dem Weg nach Jerusalem zu – so schon die Überschrift des größeren Abschnittes! –, also auf dem Kreuzweg; es ist nicht einfach Vision, sondern Offenbarung des Wesens Jesu; die Verklärung ist »das Wetterleuchten der kommenden Auferstehung des Herrn« und »Unterpfand unserer eigenen Auferstehung«.

Läßt sich dies alles zu einer Art »Methode« Guardinis systematisieren? Der anthropologische Anmarschweg mündet in die texterläuternde Hauptstraße, sagten wir. Aber was heißt hier schon »Anmarschweg«, was »Hauptstraße«? Sind denn die anthropologischen Überlegungen unwichtig oder der religionsgeschichtliche Hinweis auf Buddha oder ihre Korrelation mit der kirchlichen Christologie? Sie zeigen vielmehr, worum es Guardini geht: nicht um Erklärung des Textes im Sinne eines Kommentars, sondern um die Erschließung der Gestalt Jesu, wie sie sich im Text zur Sprache bringt.

Eine solche Erschließung ist für Guardini freilich nicht zuerst »Werk«, das angefertigt werden müßte, sondern sie beruht auf Intuition: auf dem Ansichtigwerden dessen, was vorgängig schon da ist. »Unmittelbar kann das Konkrete nur von der Intuition erfaßt werden.«[13] »Mein Blick sieht das Wesen; und zwar so, daß dieses sich selbst bezeugt. Das Wesen ist ›evident‹, herausblickend: es blickt an und sein Anblicken macht erst das meinige möglich, ja ruft es. Mit seiner Eigenschaftlichkeit, damit, daß es ist, was es ist, trifft es die Empfänglichkeit meines Auges. Mit der Sinnmacht seiner Bedeutung bestimmt es mein Sinngefühl, trägt es sich mir auf. Beim Sehen verhalte ich mich gegen diese Selbstmitteilung empfangend; gegen diesen Sinnbefehl gehorchend.«[14]

Nun scheint es ganz wichtig, daß jene intuitive Erschließung der Gestalt Jesu, wie sie sich im Text zur Sprache bringt, auf dem Hintergrund der Gegenwart bestehen kann. Wenn ich von hier aus die besondere literarische Art der Textinterpretation Guardinis bestimmen soll, fällt mir – überraschenderweise – nichts anderes ein als: *»christliche Weltanschauung«*. Christliche Weltanschauung aber hat nicht zuerst exegetische Analysen zu bieten; diese hat sie zur Kenntnis genommen und aufgearbeitet, sie setzt sie voraus. Das ist bei Guardini an vielen Stellen sehr spürbar. Insofern ist es verständlich, wenn bei der Arbeit an einem bestimmten Text immer schon der ganze bibeltheologische Zusammenhang mitschwingt und herangezogen wird. Im Grunde ist es bereits der ganze meditierte Christus, der »der Herr« ist, dessen Gestalt dann Stück um Stück erschlossen wird: der im Alten Testament verheißene, der irdische, der aber von seinem Persongeheimnis her immer schon der Christus ist. (Guardini spricht sehr betont immer wieder von »Jesus Christus«, im Unterschied zu einer uns geläufig gewordenen »Jesulogie«.) – Jesus Christus ist aber auch der Erhöhte, der zur Rechten des Vaters thronende und durch die Geschichte der Kirche hindurch gegenwärtig bleibende Herr.

Es ist verständlich, daß auf diese Weise gewisse persönliche, ja subjektive Elemente mit ins Spiel kommen. Wörtlich: »Ins Spiel kommen«! Denn bei allem Ausgang von der Sache eines Textabschnittes her ist solcher bibeltheologisch-meditierende Umgang mit der Schrift und ihrem Inhalt doch auch spielerischer Umgang. Er erschließt sich nicht nur der methodischen, exegetischen Arbeit, sondern versteht sich als Gabe, als Geschenk, das dem Sich-Öffnenden zufällt. Der schriftgelehrte Rabbi, der »lernend« über seiner Tora sitzt und immer neue geheimnisvolle Zusammenhänge sich erschließen sieht, ist so etwas wie ein Urbild für solchen Umgang mit der Schrift. Die personalen, subjektiven Elemente, Früchte einer immer neuen meditierenden Zuwendung zur Schrift im Sinne des Sich-ihr-Aussetzens, machen schließlich den glaubwürdigen

Zeugen aus. Und diese Eigenschaft hat ja wohl zum guten Teil die Faszination eines Guardini ausgemacht.
Solche persönlichen, subjektiven Elemente werden auch wieder ihre Rolle spielen, wenn der biblische Text und sein meditierter Inhalt nun als Antwort verstanden werden sollen auf Anfragen, die sich aus den Zeitläufen stellen. Die Adresse des Buches »Der Herr« sei der Mensch »am Ende der Neuzeit«, ist einmal gesagt worden. Und H. Kahlefeld fährt fort: »Guardini hat sozusagen einen besonderen Widersacher in seiner Hörerschaft, den er immer wieder provoziert – das ist der selbstbewußte Humanist, für den der Mensch das Maß der Dinge ist; er hat auch einen Hörer, dem großer Respekt erwiesen wird – das ist der bescheiden wissende, durch innere Erfahrung belehrte, mit einer eigenen Quelle des Verstehens.«[15] Bei einem solchen, heutigen Umgang mit dem Text ist wiederum der Erfahrene gefragt, der Wissende. So wie er seine Erfahrungen gemacht hat mit der Bibel, so wird er auch seine Erfahrungen gemacht haben mit der Zeit, in der er lebt, und mit der Geschichte, die sie begründet. Nur so kann der Brückenschlag gelingen, glaubhaft gelingen; nur so kann das Wort der Schrift, niedergeschrieben vor 2000 und 3000 Jahren, ein erhellendes, hilfreiches Wort für heute werden; nur so kann Jesus Christus als »der Herr« auch für diese Zeit erkannt werden. Gerade dieser Brükkenschlag vom Einst zum Heute macht den besonderen Charakter »christlicher Weltanschauung« aus. Sie ist wirklich Welt-Anschauung aus christlicher, gläubiger Sicht: »Christliches Anschauen der Welt blickt auf sie aus dem Licht dieses Ursprungs.«[16] Der anthropologische Anmarschweg ist weit mehr als nur Anmarschweg: Der Kommentar kann hingegen sich auf die Erschließung der ursprünglich gemeinten Aussage eines Textes beschränken.
Neben dem bibeltheologisch meditierten Text und seiner Korrelation mit dem gegenwärtigen Zeitgespräch gehört

aber zur »christlichen Weltanschauung« auch noch das dritte Element: die Einbindung in den Glauben der Kirche. Haben bei den beiden zuerst genannten Akten die subjektiven Elemente ihre Rolle gespielt, ist so das Mysterium Jesu Christi intuitiv und spontan für heute entfaltet worden, so bedarf es jetzt der Einfaltung im Sinne der Korrektur des Subjektiven am Maßstab des kirchlichen Glaubens, also gleichsam am Maßstab einer überindividuellen, objektiven Instanz. Für Guardini konnte das nur die Kirche sein, und das ist, vom Entstehungs- und Kanonisierungsprozeß der Schrift her gesehen, auch durchaus richtig. »Christliche Weltanschauung« ist ja nicht am Eindruck eines einzelnen von der Sache Christi und Gottes interessiert, mag ein solcher Eindruck noch so intelligent und originell und faszinierend sein. »Christliche Weltanschauung« interessiert sich zuerst für das, was »das Christentum«, in unserem Falle: die katholische Kirche, zum Thema zu sagen hat – im Unterschied oder als Ergänzung zu konkurrierenden Weltanschauungsentwürfen.
Hier liegt vermutlich der qualitative Unterschied zu einer exegetischen Textinterpretation und zu einer persönlichen Textmeditation, ja wahrscheinlich der Unterschied auch zu Akten der kirchlichen Verkündigung in Predigt und Katechese, wenn diese auch durchaus in den Glauben der Kirche eingebunden sein müssen; diese Einbindung ausdrücklich bewußt zu halten, macht »christliche Weltanschauung« aus.
An Guardini wird das sehr deutlich: »Was es gibt, ist die Glaubenserkenntnis des einzelnen, aber aus dem Glaubensbewußtsein der Kirche heraus, wie sie sich auswirkt durch den Raum hin, im Nebeneinander der gegenwärtigen kirchlichen Gemeinschaft, und im Nacheinander der durch die Zeiten gehenden kirchlichen Geschichte. Und zwar der Kirche in ihrer letzten Konsequenz: als repräsentativ-autoritäre Ganzheit; als Lehramt und Tradition.«[17]
Es sei letztlich nur am Rande erwähnt, daß die drei Ele-

mente – bibeltheologische Meditation der Schrift, ihre Korrelation mit dem heutigen Zeitgespräch und deren Einbindung in den Glauben der Kirche – *nicht* in dieser Weise *nacheinander* zu praktizieren sind. Erst der ständige Umgang auf allen drei Ebenen, die ständige Konfrontation dieser Elemente wird die gesamte Szene erhellen und damit auch die einzelnen Teile beleuchten. Noch einmal: Der anthropologische Anmarschweg ist für das, was Guardini will, bereits Hauptstraße!

Was er wirklich will, beschreibt er auch im Vorwort zu »Der Herr« so: Man könne keine »Psychologie Jesu« schreiben und auch kein »Leben Jesu«, auf eine »Auflösung des Zusammenhangs« zwischen der Gestalt und dem Geschehen »nach der Weise sonstiger Geschichtsschreibung (müsse man) verzichten; vielmehr immer wieder vor einer Begebenheit, vor einem Worte, vor einer Tat stehenbleiben, lauschen, sich belehren lassen, anbeten und gehorchen« (X). Guardini nennt den Inhalt seines Buches »Betrachtungen« (ebd.), er hebt sie bewußt ab von »wissenschaftlichen Darlegungen, weder Historie noch Theologie« (XI), und ebenso bewußt betont er ihre Herkunft aus »geistlichen Ansprachen, durch vier Jahre hindurch beim sonntäglichen Gottesdienst gehalten« (ebd.). Guardini will mit ihnen nichts Neues sagen, es geht ja um »das Ewige. Wenn allerdings der vorübergehenden Zeit, unserer, das Ewige entgegenträte – das würde wahrlich ›neu‹ sein ...« (ebd.). So kehren hier unsere Elemente in der Gestaltung von »Betrachtung« und »neu für unsere Zeit« wieder. Und es ist wohl kein Zufall, wenn der Verfasser als auf eine Interpretationshilfe, »die die für das vorliegende Werk gültige Kategorie entwickelt«[18], auf sein Buch »Das Wesen des Christentums«[19] verweist; der Glaube der Kirche als drittes Element ist damit einbezogen.

3. *Exegese als »christliche Weltanschauung«*

Ein ganzes Bündel von Erfahrungen und Fähigkeiten macht so den Deuter biblischer Texte im Sinne von Guardini aus.[20] Er wird um die historisch-kritische Methode und ihre Ergebnisse wissen, er wird die Methode sogar beherrschen; aber er wird sie nicht mehr eigens zum Thema machen, sondern er hat sie schon längst vorausgesetzt. Er wird aber auch eine souveräne Kenntnis der Bibel im ganzen haben, damit er so immer wieder auf Stichworte hin andere, ähnliche oder auch gegensätzliche Texte heranziehen kann, auf daß ein Text auf den anderen, ein Motiv auf das andere neues, vielleicht überraschendes Licht werfe. Der Gedanke von der Analogie der Schrift spielt hier eine wichtige Rolle.

Der Interpret im Sinne Guardinis wird aber auch ein guter Theologe sein und sich in seiner Kirche zu Hause wissen; er will ja das, was er aus *einem* Text erarbeitet, immer in den größeren Zusammenhang einer kirchlichen Theologie hineinstellen; es geht ihm ja um die Ausdeutung der Grundgestalt aller Theologie und der Kirche schlechthin, um die Annäherung an das Mysterium Jesu Christi. Und schließlich wird er ein Erfahrener und Wissender sein in den anthropologischen Wissenschaften. Das alles, vor allem die bleibenden Konstanten in den menschlichen Erfahrungen, wird ihm ja zum Bild und Gleichnis für das, was der Herr ist und was deshalb auch die Menschen sein können. Da diese Menschen aber in der Welt leben, wird er schließlich auch wissen, worin diese Welt ihnen zur Versuchung und Gefährdung, aber auch zum Weg und zur Möglichkeit ihrer Entfaltung werden kann.

Ein ganzes Bündel von Kompetenzen also, die den Interpreten im Sinne Guardinis ausmachen, fachliche, menschliche Kompetenzen. Ich weiß nicht anderes, als all dies unter dem Stichwort einer *gläubig-personalen Kompetenz* zusammenzufassen. Und ich meine damit die wache,

lebendige Zeitgenossenschaft eines gläubigen Menschen und Theologen.
Zwei Fragen stellen sich in diesem Zusammenhang. Zuerst: Kann man diese gläubig-personale Kompetenz des Interpreten lehren und lernen? Und wenn ja, wie? Das setzte voraus, daß man das, was da geschieht, methodisieren können müßte. Aber hat Guardini eigentlich eine Methode gehabt, die in einzelne Schritte auseinandergefaltet werden konnte? Immer wieder taucht in der Literatur der Hinweis auf, daß seine »Meditationen« und »Betrachtungen« ganz und gar von der Unmittelbarkeit der Begegnung gelebt haben, so sehr sie auch bis ins einzelne hinein in geschliffen-klaren Formulierungen gefaßt sind. Es fällt weiter auf, daß Guardini – trotz aller Faszination, die von ihm ausgegangen ist und heute noch, oder wieder, von ihm ausgeht – eigentlich nie so etwas hatte wie eine »Schule«, die sich um ihn gebildet hätte. Der große Einzelne also, oder – wenn man auf die letzten Lebensjahre schaut – sogar der große Einsame? Ich denke, man kann dic Art der Schriftdeutung eines Guardini nicht einfach lernen; aber man kann sich in ihre Voraussetzungen und damit in sie selbst einüben – vielleicht im Sinne des Heranreifens einer gewachsenen und gestandenen Persönlichkeit, im Bereich der Zeitgenossenschaft sowohl als auch im theologisch-religiösen und kirchlichen Bereich. Das Klima dafür scheint freilich zur Zeit nicht sonderlich günstig.
Die zweite Frage aber, die sich stellt, muß heißen: Worin bietet denn nun eigentlich eine solche Methode der Schriftdeutung mehr als die historisch-kritische Methode? Im Blick auf unser Thema anders gefragt: Wie ist es mit der Schriftdeutung Guardinis möglich, die Grenzen der historisch-kritischen Methode zu überwinden? H. Urs von Balthasar meint, an die Stelle der »Entmythologisierung« – seit R. Bultmann Stichwort für einen wichtigen Bereich der modernen Exegese – sei die »Interpretation«

getreten, »das Finden jenes in der Sache selbst liegenden Sinnes, der gerade heute sich zu erschließen bereitsteht...[21]. Mit »Interpretation« ist dann eben jenes Gesamtgefüge gemeint, das die Schriftdeutung Guardinis ausmacht. Aber worin geht diese über die historisch-kritische Methode hinaus? Legt man die übliche Beschreibung der Grenze der Methode zugrunde, müßte die Antwort lauten: Die Textinterpretation eines Guardini überwindet die historische, auf die Geschichte der Verfasserzeit beschränkte Erklärung eines Textes und leistet seine Vergegenwärtigung für den heutigen Leser und Hörer, und zwar nicht durch gewagte Übertragungstechniken, sondern so, daß der heutige Mensch unmittelbar in dem alten Text vorkommt. Über die hermeneutischen Voraussetzungen im einzelnen muß hier nicht verhandelt werden.[22]
Eben diese Vergegenwärtigung – so war meine Meinung – leistet freilich auch schon zum guten Teil die historisch-kritische Methode selbst, wenn sie im Vollsinn angewendet wird, und zwar durch die wichtige Frage nach dem »Sitz im Leben« eines Textes. Damit wäre die Voraussetzung gegeben, daß verhältnismäßig leicht eine strukturanaloge Situation gefunden werden kann. Es wäre auf diese Weise vor allem sichergestellt, daß ein Text nicht zu vorschnell auf heute hin »aktualisiert« und damit mehr in ihn hinein- als aus ihm herausgelesen, also exegesiert wird. In diese Richtung sollte die historisch-kritische Methode selbst und als solche in allen ihren Möglichkeiten genützt werden. Dieser Impuls könnte von Guardini her zu allen kommen, die sich mit der Methode beschäftigen.[28] Viele Klagen über ihre Grenzen wären damit von vornherein hinfällig, wenigstens was die übliche Stoßrichtung und Vehemenz dieser Klagen angeht.
Eines, das bei Guardini eine entscheidende Rolle, ja vielleicht *die* entscheidende Rolle, spielt, fehlt in vielen neuen Entwürfen einer aktualisierenden geistlichen Schriftauslegung. Mit Recht ist in solchen Versuchen heute die Kirche

als Erzähl- und Traditionsgemeinschaft genannt; es gibt nicht den Interpreten als privates Individuum, als Wesen vom anderen Stern. Aber das alles ist jeweils kirchliche Binnenwelt, im Grunde kirchliche Nabelschau. Wenn ich recht sehe, kommt Guardini das Verdienst zu, diese Engführung aufgebrochen und den Blick geweitet zu haben. Aus der kirchlichen Nabelschau wird die christliche Welt-Sicht, wird die »christliche Welt-Anschauung«, wird der aus dem »reinen Licht«[24] der göttlichen Offenbarung kommende und zugleich diese Welt liebend umfangende und sie darin interpretierende Blick auf die gegenwärtige Zeit und Welt. »Diesen ... Bereich, der durch das christliche Anschauen der Welt entsteht, erachtet Guardini als seine Domäne, als ein noch unentdecktes Land, weshalb er seine Streifzüge darin fast immer als ›Versuche‹ bezeichnet und die Ergebnisse sorgsam gegenüber der Philosophie und der Theologie (als ›zünftigen Wissenschaften‹) abgrenzt.«[25] In anderen Entwürfen zu einer erneuerten Schriftinterpretation ist dieser – ich möchte ihn so nennen – missionarische Impuls im Wort Gottes merkwürdigerweise gar nicht oder nur ganz am Rande gesehen.
Nochmals zur Verdeutlichung: Nicht daß die Offenbarung überhaupt in die Verwirklichung, in die Praxis hineindrängt, ist hier das Problem. Das hat Guardini selbstverständlich gewußt.[26] Hier geht es vor allem darum, daß die Botschaft nicht nur in ihrer eigenen Sinnwelt aufgenommen wird, sondern daß von ihr Licht auf die Welt fällt, »Welt« durchaus einmal im johanneischen Sinn verstanden als unerlöste Welt. Die Botschaft wird zum »kritischen« Instrument im besten Sinn des Wortes: Sie dient zur Unterscheidung der Geister. Und sie leistet damit das, was diese Botschaft einmal von sich selbst und von dem in ihr wirkenden Geist sagt: »Wenn er kommt, wird er die Welt überführen (und aufdecken), was Sünde, Gerechtigkeit und Gericht ist; Sünde: daß sie nicht an mich glauben; Gerechtigkeit: daß ich zum Vater gehe und ihr mich nicht

mehr seht; Gericht: daß der Herrscher dieser Welt gerichtet ist« (Joh 16,8–11).
Darin vor allem möchte ich den aktuellen Impuls Guardinis für eine Erneuerung der Exegese und ihrer historisch-kritischen Methode sehen: sie sollte, ausgehend von dem Ansatzpunkt bei der Frage nach dem »Sitz im Leben« eines Textes, wieder bewußter und intensiver »christliche Weltanschauung« und christliche Weltauslegung betreiben. Sie würde damit einen unverzichtbaren Dienst leisten – der Kirche sowohl als auch der Welt, die sich beide – oft genug in ähnlicher Ratlosigkeit – am »Ende der Neuzeit« wissen.

Anmerkungen

*Bereits veröffentlicht (in erweiterter Form) in: Theologie und Glaube 74 (1984), 426–446.

[1] In: Bibel und Kirche 1983, 91–105.

[2] Jesus Christus. Sein Bild in den Schriften des NT. II. Das Christusbild der Johanneischen Schriften, Würzburg 1940, 93.

[3] Das Bild von Jesus, dem Christus, im NT, Würzburg 1936, zit. Herderbücherei 100, 32.

[4] Heilige Schrift und Glaubenswissenschaft, in: Die Schildgenossen 8 (1928), 24–57.

[5] Vgl. dazu F. Wechsler, Romano Guardini als Kerygmatiker (Schriften zur Pädagogik und Katechetik 22), Paderborn 1973, 174 f.

[6] Ebd. 176.

[7] Heilige Schrift, 51 f, zit. nach F. Wechsler, a.a.O., 176.

[8] H. Urs von Balthasar, Romano Guardini. Reform aus dem Ursprung, München 1971, 11, ähnlich 33.

[9] E. Biser, Interpretation und Veränderung. Werk und Wirkung Romano Guardinis, Paderborn 1974, 68 f.

[10] R. Guardini, Geistliche Schriftauslegung. Mit einem Nachwort von H. Kahlefeld, Topos-Tb 98, Mainz 1980, 91–94.

[11] Würzburg 1961, 269–278.

[12] Vgl. dazu etwa H. Urs von Balthasar, a.a.O., 44 ff.

[13] Der Gegensatz. Versuche zu einer Philosophie des Lebendig-Konkreten, Mainz 1955, 184.

[14] Religion und Offenbarung, I, Würzburg 1958, 19f.

[15] A.a.O., 97.

[16] H. Urs von Balthasar, a.a.O., 52.

[17] Hl. Schrift, 55, zit. nach F. Wechsler, a.a.O., 177.

[18] Ebd.

[19] Würzburg 1949.

[20] Vgl. dazu auch H. Urs von Balthasar, Reform, München 1970, 23.

[21] A.a.O., 17.

[22] Vgl. dazu H.-G. Gadamer, Wahrheit und Methode, Tübingen [2]1965, 284–295.

[23] Ein gutes Beispiel für eine solche Arbeit scheint mir übrigens H. Schlier zu sein mit seiner exegetisch zutiefst begründeten, vorsichtigen Weise, biblische Texte nachzusprechen. Man vergleiche dazu einmal seinen großen Römerbrief-Kommentar!

[24] H. Urs von Balthasar, a.a.O., 90.

[25] Ebd. 22.

[26] Auch H.-G. Gadamer hat übrigens darauf hingewiesen: »Applikation ist keine nachträgliche Anwendung von etwas gegebenem Allgemeinen, das zunächst in sich selbst verstanden würde, auf einen konkreten Fall, sondern ist erst das wirkliche Verständnis des Allgemeinen selbst, das der gegebene Text für uns ist. Das Verstehen erweist sich als eine Weise von Wirkung und weiß sich als eine solche Wirkung« (a.a.O., 323).

Theodor Maas-Ewerd

»Anwalt des liturgischen Anliegens«

Guardini und die Liturgische Bewegung

Romano Guardini (1885–1968) war – das ist bekannt – kein Liturgiker. Er war mehr: Einer der großen Förderer des liturgischen Lebens der Kirche im 20. Jahrhundert. Und er war dies als Priester, Theologe und Mystagoge. Herausgefordert durch seinen Dienst an der Jugend, vor allem auf Burg Rothenfels, und durch sein bewußtes Hören auf die Fragen der Zeit, in die seine besten Jahre fielen, ist er zu einem Mann der Liturgischen Bewegung geworden. Deutlich spiegelt sich dieser Bereich seines Lebens und Wirkens in der von *Hans Mercker* erarbeiteten und von der Katholischen Akademie in Bayern herausgegebenen »Bibliographie Romano Guardini«[1].

Aufs Ganze gesehen war Guardinis Beitrag zur Liturgischen Bewegung »weniger fachwissenschaftlich als praktisch-religiös – das Wort Praxis freilich in einem anspruchsvollen Sinn verstanden. Was er wollte, was er im Lauf seines Lebens auch verwirklicht hat«, so Bayerns Kultusminister *Hans Maier,* »war ein Doppeltes: einmal die Liturgische Bewegung aus ihren monastischen und akademischen Gehäusen in die Gemeinden, ins Volk hineinzutragen; und, Hand in Hand damit, die Gläubigen liturgisch zu bilden durch Theologie und Pastoral.«[2]

Geradezu programmatisch klingt ein Satz, der das bestätigt. Romano Guardini hat ihn im Jahre 1940 niedergeschrieben: »Die Pflege der Liturgie muß auf die

Pfarrgemeinde bezogen sein, wie sie in Wirklichkeit ist. Sie muß ihre Bedürfnisse im Auge haben, ihre Möglichkeiten sehen ...«[3] Wenige Jahre später sprach ein Paderborner Gutachten im Blick auf die pfarrliche Seelsorge bereits von einer »providentiellen Bedeutung«[4] der liturgischen Erneuerungsarbeit. Das geschah angesichts anormaler pastoraler Verhältnisse, ihrerseits bedingt durch NS-Regime und Krieg, und zugleich angesichts jener »Krise«, in der Romano Guardini in neuer Weise zum »Anwalt des liturgischen Anliegens« geworden ist – still und im Hintergrund zwar, aber wirksam, wie sich gezeigt hat.

Meilensteine

Besonders drei Veröffentlichungen Romano Guardinis rechtfertigen, wie ich meine, die Rede vom »Anwalt des liturgischen Anliegens« und damit den Titel, der über diesem Beitrag steht. Welche drei aus den 1849 Publikationen, die in der Primärbibliographie Guardinis aufgeführt sind[5], lassen diese Überschrift plausibel erscheinen? Besser noch fragen wir so: Welche in erster Linie?
Da ist zuerst das schmale, klassisch gewordene, schon 1918 erschienene Buch zu nennen, das am Beginn der Liturgischen Bewegung in Deutschland stand: *»Vom Geist der Liturgie«*[6]. Mit ihm hat Abt Ildefons Herwegen OSB (1874–1946) von Maria Laach seine Reihe »Ecclesia orans« eröffnet. Der Verfasser habe sein Augenmerk »auf die konkreten Menschen und ihre Liturgiefähigkeit« gerichtet, schreibt der Abt und Herausgeber in seiner Einführung. Das ist bezeichnend.
Das Buch »Vom Geist der Liturgie« war da, bevor die Liturgische Bewegung auf die Jugend übergriff und Guardini »der anerkannte Führer der durch ihre Stoßkraft bedeutendsten Gruppe, des Quickborn,«[7] gewor-

den war. In immer neuen Auflagen ging es mit der Liturgischen Bewegung durch die Jahre. Die letzte erschien 1983, noch 1983, 65 Jahre nach der Erstauflage.[8]

An zweiter Stelle soll Guardinis *»Wort zur liturgischen Frage«*[9] genannt werden; es ist durch die »Krise der Liturgischen Bewegung« veranlaßt worden und 1940 erschienen. Wir ergänzen dieses »Wort« in unseren Darlegungen durch eine weitere »Äußerung« Guardinis, die weniger bekannt ist, aber auf derselben Linie liegt.

Drittens muß beachtet werden der aufsehenerregende Beitrag *»Der Kultakt und die gegenwärtige Aufgabe der liturgischen Bildung«*[10], verfaßt zum Liturgischen Kongreß in Mainz (1964) – als »Brief« an den damaligen Leiter des Liturgischen Instituts Trier und heutigen Trierer Domdekan, Prälat Dr. Johannes Wagner.

Diese drei Publikationen vermitteln, allein und für sich genommen, freilich nur den Hauch eines Eindrucks von der Bedeutung Romano Guardinis für die Liturgische Bewegung. Ihnen ist meines Erachtens jedoch dies gemeinsam: Sie sind wie Meilensteine auf dem Weg, den Guardini mit der Liturgischen Bewegung in Deutschland gegangen ist. Ohne Zweifel als einer ihrer Bahnbrecher und Förderer. Ihrer hat es viele gegeben. Guardini aber ist auf seine Art »bahnbrechend« geworden: als priesterlicher Theologe, als Seelsorger, als besonnener »Führer zur Liturgie« (Walter Dirks), als Mystagoge, dabei immer fähig zu objektivierender Distanz. Wie kaum ein anderer hat er in entscheidenden Phasen der Liturgischen Bewegung ihrer Orientierung und Ausrichtung gedient. Weil Guardini auf seine Weise zur Liturgischen Bewegung gehörte, hat er in kritischer Situation ihr überzeugender »Anwalt« sein können.

»Anwalt«

Dieser »Titel« verlangt Anführungszeichen; denn er geht auf den Bischof von Mainz zurück. Bischof Dr. Albert Stohr (1890–1961)[11] hat, wie literarisch genau nachweisbar ist, den Verfasser des »Wortes zur liturgischen Frage« am 8. Juli 1940 so genannt und charakterisiert: *»Anwalt des liturgischen Anliegens«*[12]. Mit einem »Offenen Brief«, dem »Wort zur liturgischen Frage«, so schrieb Bischof Stohr zwanzig Jahre später (1960), habe Guardini »in bewundernswerter Klugheit und mit meisterlichem Geschick einen Weg zwischen Zuviel und Zuwenig, zwischen engem Beharren und gar zu stürmischem Vorwärtsschreiten gewiesen und seinen Freunden und Gesinnungsgenossen einen kaum zu überschätzenden Dienst geleistet.«[13] Dieses Urteil blickt zurück, beruht aber nicht etwa auf einer späten Einsicht. Bereits am 8. Juli 1940 hatte Bischof Dr. Stohr über das »Wort zur liturgischen Frage« ausgeführt: Guardinis »feine, wohlabgewogene Worte« erschienen »besonders geeignet, eine gesunde Linie aufzuzeigen«[14]. Letzteres war damals mehr als dringlich »angesichts lebhafter Diskussionen innerhalb der katholischen Jugend« und in der »Erregung«, die Max Kassiepe OMI (1867–1948) mit seiner temperamentvollen Schrift *»Irrwege und Umwege im Frömmigkeitsleben der Gegenwart«* hervorgerufen hatte.[15]

Kassiepes Eingreifen in die Diskussion um die »liturgische Frage« und zumal seine Angriffe auf die Liturgische Bewegung sind der Anlaß dafür gewesen, daß Guardinis »Wort zur liturgischen Frage« – auf Initiative von Bischof Stohr hin – entstanden ist, eine »Gelegenheitsschrift« wie viele seiner Veröffentlichungen.[16] Der Bischof von Mainz nennt sie eine »bedeutsame Äußerung«[17], »eine reife und von allem lauten Streit so ferne Schrift«[18]. Guardini selbst spricht von einer »Darstellung der Gesichtspunkte ..., welche für die Beurteilung der seit einiger Zeit erörterten liturgischen Fragen in Betracht kommen«[19]. Die Stärke der Position, die Guardini in diesem »Wort« bezog, liegt darin, daß er alle berechtigten Einwände gegen die liturgischen Bestrebungen aufgriff, Fehler und wirkliche Gefahren nicht verschleierte, ebenso aber über den Sinn und die Notwendigkeit der Liturgischen Bewegung keinen Zweifel ließ.

Innerlich verwandt mit diesem »Wort zur liturgischen Frage«, eine »literarische Antwort von überlegenem Niveau«[20], die »immer maßloser werdenden Angriffen«[21] begegnete, ist eine viel weniger bekannte Äußerung Guardinis mit ähnlicher Zielsetzung. Sie stammt aus dem Jahre 1943. Von ihrem Umfang her kann sie sich zwar mit dem »Wort zur liturgischen Frage« nicht messen, aber auch sie hat inhaltlich ihr Gewicht. Sie kann den Dienst verdeutlichen, den Guardini dem gottesdienstlichen Leben der Kirche erwiesen hat. Mit dieser Äußerung setzte er – ganz auf der Linie des »Wortes zur liturgischen Frage« – seine Bemühungen fort, das wesentliche Anliegen der umstrittenen Liturgischen Bewegung von bedingten Verzerrungen abzuheben. Man darf sie als eine Ergänzung des »Wortes« von 1940 verstehen.

»Beurteilung«

Bei der Stellungnahme, auf die ich hier anspiele, handelt es sich um ein Manuskript, das im Nachlaß Bischof Stohrs aufgefunden worden ist; es umfaßt nur fünf Schreibmaschinenseiten und trägt den Titel *»Zur Beurteilung der liturgischen Bestrebungen«*. Der Verfasser wird nicht genannt, er kann jedoch mit Hilfe eines Sitzungsprotokolls der Liturgischen Kommission der Fuldaer Bischofskonferenz, die in den Tagen vom 15.–18. Februar 1943 zu ihrer »VI. Konferenz« in Frankfurt am Main zusammenkam, zweifelsfrei erschlossen werden. Das Protokoll[22] vermerkt für den 15. Februar, Guardini habe die *»Niederschrift einer grundsätzlichen Stellungnahme«* verlesen. Inhalt und Form dieses Dokumentes zeigen eindeutig Guardinis »Handschrift«. Seinen Text haben wir 1976 in der in Klosterneuburg bei Wien erschienenen Festnummer »50 Jahre Bibel und Liturgie« veröffentlicht.[23]

Im folgenden möchte ich versuchen, einige Aussagen dieser wenig bekannten »Beurteilung der liturgischen Bestrebungen« hervorzuheben, vor allem solche, die – über den konkreten Anlaß hinaus – bedeutsam sein dürften und für Guardinis Liturgieverständnis kennzeichnend erscheinen. Zuvor soll jedoch die Situation kurz beschrieben werden, in der Guardini der Liturgischen Kommission seine »Beurteilung« vorgetragen hat. Die Krise der Liturgischen Bewegung[24], aus der heraus Guardini 1940 sein klärendes »Wort zur liturgischen Frage« verfaßt hatte, dauerte nicht nur an, sondern hatte sich zu Beginn des Jahres 1943 zugespitzt. »Vorgänge um die Liturgische Bewegung« – so hieß der Punkt 1 auf der Tagesordnung der VI. Konferenz der Liturgischen Kommission vom 15.–18. Februar 1943, die nur nach einem längeren Hin und Her, das Unsicherheit und Unentschlossenheit bewies, zustandegekommen war. Indiz und zugleich Mitursache der Zuspitzung sind Schriftstücke aus Breslau bzw. Rom und Freiburg gewesen, die zufällig zur selben Zeit erschienen und von denen man zunächst angenommen hatte, daß sie in ursächlichem Zusammenhang zueinander stünden[25]: einmal das Schreiben Adolf Kardinal Bertrams an die Mitglieder der Fuldaer Bischofskonferenz vom 15. Januar 1943[26], mit dem der Vorsitzende dieser Konferenz die Bischöfe über das Eingreifen

Roms in die Auseinandersetzungen um die »liturgische Frage« in Deutschland informierte, was als außergewöhnlicher, bedrohlicher und gefährlicher Schritt empfunden wurde; zum anderen das Memorandum des Freiburger Erzbischofs Dr. Conrad Gröber vom 18. Januar 1943 über »zu Beunruhigung Anlaß gebende Beobachtungen auf dem Gebiet der katholischen Glaubenslehre und Liturgie der Gegenwart«[27], das die Liturgische Bewegung maßlos-heftig attackierte. Die Angriffe und Anklagen aus Freiburg wirkten um so bedenklicher, als sie »so ziemlich alles trafen und in Frage stellten, was in der kirchlichen Arbeit in den letzten Jahren geworden war, und von dem man glaubte, es als Erfolg und guten Fortschritt buchen zu dürfen.«[28]
Vor dem Hintergrund dieser Vorgänge gewinnt Guardinis »Beurteilung« an Profil. Sie liegt ganz in der Tendenz des umsichtigen Vorgehens der Liturgischen Kommission, die sich unter dem Vorsitz der Bischöfe Albert Stohr, Mainz, und Simon Konrad Landersdorfer OSB, Passau, äußerste Zurückhaltung auferlegte. Sie hat es in jenen Februar-Tagen bei ihrer Konferenz in Frankfurt vorgezogen, selbst angesichts zu Unrecht erhobener Vorwürfe »eher zu schweigen als durch öffentliche Verteidigung und laute Proklamation Öl ins Feuer zu gießen.«[29] Ohne Zweifel hat Guardini diesen Kurs mitgesteuert. Seine sachliche Analyse[30] spricht ganz dafür.

Wille zur »Kirchlichkeit«

»Die Arbeit für die Liturgie«, stellt Guardini in seiner »Beurteilung« fest, »geht aus dem Bestreben hervor, tiefer in die Kirche hineinzuwachsen und in reicherem Maße an ihrem Leben teilzuhaben.« Ziel ist das intensivere christliche Leben in der »Gemeinschaft der Kirche«, die aus der »vom Dogma geschützten Wahrheit« lebt und in einer »vom kirchlichen Amt garantierten Ordnung« die »Feier der heiligen, von Christus gestifteten und der priesterlichen Vollmacht anvertrauten Geheimnisse« feiert.

»Seit dem vergangenen Kriege«, dem Ersten Weltkrieg (1914–1918), so Guardini, sei »in der katholischen Welt ein Streben nach der Fülle des unversehrten christlichkatholischen Glaubens und Lebens erwacht«. Man könne zum Beispiel geradezu von einer »dogmatischen Bewegung« sprechen, die der »ganzen Wahrheitsfülle der Offenbarung teilhaftig zu werden« suche. Überall stoße der Seelsorger auf ein neues Vertrauen zur »Weisheit der kirchlichen Ordnung«. Das gleiche Bestreben zeige sich »auch im gottesdienstlichen Leben als liturgische Bewegung«, von der Guardini wörtlich erklärt: »Sie ist der Wille zur vollen Kirchlichkeit und Katholizität der Gottesverehrung.«

Schon in seinem »Wort zur liturgischen Frage« hatte Guardini betont, in der Liturgischen Bewegung gehe es um »die Sache der Kirche selbst«, und sie sei »von tiefer Liebe zur Kirche«[31] getragen. Liturgie sei keine »historische oder ästhetische Liebhaberei«, sondern »etwas schlechthin Wesentliches«: nämlich »der offizielle, aus dem Kern der christlichen Geschichte herausgewachsene Gottesdienst der Kirche«, ihr »Gesetz des Betens«, das mit dem »Gesetz des Glaubens«, mit der »heiligen Lehre«, in »unlöslichem Zusammenhang« stehe.[32] »Das Anliegen, die Gläubigen in das liturgische Leben der Kirche einzuführen«, weiß Guardini, »ist kaum weniger wichtig als jenes, ihnen zu Erkenntnis der christlichen Wahrheit zu helfen – ja eine genauere Prüfung würde zeigen, daß wesentliche Einsichten in diese Wahrheit überhaupt erst in der Welt des liturgischen Lebens aufgehen.«[33] Für ihn ist die Liturgie die »selbstverständliche Grundlage und Form des religiösen Lebens«[34].

»Gefahr der Verwirrung«

Die »Arbeit an der Erneuerung des liturgischen Lebens«, gibt Guardini in seiner »Beurteilung« unumwunden zu, habe mancherlei Fehler gemacht, aber sie habe sowohl durch »unablässiges Studium ihres Gegenstandes« als auch durch praktische Erfahrungen gelernt und werde noch weiter lernen. Dabei leugnet er nicht, daß die »Gefahr der Verwirrung« bestanden habe. Einen »Augenblick, der Besorgnis erregen konnte«, habe es gegeben, als »viele Geistliche die Bedeutung der liturgischen Arbeit erkannt hatten und die Gläubigen nach liturgischer Erziehung verlangten, die nötigen Einsichten und praktischen Erfahrungen aber noch weithin fehlten.«

Dieser »Augenblick« war gegen Ende der dreißiger Jahre gegeben. Die Liturgische Bewegung hatte einerseits, vor allem durch ihre Verbindung mit der katholischen Jugendbewegung, ihre Anliegen und Bestrebungen in die Pfarreien hineingetragen. Eine vielfältige katholische Jugendarbeit war andererseits durch das NS-Regime unterdrückt, das Leben der Kirche gewaltsam »auf ihr eigenes Gebiet« beschränkt worden. Alles konzentrierte sich jetzt auf die Pfarrgemeinden und den Gottesdienst. Mißverständnisse und Verzerrungen blieben nicht aus. Unterschiedliche Ansichten, Vorstellungen und Erwartungen prallten aufeinander. Verwirrung und Bewußtseinsstörungen waren vielerorts die Folge. Allzu optimistisch meint Guardini in seiner »Beurteilung« von 1943, der »kritische Punkt« sei inzwischen überwunden, nachdem die Bischöfe 1940 bei ihrer Fuldaer Konferenz »die Sache in die Hand genommen« hätten. In Wirklichkeit erreichte die »Krise der Liturgischen Bewegung« zu dieser Zeit ihren Höhepunkt. Das kann man aus größerem Abstand eindeutig nachweisen. Doch auch Guardini spricht in der »Beurteilung« von

1943 über die mögliche »neue Gefahr«, »eine Arbeit zu schädigen, welche für die Kirche wichtig ist.« »Die ausgesprochene Besorgnis«, sagt er, »wird dadurch vermehrt, daß sich vielerorts die Neigung zeigt, die verschiedensten in der Zeitsituation liegenden Gefahren mit dem ›Liturgismus‹ zusammenzuwerfen und ihn so zu einer Generalursache für alles Schlimme zu machen. Das ist um so verhängnisvoller, als der Begriff dieses Liturgismus selbst oft in ganz unbestimmter und unsachlicher Weise gebraucht wird. Daraus entsteht eine Atmosphäre der Unsicherheit und des Mißtrauens, welche die seelsorgliche Arbeit aufs schwerste bedroht. Auch darf darauf hingewiesen werden, daß nicht wenige der Kirche treu ergebene Geistliche und Laien, die nichts anderes wollen, als der Sache Christi zu dienen, und dafür seit langem ihre beste Kraft eingesetzt haben, durch ein solches Mißtrauen in den Verdacht unkirchlicher Gesinnung kommen müssen.«

»Liturgismus«

Der seltsame Begriff »Liturgismus«, der uns hier begegnet, ist inzwischen glücklicherweise fast wieder zu einem »Fremdwort« geworden, nachdem er – um 1940 – Jahre hindurch in aller Munde gewesen war. Er spielt im »Wort zur liturgischen Frage« eine ganz erhebliche Rolle. Guardini entnahm ihn, wie er eigens bemerkt, nicht der damaligen »Tagesliteratur«, d. h. er gebrauchte den genannten Begriff so, wie er »in der vom Gegenstand ausgehenden Erörterung schon lange verwendet wurde«[35].

Gleichwohl sieht Guardini im »Liturgismus« eine »Richtung«, die sich aus der Liturgischen Bewegung ergeben hat: Sie ersetzt »gediegene Arbeit durch falschen Eifer« und besteht in der Tendenz, der Liturgie eine Bedeutung zuzuschreiben, die ihr nicht zukommt. Eine solche Neigung zeige sich immer dann, wenn etwas Wichtiges lange Zeit hindurch nicht genügend beachtet worden sei und gleichsam »neu entdeckt« werde. Das Entdeckte wird überschätzt; es entsteht »etwas Gezwungenes und Übertriebenes«, das daraus hervorgeht, daß die Liturgie als »das christlich-katholische Leben schlechthin« angesehen wird und die »Grenzen verkannt« werden, »welche der liturgischen Arbeit in Wirklichkeit gezogen sind«.[36] Noch in der Liturgiekonstitution des Zweiten Vatikanums findet man eine Abgrenzung gegenüber dieser Tendenz. Sie betont, in der heiligen Liturgie erschöpfe sich nicht »das ganze Tun der Kirche« (vgl. SC 9), und »das geistliche Leben« decke sich nicht schlechthin mit der Teilnahme an der heiligen Liturgie (vgl. SC 11).

Mit der Jugend

Zu Ostern 1920 ist Romano Guardini zum ersten Mal zur Burg Rothenfels am Main hinaufgegangen. Das hat »Folgen gehabt wie wenige Dinge sonst«, das war »wirklich eine Scheitelstunde«, wie er selbst berichtet hat.[37] Nicht nur für den Quickborn, sondern für die katholische Jugendbewegung und die Kirche überhaupt. »Die Bedeutung dieser Begegnung und gegenseitigen Integration kann kaum überschätzt werden. Für die Liturgische Bewegung bedeutete das, daß eine junge, in allem aufbrechende, nach neuen Ufern suchende Generation sie aufgriff, sich darin wiedererkannte, sie sich zu eigen machte und dynamisches Ferment in ihr wurde«.[38]

Walter Dirks hat das, was Ernst Tewes hier aufs Ganze hin darlegt, durch ein subjektives Zeugnis bestätigt.[39] Die jüngsten Bände der Kirchengeschichte wissen davon: Guardini hat das liturgische Bewußtsein mehrerer Generationen wachgerufen, geklärt und vertieft. Er ist »aus den Bindungen seiner ersten Jahrzehnte herausgewachsen, ohne sie je zu verraten. Er ist ein großer Schriftsteller für alle geworden«, ein Mann, der im »Medium des Gespräches« denkt und manche Einsicht dadurch gewonnen hat, daß er sich zur jungen Generation stellte, mit ihr lebte, dachte und entdeckte.[40] Beeindruckt liest man, was Dirks als »alter Mann« in einem im September 1984 erschienenen Beitrag für seine Generation schreibt: »Guardini hat uns, was das Verständnis der Liturgie und den Umgang mit ihr betrifft, nicht nur die Form gelehrt – das Maß und die ›Zucht‹ eingeschlossen, sondern auch den Leib: das Maß und die Zucht ebenfalls eingeschlossen.«[41]

Guardini war längst so etwas wie eine »Symbolfigur« für die Verknüpfung von Jugendbewegung und Liturgischer Bewegung geworden, als er 1943 in seiner »Beurteilung der liturgischen Bestrebungen« formulierte: »Die Liturgie bedeutet für viele Gläubige, zumal für die Jugend, eine ganz besonders wichtige Form innigster Gemeinschaft mit der Kirche. Wenn die liturgischen Bestrebungen verdächtigt oder gar abgelehnt würden, so würde sie das in ihrem tiefsten Vertrauen treffen.« Guardini denkt dabei an jene, die »in der Liturgie der Kirche Halt und Kraft finden«. Niemand konnte das hinsichtlich der Jugend in der Kirche überzeugender aussprechen als er.

Wie in seinem »Wort zur liturgischen Frage« hebt Guardini darauf ab, »das Wahre vom Falschen, das Wesentliche vom Unwesentlichen, das Bleibende vom Vorübergehenden« zu unterscheiden und nicht zuzulassen, daß eine »leicht entflammbare Stimmung Ehre und Ertrag einer Arbeit von Jahrzehnten in Frage stelle«, die »von tiefer Liebe zur Kirche« getragen sei.[42]

Sinn und Verständnis

Eindringlich verweist Guardini in seiner »Beurteilung« auf den Zusammenhang, der sich aus dem Wesen der Liturgie ergibt und gut zwanzig Jahre später in den Artikeln 14–20 der Konstitution *»Sacrosanctum Concilium«* als Anliegen entfaltet worden ist: Je besser einzelne oder Gruppen erkennen, »was Liturgie ist, desto klarer sehen sie, daß diese auf der gleichen Autorität ruht, welche auch die Lehre und Ordnung der Kirche trägt«. So wolle der Gläubige »in dem Maße, als er in das Verständnis der Liturgie eindringt«, von keiner »Verwischung des Priestertums und des Laienwesens« mehr wissen. Der Wunsch, am liturgischen Leben teilzunehmen, sei nicht Ausdruck der »Forderung nach priesterlichen Vollmachten des Laien«, die aus liberaler Geisteshaltung hervorgegangen sei, sondern komme aus dem Wesen der Liturgie. Indem die Gläubigen »das Wesen der Liturgie erkannten, sahen sie auch den Unterschied der Befugnisse und Funktionen, welche sie tragen, und die Besonderheit des priesterlichen Amtes gegenüber dem Laienstande«.

Aus dem gleichen Grunde werde auch der Sinn der Autorität erkannt. So bedauerlich die »begangenen Eigenmächtigkeiten« seien, sie bedeuteten nicht, »daß einzelne oder Gruppen die gottesdienstlichen Dinge nach ihrem Gutdünken machen wollen, sondern daß sie in ihrem Verlangen nach der Fülle der liturgischen Welt Geduld und Maß vergessen«. Der Wunsch nach breiterer Verwendung der Landessprache in der Liturgie komme ebenso aus dem Verlangen, »so tief als möglich am Leben der Kirche teilzuhaben«. Leicht mißverstanden werde dabei das Wort »deutsche Liturgie«. Es drücke nicht die Absicht aus, eine »deutsche Sonderliturgie« zu haben, vielmehr artikuliere sich in diesem Begriff der »Wunsch, im Rahmen der einen Liturgie der

Kirche möchte, soweit als möglich, die Landessprache verwendet werden, damit die Gläubigen die Gebete und Handlungen besser verstehen können«. Dieser Wunsch – das verstehe sich von selbst – sei jedoch der kirchlichen Disziplin untergeordnet.
Aufschlußreich bleibt schließlich, wie Guardini die Bedeutung der liturgischen Arbeit für jene wertet, die »außerhalb jedes Christentums oder aber außerhalb der Kirche« stehen. Sie erleben in der Liturgie, was »Kirche« heißt: »Sobald sie einem sorgsam geformten und liebevoll vollzogenen Gottesdienst beiwohnen, stoßen sie auf eine Ordnung der Funktionen, auf eine Klarheit der Befugnisse, auf eine Mannigfaltigkeit und zugleich Einheit des ganzen religiösen Daseins.«

Wegweiser

»Zur aktuellen Situation« – so steht mit Recht und bezeichnenderweise auf dem Umschlag der 1983 erschienenen Auflage der Schrift »Vom Geist der Liturgie«.[43] Was bedeutet das? – Die Besinnung auf das Wesen der Liturgie, die Bemühung um das Verständnis dessen, was wir mit der Liturgie der Kirche in der konkreten Gemeinde feiern, kann angesichts der heutigen Gestalt der Liturgie nicht weniger dringlich sein als damals. Wenn es zutrifft, daß »Konzil und Liturgiereform ... ihren Pionier hinter sich zurückgelassen« haben[44], dann war das ein Fehler – vor allem wegen der Schwerpunkte, die Guardini als Autor in liturgischen Fragen setzt.
Eine Liturgie, die zugleich weltkirchlich und ortskirchlich geprägt ist, die aus der Polarität von Ordnung und Freiheit lebt, wird als von allen Versammelten mitgetragener, auf Wiederholbarkeit angelegter Gottesdienst in dem Maße vollziehbar bleiben, als in diesem

Vollzug das Bewußtsein von ihrer Bedeutung wirksam ist. Guardinis Bemühungen um den »Geist der Liturgie«, die sein Urteil in allen konkreten Fragen bestimmen, wie seine Stellungnahmen von 1940 und 1943 zeigen, können auch in unseren Tagen wegweisend sein. Entscheidende Einsichten Guardinis sind Jüngeren unbekannt, Älteren aus dem Bewußtsein entschwunden. Angesichts der Fragen praktischer Gestaltung und zweckorientierter Aktionen ist der »Geist der Liturgie« und mit ihm das Bewußtsein vom Sinne des Geschehens oft genug auf der Strecke geblieben. Freude am Gottesdienst wird sich einstellen, wenn die Voraussetzungen dafür gegeben sind, wenn Liturgie nicht nur intellektuell, sondern auch mit dem Herzen als Handeln Gottes durch Christus im Heiligen Geist erfaßt und als Feier der Kirche in dieser ihrer Eigenart im Leben der Gemeinde gewürdigt wird. Mit einer Anpassung der Liturgie um jeden Preis, mit ihrer Relativierung, mit einer Verwässerung ihres Anspruchs, mit einer »Verzweckung« wird man ihr Eigentliches nur verfehlen. Jeder Rationalismus wendet sich nicht von ungefähr zuerst gegen die Liturgie, die keinen »Zweck« hat, sondern »nur« einen tiefen Sinn.

Ein Zeichen mangelnder Orientierung und teils wohl auch ein Indiz verbreiteter heutiger Verwirrung könnte man in dem Indult der Gottesdienst-Kongregation vom 3. Oktober 1984 erblicken und vor allem in der Diskussion, die dieses Schreiben ausgelöst hat.[45] Geht es nur um ein liturgisches Buch in seinen Fassungen von 1962 und 1970/75? Oder spricht sich in der Sehnsucht, mit der offenbar Christen von heute nach dem früheren Meßbuch ausschauen, nur der Wunsch aus, das Eigentliche oder Wesentliche des liturgischen Vollzugs zurückzugewinnen? Es ist ja – trotz des besseren und tiefer in der liturgischen Tradition verankerten heutigen Meßbuchs – noch nicht ausgemacht, ob man nicht – was durchaus zutreffen kann – in einer früheren Phase, trotz mancher Barrieren, das Wesen der Liturgie als Ort und Ausdruck innigster Gemeinschaft mit Christus und der Kirche tiefer erfaßt und bewußter aus dieser Wirklichkeit gelebt hat, als das heutzutage gemeinhin der Fall ist. Sofern diese Vermutung stimmen sollte, geht es also gar nicht primär um eine frühere Ausgabe desselben Buches, zumal sich beide Fassungen in der Einheit der Geschichte katholischer Meßliturgie präsentieren, sondern um das an sich begrüßenswerte Bestreben, dem eigentlichen Wesen der Liturgie wiederum näherzukommen, um aus ihr zu leben. Dann aber steht nicht das Missale zur Debatte, sondern die Frage, ob man fähig ist, das, was das zweifellos verbesserte und hilfreichere Buch regelt, angemessen in gottesdienstliches Tun umzusetzen.

Daß dies nicht ohne weiteres, nicht voraussetzungslos gelingen kann, dürfte selbstverständlich sein. Ebenso liegt auf der Hand, daß das erneuerte Missale mit seinen Möglichkeiten – und der rechte Umgang mit ihnen – höhere Ansprüche stellt als das frühere, mit dem sich die Meßliturgie recht eindeutig als Klerusliturgie manifestierte. Trotzdem ist es der Liturgischen Bewegung unseres Jahrhunderts, vor allem in den dreißiger und vierziger Jahren, hierzulande erstaunlicherweise gelungen, mit viel Mühe und Anstrengung zu erreichen, daß katholische Christen in ihrer lateinischen Liturgie besser beheimatet waren als zur selben Zeit etwa die Protestanten in ihrem muttersprachlichen Gottesdienst. Ein in diesem Fall gewiß unverdächtiger evangelischer Theologe bestätigt das.[46]

Ob das heute noch zutrifft wie damals, ob ein Erfaßtsein vom Wesen der Liturgie und ihrer Würde noch in gleichem Maße den liturgischen Vollzug trägt, ist schwer zu sagen. »Solange die liturgischen Handlungen nur objektiv ›zelebriert‹, die Texte nur lesend ›persolviert‹ werden«, hat Guardini 1964 in seinem Brief an Johannes Wagner erklärt, »geht alles glatt, weil nichts in den Bereich des eigentlichen religiösen Vollzugs kommt.«[47] Ihn beschäftigt in diesem Brief die Frage, wie die erkannte Wahrheit, die das Zweite Vatikanum kundgetan hat, zur Wirklichkeit des Lebens werde. Guardini fragt anläßlich des Liturgischen Kongresses in Mainz nach dem lebendigen liturgischen Vollzug, wie er beschaffen sei und wie der heutige Mensch in ihm stehe. Dieser Hinweis auf ein, wenn ich recht sehe, inzwischen sehr akut gewordenes Problem ist damals in der Weise mißverstanden worden, daß man meinte, Guardini bezweifle die Liturgiefähigkeit des heutigen Menschen, er verneine sie sogar.[48] Weihbischof Tewes hat Guardini in einem Gespräch über diese Interpretation befragt, und er berichtet: Guardini »war darüber erstaunt und sagte, er wollte mit diesen Fragen die umfassende Aufgabe beschreiben, die anstehe. Er sei durchaus der Meinung, daß der heutige Mensch liturgiefähig sei.«[49]
Guardini bewegte also 1964 – über alle damals aktuellen Fragen und Einzelheiten konkreter Gestaltung hinweg – die Frage, ob die durch das Konzil herbeigeführten Möglichkeiten auch zu wirklichem Vollzug führen, in lebendiger Weise realisiert werden würden, ob »ein vergessenes Tun wieder gelernt und verlorene Haltungen neu gewonnen« würden. Jetzt, da man offenbar erkennt und einsieht, daß erneuerte liturgische Bücher noch längst keine lebendige, wirklich vollzogene Liturgie garantieren, tritt damals Gesagtes ganz anders hervor.

Vielleicht ist eine Balance durch jene Erfahrungen einer nicht allzu fernen Vergangenheit möglich, die vom »Geist der Liturgie« sich hat leiten lassen.

Darin steckt, wie ich zugebe, das Plädoyer für eine – zum Trend der vergangenen Jahre – gegenläufige Bewegung, die u. a. zum Verständnis für den Gebetscharakter der Liturgie zurückführt, der im Tun das Schauen weckt; denn der liturgische Akt ist voll tiefer Beschauung, zeichenhaft Ewiges im Zeitlichen offenbarend. Und er erschließt sich in dem Maße, als ihn die Frömmigkeit der Feiernden erfüllt. Die erhoffte Gegenbewegung besteht darin, daß wir in einem neuen Anlauf den Weg »zur Liturgie hin« antreten, uns auf sie einlassen[50] und zwar so, daß wir uns ihr anpassen, statt sie nach unserem Gutdünken – um einer vermeintlichen Effektivität willen – auf unser kleines Maß zu reduzieren.

Wahrer Fortschritt kann nur aus einem gesunden Wachstum kommen. Damit ist ein geistlicher Prozeß gemeint. Darauf hat Romano Guardini hingewiesen, als er in seiner »Beurteilung« von 1943 das Ziel der »Arbeit für die Liturgie« kennzeichnete: Sie dient – nach seiner Auskunft – dem Bestreben, »tiefer in die Kirche hineinzuwachsen und in reicherem Maße an ihrem Leben teilzuhaben.« Das gilt immer noch.

Anmerkungen

1 Paderborn 1978.

2 H. Maier, Romano Guardini – ein Nachwort, in: R. Guardini, Vom Geist der Liturgie (Herderbücherei 1049), Freiburg/Br. 1983, 145–158, Zit. 150.

3 R. Guardini, Ein Wort zur liturgischen Frage, in: Liturgie und liturgische Bildung, Würzburg 1966, 196.

4 Belegt bei Th. Maas-Ewerd, Die Krise der Liturgischen Bewe-

gung in Deutschland und Österreich. Zu den Auseinandersetzungen um die »liturgische Frage« in den Jahren 1939 bis 1944 (Studien zur Pastoralliturgie 3), Regensburg 1981, 379.

[5] S. Anm. 1.

[6] S. Anm. 2.

[7] J. A. Jungmann, Liturgischer Dienst, in: G. Thurmair / R. Sattelmair / E. Lampey (Hg.), Wege und Werk. Die Katholische Kirche in Deutschland, München 1960, 218.

[8] S. Anm. 2.

[9] Abgedruckt in: Liturgie und liturgische Bildung (s. Anm. 3) 193–213. Vgl. zu diesem »Wort zur liturgischen Frage«: Th. Maas-Ewerd, Krise der Lit. Bew. (s. Anm. 4), 130–149.

[10] Abgedruckt in: Liturgie und liturgische Bildung (s. Anm. 3) 9–22.

[11] Zur Person s. Th. Maas-Ewerd, Krise der Lit. Bew. (s. Anm. 4), 180–183.

[12] Im Vorwort zum Manuskript-Druck (Umfang 10 Seiten). Vhd. im Archiv Lit. Institut Trier. Das Vorwort Bischof Stohrs trägt das Datum vom 8. Juli 1940.

[13] A. Stohr, Romano Guardini fünfundsiebzig Jahre alt: LJ 10 (1960), 200.

[14] Vorwort zum Manuskript-Druck (s. Anm. 12).

[15] Vgl. ebd.

[16] Vgl. F. Wechsler, Romano Guardini als Kerygmatiker, Paderborn 1973, 54.

[17] Schreiben Bischof Stohrs an die Bischöfe in Deutschland und Österreich vom 31. Juli 1940 (eine Seite, masch.). Vhd. im Archiv Lit.Institut Trier.

[18] Geleitwort vom 1. Nov. 1940 zur Druck-Ausgabe (Mainz 1940): Liturgie und liturgische Bildung (s. Anm. 3), 193.

[19] Ein Wort zur liturgischen Frage (s. Anm. 9), 193.

[20] F. Kolbe, Die Liturgische Bewegung (Der Christ in der Gegenwart IX, 4), Aschaffenburg 1964, 65.

[21] Ebd.

[22] »Niederschrift über die VI. Konferenz der Liturgischen Kommission vom 15.–18. Februar 1943 in Frankfurt«. Vhd. Archiv Lit. Institut Trier.

[23] Bibel und Liturgie 49 (1976), 176–184, Text 178–181.

[24] Vgl. J. Gülden, In der »Krise der Liturgischen Bewegung« 1942–1944, in: Balth. Fischer / H. B. Meyer SJ (Hg.), J. A. Jungmann. Ein Leben für Liturgie und Kerygma, Innsbruck-Wien-München 1975, 64–68, und die in Anm. 4 genannte Untersuchung.

[25] Das trifft nicht zu, wie – über das schon in der »Krise der Lit. Bew.« (s. Anm. 4) Dargelegte hinaus (vgl. a. a. O. 285 u. a.) – ein Dokument bestätigt, das ich jüngst im Eichstätter Bistumsarchiv entdeckt habe und noch vorlegen werde.

[26] Abgedruckt als Dok. Nr. 5 in: Th. Maas-Ewerd, Krise der Lit. Bew., 536–539.

[27] Abgedruckt als Dok. Nr. 6 in: Th. Maas-Ewerd, Krise der Lit. Bew., 540–569.

[28] K. Rudolf, Aufbau im Widerstand. Ein Seelsorge-Bericht aus Österreich 1938–1945, Salzburg 1947, 61.

[29] J. Wagner, Nachruf auf Bischof Albert Stohr: LJ 11 (1961), 194.

[30] Der Wortlaut des Dokuments »Zur Beurteilung der liturgischen Bestrebungen« ist (s. Anm. 23) abgedruckt bei Th. Maas-Ewerd, Romano Guardinis »Beurteilung der liturgischen Bestrebungen«: Bibel und Liturgie 49 (1976), 176–184, dort 178–181. Die Zitate aus dieser »Beurteilung« werden im folgenden nicht einzeln belegt. Sie sind – wenn auch nur a. a. O. – leicht auffindbar.

[31] R. Guardini, Ein Wort (s. Anm. 9), 211.

[32] Vgl. ebd., 194.

[33] Ebd.

[34] Ebd., 196.

[35] R. Guardini, Ein Wort (s. Anm. 9), 197.

[36] Vgl. ebd., 197–199.

[37] Gedenkrede am Pfingstmontag 1949 auf Burg Rothenfels. Abgedruckt in: H. Kahlefeld (Hg.), Burg Rothenfels, Rothenfels 1955.

[38] E. Tewes, Romano Guardini: LJ 19 (1969), 135.

[39] W. Dirks, Guardini als Führer zur Liturgie. Dank und Bericht: LJ 10 (1960), 202–210.

[40] Vgl. ebd., 202 f.

[41] W. Dirks, »Aber dann werde ich ihn auch selber etwas fragen«. Ein Christ namens Guardini: Katechetische Blätter 109 (1984), 676–681. Vgl. dazu J. Binkowski, Jugend als Wegbereiter. Der Quickborn von 1909 bis 1945, Stuttgart 1981.

[42] R. Guardini, Ein Wort (s. Anm. 9), 211.

[43] Gemeint ist hier der Band Nr. 1049 der Herderbücherei.

[44] Vgl. H. Maier, Romano Guardini – ein Nachwort (s. Anm. 2), 145.

[45] Vgl. Th. Maas-Ewerd, Sehnsucht nach dem früheren Missale? Zum Indult der Kongregation für den Gottesdienst vom 3. Oktober 1984: Klerusblatt 64 (1984), 323–326.

[46] Vgl. V. Vajta, Die Folgen der Liturgiereform, in: J. C. Hampe (Hg.), Die Autorität der Freiheit, Bd. I, München 1967, 608.
[47] R. Guardini, Der Kultakt (s. Anm. 10), 11.
[48] Vgl. Th. Bogler (Hg.), Ist der Mensch von heute noch liturgiefähig? Ergebnisse einer Umfrage (Liturgie und Mönchtum 38), Maria Laach 1966.
[49] E. Tewes, Romano Guardini (s. Anm. 38), 137.
[50] Vgl. dazu Th. Maas-Ewerd, Zum stillen Gebet des Priesters bei der Feier der heiligen Messe: Praedica Verbum 87 (1982), 1–9; ders., »Aktive Teilnahme« an der Liturgie – was heißt das?: Praedica Verbum 88 (1983), 289–301.

Josef Sudbrack

Der geistliche Lehrer

Um die Absicht des vorliegenden Beitrags zu klären, sei zu Beginn eine Parabel erzählt; sie mag irgendwo spielen.

Drei Männer befinden sich auf dem Weg zum Bergkloster. Dort nämlich sind sie vor Jahren in die geistliche Weisheit eingeführt worden. Ein jeder von ihnen will zum Neujahrstag seinem ehemaligen Lehrer eine Dankesgabe bringen. Unterwegs loben die drei ihre Lehrer, deren Namen nach altem Brauch nicht genannt werden dürfen. Und die drei sind erstaunt, welch verschiedene Persönlichkeiten und welch unterschiedliche Spiritualitäten in dem einen Kloster Platz haben: Dem einen war ein Mann der Ordnung begegnet und hatte ihn gelehrt, daß ohne Struktur, ohne logische Abfolge kein geistliches Leben möglich sei. Der andere aber hatte von seinem Lehrer Spontaneität und jene Freiheit gelernt, die immer neu sich dem Leben stellen kann. Der dritte hingegen war einem schweigenden Mönch begegnet, und voll Begeisterung meint er: Schweigen, Stille, das ist der Königspfad zur Weisheit! – Oben im Kloster angekommen, begegnen sie ihren geistlichen Lehrern – und sind voll Erstaunen, daß es nur ein einziger war, der drei so verschiedene Wege gelehrt hatte.

Bei Guardini mag man eine bestimmte Philosophie oder Theologie aufzeigen können; aber wenn man ihn als »geistlichen« Lehrer befragt, zerbricht jeder Systematisierungsversuch.Besteht doch die Größe eines »geistlichen Lehrers« (wenigstens im Christentum) darin, daß er nicht festzulegen, nicht zu schematisieren ist. Der

Mensch, der vor ihm steht, nicht aber die Systematik, aus der er selbst herkommt, ist das Entscheidende für ihn. Die Menschen aber, die auf ihn zukommen, sind Personen, die sich nicht in das Meßgefäß eigener Gedanken hineinpressen lassen. Ein geistlicher Lehrer muß so weit sein, daß jeder Mensch bei ihm seine eigene persönliche Weisung findet.
Romano Guardini war ein »geistlicher Lehrer« – das wird jeder bestätigen, der seine Predigten in St. Ludwig oder seine Vorlesungen in der Münchener Universität hören durfte. Eine Darstellung Romano Guardinis als »geistlicher Lehrer« wird also wohl oder übel (in unserem Falle mehr »wohl«) einseitig und persönlich sein müssen, mehr erzählend als deutend. Und man tut ihm kein Unrecht, wenn man ihn von einer bestimmten Sicht her befragt. Daß es hier eine Sicht sein soll, die aktuell ist und immer aktueller wird, zeigt die Bedeutung dieses Mannes. Guardini sah etwas, das über die damalige und heutige Gegenwart hinausragt; aus dieser Sicht war sein geistliches Profil so weit, daß viele ihn als ihren Lehrer finden konnten.
Noch ein Zweites muß als Vorbemerkung beachtet werden: Ganz gleich, ob man in die große buddhistische Tradition oder ins Christentum hineinschaut – immer ist es dreierlei, das einen Menschen ins geistliche Leben hineingeleitet. So bekennt sich der Buddhist zu den drei Kleinodien: »Ich nehme meine Zuflucht zu Buddha – dem erleuchteten Meister. Ich nehme meine Zuflucht zu Dharma – der überlieferten Lehre. Ich nehme meine Zuflucht zum Sangha – der Gemeinschaft derer, die gleich mir den buddhistischen Weg gehen.«[1] Auch im Christentum bilden der Mensch, die Gemeinschaft und die – meist im Buch niedergeschlagene – Tradition den »geistlichen Lehrer«. Es muß nicht eigens betont werden, daß Romano Guardini ein Lehrer war und ist, dessen Weisheit sich aus der Tradition genährt und vor

allem im Medium der Tradition, im »Buch«, niedergeschlagen hat.

»Vielleicht wird Buddha der letzte sein, mit dem das Christentum sich auseinanderzusetzen hat«

So schrieb Guardini 1937 in seinen *»Betrachtungen über die Person und das Leben Jesu Christi – Der Herr«*[2] (410). In den früher erarbeiteten und 1929 in »Die Schildgenossen« veröffentlichten Überlegungen zum *»Wesen des Christentums«* (1938, 8–12) klang die Auseinandersetzung mit Buddha noch eine Spur negativer. Dort war das Ziel Buddhas, als »Erlöschen, das ›Nichts mehr ist‹« noch stärker akzentuiert. Aber die Ehrfurcht vor Buddha klingt auch dort aus jeder Zeile.
In *»Der Herr«* wird es deutlicher: »Dieser Mann bildet ein großes Geheimnis. Er steht in einer erschreckenden, fast übermenschlichen Freiheit, zugleich hat er dabei eine Güte, mächtig wie eine Weltkraft... Er ist frei; seine Freiheit ist aber nicht die Christi. Vielleicht bedeutet sie nur eine letzte, furchtbar-ablösende Erkenntnis der Nichtigkeit der gefallenen Welt. Die Freiheit Christi kommt daraus, daß er ganz in der Liebe Gottes steht; und seine Gesinnung ist der von Gottes Ernst getragene Wille, die Welt zu heilen... (Buddha) hat das Unfaßliche unternommen, im Dasein stehend das Dasein als solches aus den Angeln zu heben. Was er mit Nirvana gemeint hat, mit dem letzten Erwachen, mit dem Aufhören des Wahns und des Seins, hat christlich wohl noch keiner verstanden und beurteilt. Der das wollte, müßte in der Liebe Christi vollkommen frei geworden, aber zugleich jenem Geheimnisvollen im sechsten Jahrhundert vor der Geburt des Herrn mit tiefer Ehrfurcht verbunden sein...« »(Buddha) ist überzeugt, das Gesetz des Truges erkannt zu haben, das überall waltet, das

aber nur der ganz Seltene erkennen konnte. Nun liegt es allen offen... Jesus hat nicht nach Wahrheit gesucht und ist nicht zur Erkenntnis durchgebrochen. Er war kein philosophisch Ringender und kein religiöser Glaubender. Er war Jener, der aus Macht verkündet hat... Könnte man nicht das Gefühl bekommen, Buddha sei Ihm an durchmessenen Wegen, an Einsicht in die Zusammenhänge des Daseins, an schöpferischer religiöser Weisheit, an souveränem Stil überlegen gewesen? Aber das wäre ein großer Irrtum und eine tiefe Versuchung. Nein, Unsinn wäre es; denn das alles hat nichts mit Jesus zu tun. Er ist der Sohn des lebendigen Gottes, der menschgewordene Logos. Im Augenblick, da das gesehen wird, werden alle anderen Maßstäbe wesenlos... Hier ist das undurchdringliche Geheimnis des Gottmenschen. Es geht in keine psychologischen und geistigen Begriffe ein. Man zerstört es und damit das Christliche und das eigene Heil, wenn man Jesus nach dem Bilde des Buddha oder des Sokrates oder sonst irgendeines Großen denkt« (410. 484–487).

Das Wort Guardinis, daß »christlich wohl noch keiner (Buddha) verstanden und beurteilt« hat, traf mich beim erneuten Lesen wie ein Blitz: Es stimmt. Wie klein werden vor den wenigen Sätzen Guardinis die meisten christlichen Äußerungen zum Religionsgespräch unserer Tage – ob sie nun aus intellektuellem Professorengehirn oder ob sie aus den praktischen Versuchen, Buddhistisch-Fernöstliches im Christentum zu verankern, stammen mögen.[3] Vor etwas über 10 Jahren hatte ich ein langes Gespräch mit einem Mann, der die Integration von christlicher und fernöstlicher Überlieferung am intensivsten lebt, mit Karlfried Graf Dürckheim. Es fiel auch der Name Romano Guardini. Damals drückte mir der Graf in großer Ehrfurcht sein Nicht-Verstehen Guardinis aus. In einem intensiven Gespräch hatte ihm der katholische Religionsphilosoph von einer sogenann-

ten »mystischen« Erfahrung erzählt, also von einem Erlebnis der Erleuchtung (Satori, Samadhi), das ihn selbst getroffen habe; und dabei habe er sofort gefragt: Wo ist dort Jesus? Das letzte konnte Graf Dürckheim nicht verstehen: Wo Erleuchtung, dort ist doch alles!, meinte er mir gegenüber.
Wir sind trotz einer immensen Buchproduktion zur religiösen Ost-West-Begegnung noch keinen Schritt über dieses Gespräch, von dem mir Graf Dürckheim erzählte, hinausgekommen. Und wir werden auch nicht weiterkommen, bis jemand nicht mehr mit schalem Kompromiß oder mit anbiedernder Harmlosigkeit, aber auch nicht mit eifernder Absetzung, sondern aus jener »vollkommenen Freiheit in der Liebe Christi« sich »in Ehrfurcht jenem Geheimnisvollen verbunden« weiß. Die Aufgabe wird von Jahrzehnt zu Jahrzehnt dringlicher. Der Weg kann nur heißen: noch tiefer Jesus Christus, »dem Sohn des lebendigen Gottes, dem menschgewordenen Logos«, begegnen.
In einem Vortrag von 1958, *»Das Unendlich-Absolute und das Religiös-Christliche«,* präzisiert Romano Guardini Fragestellung und Antwort aus einer anderen Sicht (Unterscheidung des Christlichen, 260–276): »Sie haben ... etwas darüber zu hören gewünscht, was das Problem des Unendlichen für die Theologie bedeutet ... Den bloß-göttlichen Gott gibt es nach der Menschwerdung ›nicht mehr‹. Den es gibt, ist der Mensch-Gewordene.« In diesem Aufsatz insistiert Guardini auf dem Paradox: »Wie kann Gott absolut und doch frei sein? Wie soll der Ewig-Notwendige sich entschließen und schaffen können? Auf diese Frage gibt es nur eine einzige Antwort: Das ist so, weil Gott so ist, daß er das kann ... Der wirkliche Gott ist so, wie er sich in der Offenbarung kundgetan hat.« Das ist kein »Unsinn«, aber »unbegreiflich«. Wer dem geistlichen Lehrer Guardini begegnen will, muß sich diesem »Unbegreiflichen«

und zugleich so Humanen stellen, »wie ernst das Christentum die Welt, den Menschen, das Leben, mit einem Wort, die endliche Existenz nimmt. Es gibt kein Haarbreit von der Schöpfung auf – freilich auch kein Haarbreit von der Majestät Gottes«.
Christentum gründet im »Gesetz der Inkarnation«, von dem es in der *»Lehrrede«* von 1935 (*»Christlicher Realismus«*) heißt (Unterscheidung des Christlichen, 359–366): »Nachdem der unsichtbare und unbekannte Gott uns nicht aus dem Abgrund unseres Gemütes deutlich wird, wie die absolute Mystik fordert; nicht durch die äußerste Erhebung des Gedankens, wie die Philosophen wollen; nicht in der Anstrengung des sittlichen Strebens und der Loslösung der Welt, wie die autonome Askese behauptet – sondern aus dem Menschenantlitz und dem Wort Christi«.

»Die größere Freiheit zum Guten wie zum Bösen« (Unterscheidung des Christlichen, 441)

Bevor wir den »geistlichen Lehrer« nun des näheren befragen, gilt es, ein oft gehörtes Mißverständnis abzuwehren: daß nämlich die Personalität eines Gottes, der fordert, der abgrenzt gegen das Böse, den Menschen eng und fanatisch machen muß. Aldous Huxley hat in seiner »Grauen Eminenz«[4] diese These wohl am geistreichsten dargestellt und damit einen Vorwurf aufgegriffen, der seit dem »Wahrhaften Wort« des Philosophen Kelsus (um 178) immer wieder gegen das Christentum gerichtet wurde[5]. Heute kann man derartige Anklagen unter ökologischem Vorzeichen finden, wie in Carl Amerys Bestseller »Das Ende der Vorsehung. Die gnadenlosen Folgen des Christentums«[6]. Gerade das Religionsgespräch mit den großen östlichen Religiositäten ist oft von dem dumpfen Minderwertigkeitsgefühl belastet, ob nicht das Christentum mit seinen Dogmen, mit seinem klaren geschichtlichen Ursprung und seinem eindeutigen Auftrag die Weite des Menschenherzens einschränke.

Romano Guardini ist das lebendige Beispiel dagegen. Sein Einfühlungsvermögen in fremde Mentalitäten hat ihm sein breites Publikum erschlossen. Es sind hier weder Ort noch Möglichkeit vorhanden, alles Diesbezügliche auch nur aufzuzählen. Man müßte dazu den ganzen »Guardini« durchgehen und die kaum zu zählenden Hinweise abwägen. Denn auch aus den knappen Sätzen, die Guardini in *»Der Herr«* bringt, wird deutlich, daß er sich intensiv mit Buddhas religiöser Erfahrung beschäftigt hat; was im niedergeschriebenen Text wie eine beiläufige Bemerkung aussieht, ist in Wirklichkeit Frucht existentieller Auseinandersetzung.

Die Weite und Begegnungsfähigkeit Guardinis aber ist zutiefst christlich. Gelegentlich gibt er zu erkennen, daß seine Beschäftigung mit Hölderlin, Rilke, Pascal, Bonaventura, Dostojewski, Augustinus und anderen im Grunde nur eine phänomenologische Vorübung sei, um die Schaukraft für den Blick auf Jesus Christus zu schulen. Von der Begegnung mit Jesus also – das machte mir Graf Dürckheims Bemerkung deutlich – stammt auch die Weite und Treffsicherheit der intuitiven Schaukraft Romano Guardinis: »(Die Erlösungstat Christi) hat den Menschen aus dem Bann der Natur gelöst und ihm eine Unabhängigkeit von der Natur und von sich selbst gegeben, die er auf dem Weg einer nur natürlichen Entwicklung nie hätte erreichen können, weil sie auf jener Souveränität ruht, in der Gott selbst zur Welt steht. Die gleiche Unabhängigkeit ermöglicht aber auch einen Blick auf diese Welt, eine Nähe zu ihr und eine Herrschaft über sie, die ebenfalls anders nicht hätte erreicht werden können«, so schrieb er 1946 unter dem Eindruck der Katastrophe des Zweiten Weltkriegs in dem wichtigen Aufsatz *»Der Heilbringer in Mythos, Offenbarung und Politik«.*

Allerdings, in dieser größeren Freiheit liegt auch zugleich die Tragik des Christentums, wie wenige Zeilen weiter zu lesen ist: »Das Christentum hat den Menschen auf eine Ebene der Handlungsfähigkeit gehoben, auf der er, wenn er gut ist, besser ist als der Heide, wenn aber böse, dann schlimmer als dieser« (Unterscheidung des Christlichen, 411–453).

Beides muß zusammen gesehen werden; dann erst kommt der Mut in den Blick, mit dem Guardini sich ohne Scheu für die Absolutheit des Christentums einsetzt. »Christsein« ist nicht nur eine, vielleicht sehr gute oder gar die beste Möglichkeit, das Menschsein zu verwirklichen, sondern ist dies in einem qualitativ anderen Maße als jede andere Weise. Das »Mehr« des Christentums vor allem Heidentum aber kann auch den Abgrund einer letzten Verlorenheit bedeuten.

Erst aus dieser Sicht wird der Ernst verständlich, mit dem Guardini *»Das Ende der Neuzeit«* (1950, entstanden 1947–1948) anzeigte. Man muß diese Skizze nur den gleichzeitig erschienenen und ähnlich fragenden Bändchen Karl Rahners *»Gefahren im heutigen Katholizismus«* (1950) und *»Chancen des Christentums«* (1952) gegenüberstellen, um die Unterschiede der Geisteshaltung und der Beurteilung zu sehen. Bei Karl Rahner, trotz allem, ein großer Optimismus, daß es dem Christentum gelingen wird, die Züge der heutigen Zeit ganzheitlich zu integrieren, und daß der moderne Mensch nach der technischen Entfremdung von der Welt doch wieder seine Stellung in dieser seiner Welt finden könne. Bei Guardini hingegen ein – mit oberflächlicher Qualifikation gesagt – tiefer Pessimismus gegenüber alldem. Wer wirklichkeitsnäher und damit auch im Grunde »real-optimistischer« geurteilt hat, müßte erst gezeigt werden.

Noch deutlicher wird die Weltsicht Guardinis, wenn man *»Das Ende der Neuzeit«* mit den *»Briefen vom Comer See«* (1927, 80f. 85) vergleicht. Schon damals beschrieb Guardini den radikalen Umbruch der Neuzeit, den er wie handgreiflich in Venedig erlebte. »Was wir heute als Zerstörung empfinden, ist es deshalb, weil in das alte Welt- und Menschenbild ein neues, anders geartetes Sein und Geschehen einbricht... Es ist chaotisch und wirkt zerstörerisch, weil der Mensch, der zu ihm gehört, noch nicht da ist.« Die Trauer um das Alte durchzieht diese neun Briefe, aber zugleich auch der Mut und der Anspruch, sich dem Neuen zu stellen: »Unsere Zeit ist uns gegeben, als Boden, auf dem wir stehen (,) und als Aufgabe, die wir bewältigen sollen«, denn »das ist nicht wahr, daß jenes Geschehen widerchristlich sei. Die Gesinnung, die darin wirkt, mag es oft sein; jenes Geschehen an sich nicht« (86f). »Ein neues Menschentum muß erwachen, von tieferer Geistigkeit, neuer Freiheit und Innerlichkeit, neuer Geformtheit und Formungskraft« (89). Guardini, der so eng mit der Natur und der alten Kultur verbunden war, wagt zu sagen – und widersteht damit dem, was heute nostalgisch durch die vielen Weltverbesserungstendenzen hindurchgeht – : »Was wir brauchen, ist nicht weniger Technik, sondern mehr. Richtiger gesagt: Eine stärkere, besonnenere, ›menschlichere‹ Technik. Mehr Wissenschaft, aber geistigere, geformtere. Mehr wirtschaftliche und politische Energie, aber erwachsener, reifer, verantwortungsbewußter, die das einzelne in den Zusammenhängen sieht, denen es zugehört« (89). Und das wird nur möglich sein auf dem Boden der christlichen Botschaft: »Erst ein Mensch, dem die Gottunmittelbarkeit der erlösten Seele und die Würde des Wiedergeborenen das Bewußtsein eingewirkt hat, daß er anders ist als die Welt ringsher – dieser erst konnte sich derart aus der Naturverbundenheit herausstellen, wie es der Mensch des technischen Zeitalters getan. Der antike hätte es als Hybris gescheut« (87f). Nur auf dem Boden dieses Bewußtseins kann die Perversion der Stellung zur Welt, die »Dämonie der Zahl, der Maschine, des Herrschaftswillens ...«, überwunden werden. Aber die Ablösung von der Natur mit dem Verlust vieler kultureller Werte scheint für Guardini wie selbstverständlich zur neuen Zeit zu gehören.

In *»Das Ende der Neuzeit«* wird die gleiche Grundsicht schärfer dargestellt, härter artikuliert und tiefer christlich verantwortet. Das Bemühen bleibt, in den »Vorgänge(n) der letzten Jahrhunderte nicht nur ... Schritte zum Untergang ansehen (zu) wollen, (sondern) in ihnen einen positiven Sinn (zu) erkennen« (79). Aber jetzt wird deutlicher formuliert. Guardini nennt den positiven Sinn mit Worten, die in der Mitte der achtziger Jahre regelrecht skandalös klingen: das »uns unausweichlich aufgegebene Herrschaftswerk über die Welt« (79). Er weiß, daß der Mensch »Macht (hat) über die Dinge, nicht aber – sagen wir zuversichtlicher: noch nicht – Macht über seine Macht« (102). Und darin liegt die Aufgabe: »Macht über seine Macht« zu bekommen. Das geht nicht im Rückschritt auf einen »neuen Mythos« der Natur, wie das nach Guardini »etwa in der Dichtung des späten Rilke geschieht. Was aber darin ursprünglich ist, nämlich der Wille, die Jenseitigkeit der Offenbarung abzustreifen und das Dasein rein auf die Erde zu begründen, zeigt seine Ohnmacht schon an der Unfähigkeit, sich in das neu Anbrechende hineinzustellen« (120).[7] Guardini stellt – natürlich mit gebührender Unterscheidung – auch den Irrwahn des Rassismus auf diese Ebene eines neuen »Mythos des kommenden Zeitalters«.

Wer von den Analysen Guardinis her die heutigen Bestrebungen zu einer »Neuen Religiosität« anschaut, wird erschrecken und die Warnungen der großen Religionswissenschaftler bedenken. Dabei ist es gleichgültig, ob man diese modernen Bestrebungen mit älteren Namen wie Jean Gebser oder Sri Aurobindo oder mit neueren wie Fritjof Capra oder Marilyn Ferguson verbindet, ob man im katholischen Bereich »Stille Fluchten«[8] beobachtet oder sich dem Geburtsland so vieler verschiedener Bewegungen, Kalifornien mit San Francisco und den Esalen-Stätten, zuwendet; gleichgültig, ob man unsinnige bis verbrecherische Sektengruppen anschaut oder die physikalische Wissenschaft der »Princeton-Gnostiker« beobachtet. Immer fehlt genau das, was Guardini als den einzig gültigen Weg in die Zukunft aufweist, den der personalen Verantwortung. Und diese wird lebendig und lebensfähig im Gegenüber zu Gott: »Diese Beziehung von Absolutheit und Personalität, von Unbedingtheit und Freiheit wird den Glaubenden fähig machen, im Ortlosen und Ungeschätzten zu stehen und Richtung zu wissen. Sie wird ihn fähig machen, in ein unmittelbares Verhältnis zu Gott zu treten, quer durch alle Situationen des Zwanges und der Gefahr hindurch; und in der wachsenden Einsamkeit der kommenden Welt – einer Einsamkeit gerade unter den Massen und in den Organisationen – lebendige Person zu bleiben« (124).

»Die Gnade ist das einfachhin Nicht-Selbstverständliche und doch zugleich Letzt-Erfüllende«

In den *»Drei Kapiteln zur Deutung des Daseins«* von 1948 (Überschrift von S. 164), die Guardini *»Freiheit, Gnade, Schicksal«* nannte, scheint er mir das Gemeinte am klarsten ausgesprochen zu haben. Wie in dem vorbereitenden *»Versuch zur christlichen Lehre vom Menschen«* in *»Welt und Person«* (1939) geht es um das Verhältnis von Gott und Mensch, von Absolutem und Relativem,

von Ewigem und Zeitlichem, von Notwendigkeit und Freiheit. Romano Guardinis Gedanken klingen unmittelbar an das an, was die französische »Théologie nouvelle« erarbeitete, was 1950 durch die Enzyklika »Humani generis« verurteilt und auf dem Zweiten Vatikanischen Konzil rehabilitiert wurde – mit der Krönung durch die Ernennung des Vaters der »Théologie nouvelle«, Henri de Lubac, zum Kardinal.
Um an den Gehalt von Guardinis »geistlicher Lehre« und die Weise seines »geistlichen Lehrens« zu erinnern, sei ein »Lehrstück« herausgegriffen, das im Kern aller religiösen Menschheitsentwürfe steht: Freiheit und Schicksal, menschliche Entscheidung und göttliche Gnade, Welt und Mensch in ihrem Eigenstand gegenüber der alles umschließenden göttlichen Weisheit und Macht. Guardini schlägt einen Weg ein, der inhaltlich wie formal typisch für seine geistliche Lehre ist. Für das Verhältnis von Freiheit und Notwendigkeit, von Schicksal und Gnade, von Endlich und Unendlich »gibt es eine Analogie, ... welche dem Verständnis hilft, die personale Liebe. Der Liebende weiß, daß er die Liebe des anderen nicht erzwingen kann, sondern daß sie aus der innersten Freiheit des Herzens herüberkommen muß; dennoch hängt der Sinn des eigenen Daseins davon ab, daß das geschieht. Er weiß, daß er seine letzte Verwirklichung vom anderen empfängt; dennoch ist er selbst es, der da zu sich kommt, und es ist sein eigenstes Wesen, was sich da verwirklicht. Der Verstand kann das Gefüge dieser Beziehungen nicht auflösen, aber das Herz weiß, daß es so ist und so richtig ist. Ähnlich – und doch wiederum anders – steht es mit der Gnade. Ihr Verhältnis des einen Menschen zum anderen ruht auf der Gemeinsamkeit des gleichen Menschenwesens... Gott hingegen steht in der Freiheit seines absoluten Herrentums. So geht die Gnadenbeziehung zu ihm ins schlechthin Enthobene« (166).

Formal ist es der klassische Weg der Analogie, den die moderne Linguistik[9] mit der Formel: »erfahrbar und mehr als erfahrbar«, wieder aufgegriffen hat: Man setze an bei einer allgemein zugänglichen Erfahrung und steigere sie gleichsam über sich hinaus in die Dimension Gottes hinein. Guardini sagt: »Sein Wort bedeutet eine Bürgschaft, wie kein Mensch sie einem anderen zu geben vermag« (166), daß dieser Weg gültig ist.

Aber inhaltlich nimmt Guardini – und das ist typisch für seine Spiritualität – die Begegnungserfahrung, die Liebesbeziehung als Ausgangspunkt. In ihr erfährt der Mensch, daß die Erfüllung, nach der sein Wesen schreit, nur ein freies Geschenk der Liebe sein kann. Die Notwendigkeit der Selbstverwirklichung und die Freiheit der Liebesgnade verquicken sich zur Identität. Was zwischen zwei Menschen erahnt werden kann, ist in vollkommener Verwirklichung die Realität zwischen Mensch und Gott, zwischen menschlicher Freiheit und göttlicher Allmacht: Zwischen erfüllendem Geschenk der Liebe und eigener Freiheit, zwischen Gnade und Freiheit besteht eine tiefe Selbigkeit.

Für Guardini ist das Liebesverhältnis zum personalen Gott die einzige Tür in ein menschenwürdiges neues Jahrhundert; dieser personale Gott ist der Gott der Offenbarung. Und darauf muß eine jede geistliche Lehre aufbauen.

Schon in seinem ersten wichtigen theoretischen Entwurf, *»Der Gegensatz. Versuche zu einer Philosophie des Lebendig-Konkreten«* von 1925, deutet sich diese Methode und dieser Inhalt der geistlichen Lehre an. In einer langen Anmerkung macht sich Guardini Gedanken über das Denken und Erfahren von Gott. Dabei polemisiert er gegen eine naive Übertragung der »coincidentia oppositorum« des Nikolaus von Kues auf den Umgang mit dem Gottesbegriff (wie sie heute gerade in der »Neuen Religiosität« beliebt ist): »Der Gedanke der Gegensätze und ihrer Einheit vermag manches an der Gotteswirklichkeit zu erschließen ... Aber ... jeder Versuch, Gott etwa als die ›coincidentia oppositorum‹ zu fassen, ist schon in der Wurzel falsch, denn er nimmt Gott als die Einheit kontingenter Gesetze ... Jede Aussage über Gott hat, genau gefaßt, folgende Struktur. Das Urteil etwa: Gott ist gerecht, bedeutet eigentlich: ›Gott‹ hat in der Ordnung des Absolut-Seins jene Eigenschaft, die in der Ordnung des Endlich-Seins mit ›gerecht‹ bezeichnet wird. Das Absolut-Sein ist aber dem Endlich-Sein gegenüber nicht nur eine graduelle Steigerung, sondern etwas Qualitativ-Neues, und begründet ein Anderssein, derart tief, daß wir nicht ermessen können, was aus der uns bekannten Eigenschaft ›gerecht‹ wird, sobald sie dort-hinein tritt« (146 f). Guardini wehrt sich gegen den Versuch, Gottes Sein und Wesen doch noch – mittels der »coincidentia oppositorium« – in das Fassungsvermögen des Menschen einzubringen. Und auf diesem Weg findet er wie von selbst zur klassischen Lehre der Analogie (in der gleichen Anmerkung zitiert er Thomas) zurück, die Gott und Gottes Wirken freigibt. Seine geistliche Lehre beruht schon von den ersten Schriften her auf diesem »Gott«, der als jenseitiger den Menschen in die personale Verantwortung und nicht primär in die intellektuelle Einsicht ruft. Nicht »Rückkehr in den Mythos« oder »Flucht in die Innerlichkeit«, sondern stärkere personale Verantwortung vor Gott muß die Haltung der Zukunft sein.

Konsequenterweise beendet Guardini nun auch *»Das Ende der Neuzeit«* mit einem Aufruf zum Gehorsam als einem eindeutigen Akt der Du-Beziehung: »Im Verhältnis zu Gott wird das Element des Gehorsams stark hervortreten. Reiner Gehorsam, wissend, daß es um jenes Letzte geht, das nur durch ihn verwirklicht werden kann. Nicht weil der Mensch ›heteronom‹ wäre, sondern weil Gott heilig-absolut ist. Eine ganz unliberale Haltung also mit Unbedingtheit auf das Unbedingte gerichtet, aber – und hier zeigt sich der Unterschied gegen alles Gewaltwesen – in Freiheit ... Das setzt Mündigkeit des Urteils und Freiheit der Entscheidung voraus. Und ein nur hier mögliches Vertrauen. Nicht auf eine allgemeine Vernunftordnung oder auf ein optimistisches Prinzip des Wohlmeinens, sondern auf Gott, der wirklich und wirkend ist; nein, der am Werk ist und handelt« (123).

Man muß den Zusammenhang dieses Appells mit der Zeitdiagnose sehen, die zum Beispiel in *»Das Ende der Neuzeit«* an Venedig exemplifiziert wird, das am Wellenschlag der Motorboote stirbt, aber dann mittels moderner Technik von Zement und Stahl für den Massentourismus aufbereitet wird. Dann wird noch deutlicher, warum der feinsinnige, die Kultur liebende und die Natur verehrende Guardini sich zur Mitte des Menschen wendet, um sie aus der wachsenden Versachlichung der Modernen zu retten – und dabei weite Gebiete von Natur und Kultur der modernen Versachlichung überlassen muß. Die Mitte des Menschen ist nämlich dasjenige, was im personalen Gegenüber zu Gott erwächst; und deshalb bietet weder die »liberale« Haltung des Sich-entwickeln-Lassens noch die heute so beliebte »mythische« Haltung des »Zurück-zum-einfachen-Leben« einen Schlüssel zur Zukunft, sondern nur die verantwortete Glaubenshaltung des Christentums.

»Der ganze Mensch trägt die katholische Frömmigkeit« (20)

Erst auf dem Hintergrund dieser personalen Verantwortung vor Gott, die Guardinis persönliche Entwicklung immer deutlicher geprägt haben muß, lassen sich nun Züge des »geistlichen Lehrers« skizzieren. Die Überschrift dieses Kapitels stammt aus einer der einflußreichsten frühen Schriften, *»Liturgische Bildung«*, von 1923 (20). Man kann sie gleichsam eine programmatische Schrift nennen und muß sie neben die mehr praktischen Ausführungen wie *»Heilige Zeichen«* (beginnend 1922) oder *»Vom Geist der Liturgie«* (1921) stellen. Guardini setzt beim liturgischen Geschehen an, um die Einheit des Menschen wiederzugewinnen, und aus dieser Einheit von Leib und Seele entwickelt er einen Kosmos von Lebendigkeit. »Symbolschaffend und symbolschauend steht der Mensch in der Liturgie. Er betet und handelt mit Seele und Leib in einem. Mit dem beseelten Leib; mit der im Leib sich ausdrückenden Seele« (23). Die Leibentfremdung ist eine Fehlentwicklung, die nicht nur ästhetische Bereiche affiziert. »Es verschwindet, mit einem Wort gesagt, lebendige ›Bildung‹, das Geformtsein der Körperlichkeit durch den Geist, und das Offenbarsein des Geistes im Körper. Verschwindet ›gebildete‹ Menschlichkeit, menschliche Kultur. Es verschwindet Kultur überhaupt und kommt Zivilisation, Barbarei« (25).

Man weiß, wie weit die Wellen dieses von Guardini getragenen neuen Ansatzes für Liturgie und christlichen Ganzheitsvollzug schlugen. Heute würde man von »psychosomatisch« sprechen und auf medizinisch-biologische Einsichten verweisen. Aber schon damals schrieb Romano Guardini in einer Anmerkung auf der gleichen Seite: »Auch ist Bildung kein höchster Wert. Pflicht, Ehre, Liebe, jede Weisung des Gewissens stehen über ihr. Wir dürfen keine Schöngeister und Genießer sein, sondern müssen aushalten, wohin uns Gottes Wille stellt. Das alles ist wahr. Aber die dargelegten Fragen werden dringlich.«

Man muß also, um der Bedeutung dieses Mannes

gerecht zu werden, beides sehen: die wichtigen Anstöße, die er für einen ganzheitlichen Glauben, der Leib und leiblichen Umwelt, Schönheit und Natur, menschliche Arbeit, wissenschaftliche Arbeit und Freude am Dasein miteinbezieht in die »geistliche« Unterweisung – und seiner Betonung der Würde des Menschen als Bild Gottes. Erinnert sei an die *»Drei Versuche«*: *»Die Sinne und die religiöse Erkenntnis«* von 1958; erinnert sei an den Aufruf zur visionären Schaukraft, der in den letzten Kapiteln von *»Der Herr«* anhand der eschatologischen Meditation über die »Geheime Offenbarung des Johannes« laut wird. Erinnert sei an die vielen sehr konkreten und praktischen Winke, die überall in den Schriften Guardinis zu finden sind: Katholische Frömmigkeit ist ganzheitliche Frömmigkeit. Deshalb ist »geistliche« Unterweisung immer auch Unterweisung im kulturellen und somatischen Sinn. »Geistliche Lehre« besteht nicht zum geringsten Teil in der Pflege der »Bildung«, die als »geformte Körperlichkeit« zum Parameter für durchgeistete Innerlichkeit wird. Auch das berühmt gewordene *»Wort zur liturgischen Frage«*, das Guardini 1940 an den Bischof von Mainz schrieb und in dem er Einseitigkeiten der Liturgischen Bewegung zurechtrückt, bedeutet keinen Rückzieher gegenüber diesen Idealen der Ganzheit und Integration, sondern die gemäße Einreihung von alledem in die christliche Wertordnung.

Hier hat man den christlichen Religionswissenschaftler oft mißverstanden und ihn zu einem leicht(sinnig)en Verfechter einer schwebenden, gleichsam tanzenden Spiritualität gemacht. Wenigstens in den zwanziger/dreißiger Jahren gab es bei Freund und Feind solche Stimmen. Eine Besprechung zu den *„Geistliche(n) Übungen«* von 1933, *»Wille und Wahrheit«*, mag es zeigen. In diesen *»Vorträgen und Unterweisungen«* führt Guardini ganzheitlich – mit Gymnastik und Atemübun-

gen, mit Sprechen, Singen und Schaffen – in die Begegnung mit Gott ein. Man begegnet darin vielen Grundthemen Guardinis und findet sie in einen praktischen Vollzug eingebracht, der in seinem Drei-Tage-Schritt durchaus dem klassischen Exerzitienaufbau entspricht. Auch das oben beschriebene Grundverhältnis von Mensch und Gott wird kurz skizziert. »Je stärker (Gott) auf den Menschen wirkt, desto selbständiger wird dieser – nein, dann wäre er überhaupt erst wirklich er selbst« (195).
Eine ausführliche Besprechung in der Beilage der »Germania« vom 12. 1. 1934 kontrastiert diesen Entwurf Guardinis den Exerzitien des heiligen Ignatius von Loyola. »Loyola ... entwarf seine Übungen für seine Ordensbrüder mit der ganz bestimmten Intention, sie durch stark depressives Erleben der Schändlichkeit der Sünde und des Grauens, das ihr als Strafe nach dem Gericht im Jenseits folgen wird, unter Bejahung der Askese und der Opfer, die rechtschaffenes Tun fordert, in die frohe Stimmung himmlischer Belohnung zu führen mit dem Ziel: der Welt zu entsagen ...« Guardinis *»Wille und Wahrheit«* wird als Gegenentwurf gelobt. Zweifelsohne deckt der Besprecher damit eine Verengung der katholischen Spiritualität dieser Jahre auf – die Verengung auf Aktivismus, auf Leibfremdheit, auf überstarke Zielgerichtetheit des Willens. Aber er bemerkt es nicht, daß im Grunde Guardini ganz auf der Seite des Ignatius steht: Gott ist der absolute Fixpunkt der Ordnung; und erst wenn diese theozentrische und christozentrische Eindeutigkeit gewahrt ist, darf gefragt werden, wie die Übungen stattzufinden haben. Hier stimmen Ignatius mit seinem »Prinzip und Fundament« und Guardini überein. Auch im heilsgeschichtlichen Aufbau der Übungen und in der durchsichtigen Ordnung ihres Ablaufs gibt es keine Unterschiede. Der Besprecher deckt aber vor allem die Fehleinschätzung

auf, die zu leicht bei den Äußerlichkeiten (Ästhetik, liturgisches Spiel, leichte Form) hängenbleibt und der wohl auch breite Kreise der Theologen unterlagen, so daß man über lange Zeit – vielleicht ob der leichten Form und der gut verständlichen Sprache – Guardini nicht die Bedeutung innerhalb der theologischen Reflexion zumaß, die er doch nun tatsächlich besitzt.
Die Ganzheit der Bildungslehre, die Guardini besonders durch seinen Einsatz für die liturgische Bewegung in die christliche Frömmigkeit einbrachte, ist nur dann legitim, wenn sie ihren rechten Platz zugewiesen bekommt. Ganzheitliche Erfahrung ist nicht das letzte unseres irdischen Christentums, sondern ein – oft vernachlässigtes – Mittel, tiefer das Christentum zu erleben. Nur weil Guardini damals schon die Relativität der psychosomatischen Basis des christlichen Lebens und Erfahrens deutlich heraushob, konnte er auch *»Das Ende der Neuzeit«* so radikal und so christlich ausdeuten.

»Solange ein Mensch Gott anbetet, ... bleibt er vom Trug gefeit«

Dieser Satz steht in dem Kapitel über Anbetung, mit dem Guardini in *»Der Herr«* die Texte des letzten Buchs der Bibel, der Geheimen Offenbarung, kommentiert (679). Sicherlich ist Anbetung ein Herzensanligen des mit der Liturgischen Bewegung groß gewordenen »geistlichen Lehrers«. Doch in dem reichen Schrifttum Guardinis tut man sich schwer, Wertungen auszusprechen, wohin denn nun seine persönliche Neigung zum Gebet geht und wohin er andere zu führen suchte. Man findet bei ihm das ganze Spektrum der christlichen Gebetslehre, ohne daß Spezifisches anzumerken sei, wenn nicht das eine, daß stets der persönlich ansprechende Gott in der Mitte steht. Die *»Vorschule des Betens«* von

1943 darf ohne große Bedenken unter die Klassiker der Gebetslehre gerechnet werden.
In seinem Exerzitienentwurf *»Wille und Wahrheit«* kommt Guardini oftmals auf das »Meditieren« zu sprechen. Gedanken, die er anderswo ausführlicher dargestellt hat[10], kommen hier knapp und lebendig zur Sprache: »Meditation geht nicht in irgendeinem besonderen Akte des Geistes oder Herzens auf, sondern beansprucht den ganzen Menschen. Der ganze Mensch tritt seinem Gegenstande gegenüber. Und ›ganz‹ nicht nur in dem Sinne, daß seine verschiedenen Kräfte im Akt stehen, sondern auch so, daß die Bewegung der Meditation den Menschen selbst aufzuschließen und seine Tiefenschichten immer weiter hinab zu erfassen sucht. Meditierend bringen wir uns ein Wort, das von Gott kommt, oder ein heiliges Begebnis vor den inneren Blick, richten unser ganzes Sein darauf; suchen es zu verstehen und uns anzueignen. Wir nehmen es in unser lebendiges Inneres herein, so daß es darin wirksam wird, als Gestalt im Auge, als Licht im Geiste, als Kostbarkeit im Herzen, als Ruf im Gemüte, als Kraft in Wille und Tat. Das alles braucht nicht mit einem Mal zu geschehen. Was von Gott kommt, kommt meist in der Form des Beginnens, nicht der fertigen Wirkung. Gott wirkt nach der Weise des Lebens: Er führt an und löst Bewegung aus; er legt einen Samen, der keimt, wenn es Zeit ist... Nichts Vermerkbares braucht geschehen zu sein, wenn wir von hier fortgehen. Vielleicht kommt kein ›Ergebnis‹ heraus; keine in klaren Sätzen niederzuschreibende Erkenntnis... Eines aber soll geschehen: daß wir einige Tage vor Gott bereit sind und von ihm her etwas Heiliges in uns beginnt...« (17–18). Der Text zeigt wiederum die theozentrische Orientierung und das Leben mit der christlichen Gnadentheologie. Es zeigt aber auch die behutsame Sprache, in der Guardini Meister war und Dinge sagen

konnnte, die in anderer Diktion mißverständlich klingen. In diesen Texten prägt Guardini auch das Wort vom »dunklen« Willen, um den es geht: »dunkel sind die Bahnen des Blutes und die Wege des Herzens (dunkel, nicht finster); dunkel sind die Gründe des Gemütes und die Bewegungen des lebendigen Werdens. So gibt es auch einen Willen, der von gleicher Art ist.« Und um ihn geht es in der Meditation (19). »Aus der Tiefe des konkreten Lebens kommt immerfort ein unmerkliches Geschehen... Eine stille, aber unbeirrbare Ordnung waltet. Eine Mitte macht sich geltend...« (20). Meditation möchte in die Schwingungen dieses »dunklen« Willens auch einspüren. »Wenn wir also still werden, uns sammeln und öffnen und ein heiliges Wort dahinein empfangen, dann nimmt der ›dunkle‹ Wille des christlichen Lebens es auf und trägt es in die Stunden, wo es nötig ist« (21). Mir möchte es scheinen, daß Guardini mit diesen vorsichtigen Worten Wichtigeres gesagt hat als die Unmasse an Meditationsliteratur, die doch zum großen Teil in »Erfahrung« (ohne Gestalt) oder »Erlebnis« (ohne Gegenüber) oder »Selbstfindung« (ohne Weiterschreiten) oder »Gemüt« (ohne Wille und Geist) steckenbleibt.

Wie sehr auch die Gebetslehre Guardinis von seiner Grundschau des Menschen als Gegenüber Gottes geprägt ist, zeigt sein häufiges Nachsinnen über das »Bittgebet«. Er verfällt nicht der heute oft gehörten Meinung, daß »Bitten« auf dem Gipfel der Gottesbegegnung wegfallen wird, weil der Mensch ineinsschwingt mit Gott. Guardini schaut auf das Evangelium und schreibt zum Beispiel in der zweiten der *»Drei Lehrreden«* von 1935 (Unterscheidung des Christlichen): »Die Welt des Neuen Testaments ist von der Gesinnung des Betens und Bittens erfüllt; die Worte des Herrn, seine Gleichnisse, seine eigene Haltung bringen es uns so nahe, daß es uns ganz selbstverständlich scheint; eine schöne, innige, tiefe, mit Notwendigkeit aus dem Wesen kommende Sache« (351). Und dieser »Notwendigkeit aus dem Wesen« geht er nach: setzt sich ab vom Wissenschaftler, für den das Bitten ein Einfügen ins Ganze ist; vom Psychologen, für den Bitte »Hingabe an das große Dasein« sein kann; vom nicht-christlichen Mystiker, dem das Bitten bedeutet, »seinen Willen dem göttlichen Willen zu lassen. Nichts von sich aus zu wollen – nur daß der heilige Wille geschehe« (352). Aber »das Bitten des Neuen Testaments ist ein wirkliches Bitten, kein nur scheinbares. Darin erhebt sich das eigene Bedürfnis und Verlangen des Menschen, faßt sich ins Wort und tritt vor Gott« (353). Und daran entwickelt Guardini sein Gottesbild und stellt sich dieser oft als kindlich abgetanen Auffassung von Gott. Hier hat das augustinische, von Newman aufgegriffene »Gott und meine Seele, und sonst nichts auf der Welt« seinen Platz; »denn Gott spricht: ›Ich und deine Seele, sonst nichts.‹« Und auf die Frage, »wenn ich an die anderen denke,« läßt Guardini antworten: »Für jeden ist Er nur Ich und er, und sonst nichts« (356).

Diese Grundsicht von Gott und Mensch findet im Bittgebet ihre unaufhebbar höchste Realisation. Und wieder greift Guardini zum Beispiel der beiden Liebenden, um in Analogie ein Verständnis des Bittgebetes zu wekken: »Das, was zwei Liebende verbindet, ruft sie in ihre Geschichte (d. i. der bereite Grund des Menschen), und es bildet sich ein Schicksal – nun sind wir soweit: Auch jenes Verhältnis zwischen dem Herzen Gottes und dem Menschen, das nur in der Form jener heiligen Geschichte erzählt werden kann, holt die Welt in sich hinein ... Die ganze Welt ist gerufen, in die Liebesbeziehung zwischen Gott und dem Menschen einzutreten. Hier ist die Bitte souverän: ›Um was immer ihr den Vater bitten werdet in meinem Namen ...‹« (358).

Die Grundmethode Guardinis (auszugehen von der

Analogie der Liebesbegegnung) bewährt sich. Aber es ist zugleich auch der Grundinhalt seiner geistlichen Lehre, wie er sie in einem großen Kapitel in *»Der Herr«* beschreibt: Wir »werden zum Mitvollzug der Gesinnung Dessen gerufen, der seine Allmacht und Heiligkeit in der reinen Freiheit der Liebe besitzt« (107). Guardini lehrt uns, über Gott weniger mit den Maßstäben des Seins oder der Natur oder der Moral zu denken als mit dem Maß der Liebe, das nach Bernhard von Clairvaux »ohne Maß« ist.

»Auf deine Liebe müssen wir trauen allein«

Dieser Satz stammt aus einem der tiefsten Zeugnisse des »geistlichen Lehrers« (hier legt sich wirklich der Name »geistlicher Meister« nahe, den ich grundsätzlich für ungeeignet im Hinblick auf einen Menschen halte). Die *»Theologischen Briefe an einen Freund«* (65) schrieb Guardini 1963–1966 in seiner schweren, langwierigen Krankheit (Trigeminusneuralgie). Der Sprachstil ist völlig nüchtern geworden. Die sonst so souverän gebrauchten Bilder fehlen, und erst allmählich entdeckt man die klassische Schönheit dieser restlos einfachen, oft wie abstrakt-philosophisch wirkenden Sprache. Der zehnte Brief an seinen Freund Josef Weiger beginnt: »Ich möchte Dir einiges mitteilen, was ich als Frucht einer langen Krankheit ansehe.« Es geht um die uralte Menschheitsfrage nach dem Sinn von Leid und Schmerz, von Endlichkeit und Schaden. Guardini hat sich zwischen den beiden extremen Haltungen durchgequält: dem »Pessimismus, der sagt, alles sei schlimm und schlecht«, und dem »Optimismus, der sagt, alles sei gut und erfreulich ... Unser Dasein ist ein nicht zu entwirrendes Knäuel von beidem. In jeder Regung des Lebens ist beides enthalten«.

»Ich habe darüber nachgedacht, ob ein Wort zu finden wäre, in welchem sich die richtige menschliche Haltung ausdrückte, und habe ein einziges gefunden: das Vertrauen.« Aber nicht Vertrauen in ein Weltgefühl, sondern »auf den, der die Welt geschaffen hat, sie erhält und sie in einem letzten Sinn regiert. Das Entscheidende ist Gottes Gesinnung, die es mit uns von Grund auf gut meint«. Dieses Vertrauen ist nicht durch Einsicht oder Erfahrung, nicht durch Erlebnis oder Nachdenken zu erreichen. »Eine schwierige Arbeit des Denkens – mehr als das, eine Zustimmung, ein Einverständnis des Willens war nötig, um hier durchzukommen. So bedeutet ›Vertrauen‹ in seiner vollen Tragweite den Inbegriff des rechten menschlichen Verhaltens.«
Mit den kurzen Zitaten unserer Darstellung läßt sich nicht das Ganze wiedergeben, das in diesem Brief, der als letzter auch den Höhepunkt des schmalen Bändchens bedeutet, dargestellt wird. Aber wiederum wird in den wenigen Sätzen das sichtbar, was die geistliche Lehre Guardinis ausmacht: das glaubende Setzen auf Gott, der sich in Jesus Christus als Liebe gezeigt hat. Man muß in diesem Wort auch dasjenige finden, was im Gespräch des Christen mit Buddha, dem vielleicht größten aller Menschen, die neben Jesus Christus stehen, zu sagen wäre: ein Vertrauen, das weder optimistisch in der gegenwärtigen Welt als guter hängenbleibt, noch pessimistisch aus ihr als einer schlechten aussteigt; sondern ein Vertrauen, das die Kraft ganz von dem jenseitigen Gott her geschenkt erhält und das auch das Ja zu dieser Welt ganz in Gottes ewige Güte hineinlegt.
Guardini hat dieses Wort geschrieben als ein Mensch, der den Schmerz und die Todesnähe kannte; und statt eine Systematisierung zu versuchen, scheint es uns passend, die vorliegenden Überlegungen mit einem Zitat abzuschließen, das von Guardini in diesen Briefen als

persönlicher Wunsch niedergeschrieben wurde: »Gott allein, der Seiende einfachhin, ›ist‹ aus sich und in sich und bedarf keinerlei Bedingungen. Deshalb ist Er auch für unser Denken das Geheimnis einfachhin. Wir können Ihn nicht denken. Wir können bloß über die Worte nachdenken, die Er zu uns spricht: die Offenbarung... Wahrscheinlich ist der Weg zum Vertrauen für jeden Menschen ein anderer, und es kommt darauf an, den eigenen zu finden. Daß dies Dir gelingen möge, ist mein Wunsch.«

Anmerkungen

[1] Vgl. dazu Josef Sudbrack, *Geistliche Führung. Zur Frage nach dem Meister, dem geistlichen Begleiter und Gottes Geist,* Freiburg 1981, 23f.

[2] Aus ökonomischen Gründen und, weil es noch keine anerkannt kritische Ausgaben gibt, zitieren wir Guardinis Schriften nach den uns vorliegenden Ausgaben und verweisen dabei auf die *Bibliographie Romano Guardini* (1885–1968). *Guardinis Werke. Veröffentlichungen über Guardini. Rezensionen,* erarbeitet von H. Mercker, Paderborn 1978. Der leichteren Lesbarkeit halber verweisen wir auch die Verifikationen der Zitate soweit möglich in den Text selbst hinein.

[3] Erwähnen aber möchte ich M. Heinrichs, *Christliche Offenbarung und religiöse Erfahrung im Dialog,* Paderborn 1984; ein franziskanischer Dogmatikprofessor, der nach langer China-Erfahrung seit fast 30 Jahren in Japan lebt und lehrt. Die wissende und sympathische Darstellung der Zen-Philosophie Nishitani Keijis ist das weitaus Beste, das einem des Japanischen Unkundigen begegnet ist. Nachteilig an diesem wichtigen Buch ist nur, daß keine zweite, journalistisch geschickte Hand das Buch überarbeitet und ihm zumindest einen Sachindex beigefügt hat. Außerdem fehlt ihm die deutschsprachige Literatur der letzten 10 Jahre.

[4] (Père Joseph) *Ein Leben zwischen Religion und Politik,* München 1941.

[5] Vgl. die deutsche Übersetzung des rekonstruierten Textes: Celsus, *Gegen die Christen*, München 1984.

[6] Hamburg 1972; die eben erschienene *Umweltethik* von A. Auer, *Ein Theologischer Beitrag zur ökologischen Diskussion*, Düsseldorf 1984, zeigt in sympathischer Nüchternheit die Haltlosigkeit (wenn man nicht ein noch schärferes Wort gebrauchen muß) von Amerys Bestseller. Interessant ist, daß Auer sich immer wieder auf Guardini beruft, auf dessen positive Einstellung zu dem, was heute unter dem Stichwort Ökologie läuft.

[7] Gerade am Beispiel Rainer Maria Rilkes läßt sich zeigen, wie aufgeschlossen und positiv Guardini Natur und Kultur begegnete und wie eindeutig er zugleich die christliche Unterscheidung anlegte, die für ihn auch der einzige Weg in eine menschliche Zukunft dieser Welt sein kann. Er fand in Rilke – bei aller Bewunderung – letztlich doch den bewußten Gegenpol zum Christentum. Es wäre heute richtig, die christliche Haltung zu Rilke sachlich zu durchdenken, statt mit romantischer Schwärmerei zu vernebeln.

[8] So lautet der Titel eines Buches von K. Walf mit Beiträgen von Enomiya-Lassalle, Post, Schlette, Obrist, worin der Herausgeber das Fazit vom »Ende des Christentums« zieht.

[9] Dazu Sudbrack, *Beten ist menschlich. Aus der Erfahrung unseres Lebens mit Gott sprechen*, Freiburg 1981, besonders 108–115 über J. T. Ramsey.

[10] Vgl. z. B. *»Das Gute, das Gewissen und die Sammlung«* von 1931; oder viele Beiträge in seinen späteren Sammelbänden.

Eugen Biser

Romano Guardini: Wegweiser in eine neue Epoche

Überlegungen zu einer kritischen Guardini-Rezeption

Vorbemerkung

Noch vor wenigen Jahren, als Guardinis Wirkungsgeschichte einen kaum vorauszusehenden Tiefpunkt erreicht hatte, wäre es als unangemessen, zumindest aber als überzogen erschienen, wenn man ihn als Orientierungsfigur, gar noch für die von ihm bereits mit aller Deutlichkeit angesprochene Nach-Neuzeit bezeichnet hätte. Heute ist das aus zwei Gründen anders. Einmal deshalb, weil der große Abbruch der Leitbilder, der nach der Jahrhundertmitte zunächst mit bilderstürmerischer Lust betrieben wurde, inzwischen als Prozeß einer verhängnisvollen Selbstzerstörung begriffen wird, während sich gleichzeitig der suchende Blick wieder denen zuwendet, die einmal in normativer empfindenden Zeiten im Sinne der Orientierung und Wegweisung Einfluß gewonnen hatten. Zum andern aber auch deshalb, weil sich in der Wirkungsgeschichte Guardinis eine Wende abzuzeichnen scheint. Denn mit ihm verhält es sich offensichtlich anders als mit den Namen, an die sich unsere Zeit, die sich ihre Themen offensichtlich fast nur noch durch kalendarische Anlässe zuweisen läßt, zu erinnern bemüht. Während es sich in ihrem Fall meistens um eine spürbare Bemühung handelt, tritt seine Gestalt mit dem Herannahen des Gedenktags (17. Februar 1985) wie von selbst aus dem Nebel der Vergessenheit hervor. Das läßt sich nur aus der ihm eigenen Dignität erklären. Er braucht nicht aufgesucht zu werden, weil er sich kraft eigener Bedeutung präsentiert. Und das hebt ihn auf eine sehr bezeichnende Weise von den Vergleichsgestalten ab. Während sie nur mit ihrer geistigen, künstlerischen oder politischen Bedeutung zur Debatte stehen, weist er jenen wirkungsgeschichtlichen »Mehrwert« auf, der schon bei seinen Lebzeiten vom großen Kreis seiner Bewunderer und Hörer empfunden wurde und ihn in den Augen vieler als ausgesprochene Orientierungs- und Leitfigur erscheinen ließ. Deswegen ist es nicht überzogen, sondern nur angemessen, ihn unter diesem Gesichtspunkt zu würdigen.

Dann aber zieht gerade jene Position in Guardinis Schaffen die besondere Aufmerksamkeit auf sich, zu der er sich erst spät durchrang, obwohl sie sich nach einer Beobachtung Hans Urs von Balthasars schon in den »Briefen vom Comersee« (von 1927) abzeichnete: seine Rolle als Zeitanalytiker und Zeitkritiker[1]. Denn in seinen zeitanalytischen Äußerungen reflektierte er das, was er lebensgeschichtlich für viele war und was in der zu erwartenden Wiederbegegnung mit ihm allem Anschein nach begünstigend und verstärkend ins Spiel kommt. Wenn je einmal, folgt hier die Erkenntnis dem Interesse. Das aber ist von der Frage bestimmt, ob die neu ins Blickfeld tretende Gestalt auch dazu angetan ist, dem verunsicherten und zukunftsblind gewordenen Menschen dieser Zeit zu neuer Orientierung oder doch wenigstens zum Willen dazu zu verhelfen. Dabei ist es noch nicht einmal entscheidend, ob die von ihr ausgehende Wegweisung als gültig und nachvollziehbar empfunden wird. Viel wichtiger ist angesichts des gestörten Geschichtsverhältnisses des heutigen Menschen der von ihr ausgehende Impuls, verstanden als die Insinuation, es mit der Geschichte und ihrem Fortgang aufzunehmen. Denn der heutige Mensch lebt, wie schon Walter

Benjamin aus eigener Existenzerfahrung erkannte und aussprach, mit dem Rücken zur Zukunft. Er weiß es auch und leidet unter diesem Wissen[2]. Deshalb bemißt sich sein Verhältnis zu den Gestalten der Vorzeit insgeheim daran, ob sie ihm aus diesem Mißverhältnis heraushelfen. Wichtiger als die von ihnen gebotene Prognose ist für ihn somit dieser therapeutische Einfluß. Das sollte auch bei der Würdigung von Guardinis Zeitkritik nicht aus dem Auge verloren werden.

Das lebendige Prisma

In seiner nachgelassenen Autobiographie »Berichte über mein Leben« durchbricht Guardini wenigstens einmal die Zurückhaltung, die er sich sonst durchweg auferlegt, mit dem geradezu programmatisch klingenden Wort, daß es ihm in seinem erzieherischen und literarischen Wirken »immer nur um die Kirche zu tun« gewesen sei, auch wenn er, um ihr zu dienen, oft einsame Wege hatte einschlagen müssen. Und er unterbaut dieses Bekenntnis mit dem Satz, daß es doch wohl auch ein »unmittelbares Verhältnis zur Kirche in der Fülle ihres Wesens« geben müsse[3]. Der Satz bietet den Schlüssel zu dem, was Guardini für diejenigen war, die sich vom religiösen Aufbruch der Zwischenkriegszeit ergreifen ließen, und in deren Seelen, seinem berühmten Leitwort zufolge, die Kirche zu neuer Präsenz erwachte: das lebendige Prisma, in dem sich das Licht dieses Aufgangs auf eine ihnen zugleich einleuchtende und sie bewegende Weise brach; der leibhaftige Spiegel, in dem sie sich mit ihren Sehnsüchten und Hoffnungen wiedererkannten; kurz, die personale Wegweisung, die ihnen in ihrer Verunsicherung durch Niederlage und Wirtschaftskrise, aber auch durch die wachsenden politischen und geistigen Spannungen weiterhalf.

Für sie kehrte sich somit die Außenseiterrolle, in die Guardini sich bisweilen abgedrängt sah, in ihr Gegenteil um. Gerade dort, wo er, wie in der Frage der liturgischen Erneuerung, mit seinem Plädoyer für religiöse Erfahrung, oder auch in seinem gewagten Rückgriff auf die platonisch-augustinische Denkform einsame Wege einschlug, verkörperte er für sie das Ganze, verstanden als die sich ihnen aus ihrer Sinnmitte erschließende Kirche. Daß er sie dadurch den prekären Balanceakt übersehen ließ, auf den sich damals kirchliche Amtsträger im Kräftespiel mit den sich in Italien, Spanien, Portugal und insbesondere in ihrem eigenen Heimatland konstituierenden Diktaturen eingelassen hatten, ja daß sie durch den von ihm insinuierten Hinblick auf das Wesensgeheimnis der Kirche bisweilen deren institutionelle Konturen aus dem Auge verloren, wurde ihnen erst bewußt, als es für politische Korrekturen zu spät war und der enthusiastische Identifikationsakt, zu dem sie sich durch ihn bewogen sahen, nicht mehr trug.
Obwohl Guardini auf die kirchen- und theologiegeschichtliche Entwicklung seiner Zeit kaum reagierte – nach Ausweis der nachgelassenen Lebensskizze liest er Gogarten, diskutiert er mit Balthasar und holt er den Rat Karl Rahners ein, ohne daß er sich darauf in seinem schriftstellerischen Werk je bezieht –, gilt dasselbe Verhältnis, sogar in bedeutender Verallgemeinerung, auch heute noch: An ihm lassen sich, wie an einem gestalthaften Paradigma, die Strukturen des religiösen Bewußtseins ablesen, und dies am deutlichsten dort, wo er sich, ganz sachbezogen, zu den Grundfragen des Glaubens äußert und im Interesse einer Orientierung auf das Wagnis einer Zeit-Diagnose einläßt. Schon im Blick auf das neu aufkommende Interesse an seiner Gestalt und seiner Lebensleistung erscheint es angezeigt, die Rückfrage vor allem an den Diagnostiker der Neuzeit zu richten und erst in einer kürzeren Schlußbetrachtung

auch auf den theologischen Denker Guardini einzugehen.

Eine rückwärtsgewandte Prophetie

Das bekannte, von dem Hegelianer Karl Daub stammende Wort, das den Historiker einen rückwärtsgewandten Propheten nennt, trifft, gerade auch mit seiner kritischen Spitze, das von Guardini zu Beginn der fünfziger Jahre, also genau in der Jahrhundertmitte, erarbeitete Zeit-Diagramm so genau, daß es kaum zutreffender gewürdigt werden könnte. Schon vom Titel her, der das »Ende der Neuzeit« proklamiert, will es im Kontext jener sinngleichen Analysen gelesen werden, in denen sich ein ähnliches »Unbehagen in der Kultur« artikulierte, also im Zusammenhang mit dem gleichnamigen Essay von Sigmund Freud (von 1930), mit der von Karl Jaspers unmittelbar danach veröffentlichten Schrift über die »Geistige Situation der Zeit« (von 1931), mit Alfred Webers »Abschied von der bisherigen Geschichte« (von 1946) und mit Ernst Jüngers Versuch »Über die Linie« (von 1950).
Im Unterschied zu diesen Vergleichswerken, denen mit einigem Abstand noch Max Picards Schrift »Die Flucht vor Gott« (von 1935) und Hans Sedlmayrs »Verlust der Mitte« (von 1948) hinzuzufügen wären, besticht Guardinis Untersuchung ebenso durch die Eindeutigkeit der Diagnose wie durch die Klarheit des Durchblicks. Das eine hat sie zwar mit den nachträglich erwähnten Versuchen gemeinsam, die das von ihnen beklagte Unwesen der Zeit nicht weniger entschieden unter einen Gesichtspunkt subsumieren, wenn sie die Neuzeit entweder auf der Flucht vor Gott oder in einem Zustand wachsender Exzentrizität begriffen sehen; doch läßt er, was den Grad der Stringenz und Luzidität des von ihm gebotenen Durchblicks anlangt, die mit ihm konkurrie-

renden Orientierungsvorschläge doch erheblich hinter sich. Was er bietet, ist ein Geschichtsbild, das dem Wesen – und Unwesen – der anvisierten Epochen auf den Grund zu gehen und die Gegenwart als das Ergebnis einer durch diese Wesensschau diagnostizierten Fehlentwicklung zu begreifen sucht. Dabei geht sein Blick dem neuzeitlichen Geschichtsgang insofern »auf den Grund«, als er die Epoche bereits, wie der Titel seiner Studie sagt, an ihrem Ende angelangt und durch eine neue, nachneuzeitliche, überholt sieht, auch wenn sich deren Umrisse erst so undeutlich abzeichnen, daß eine begriffliche Bestimmung vorderhand unmöglich ist. Am klarsten kommt Guardinis Geschichtsbild freilich erst im zweiten, mit dem Titelwort »Die Macht« (von 1951) überschriebenen Band seiner Zeit-Diagnose zum Ausdruck, dem übrigens, wie aus seinen nachgelassenen »Notizen und Texten« – sie wurden unter dem Titel»Wahrheit des Denkens und Wahrheit des Tuns« 1980 posthum veröffentlicht – hervorgeht, noch ein dritter, der Auseinandersetzung mit Nietzsche gewidmeter, folgen sollte[4]. In der »Vorbemerkung« zu seiner Studie über die Macht schreibt Guardini:

So kann man sagen, in der Antike sei es letztlich darum gegangen, das Bild des wohlgeschaffenen Menschen und des edlen Werkes zu finden, und das Ergebnis dieses Bemühens sei es, was wir mit dem Begriff des Klassischen meinen... Das Mittelalter erfährt in besonderer Weise die Beziehung zum überweltlichen Gott. Darin erwacht die Aufschwungkraft der jungen abendländischen Völker. Von der so gewonnenen Höhe über der Welt sucht dann der Wille die Welt zu durchformen, und es entsteht jene eigentümliche Verbindung von Inbrunst des Herzens und architektonischer Präzision, welche für das mittelalterliche Daseinsbild charakteristisch ist... Die Neuzeit endlich greift aus einer bisher unbekannten Wirklichkeitsnähe des Verstandes und der Technik nach der Welt. Was das von ihr geschaffene Bild vom Dasein bestimmt, ist die Macht über die Natur. In immer rascherem Vordringen nimmt der Mensch forschend, planend und technisch gestaltend die Dinge in Besitz[5].

In dieser Sicht geraten alle Verhältnisse im Lauf der neuzeitlichen Entwicklung zunehmend unter die Direktive der Macht, die von Guardini, durchaus zeitnah, als Inbegriff wissenschaftlicher Weltbeherrschung und technischer Weltverwaltung und damit als das Prinzip der »Machbarkeit« verstanden wird. Daß es dazu kam, hat eine von langer Hand in Gang gekommene Verstörung im Menschenwesen zur Voraussetzung; denn:

All das Furchtbare ist doch nicht vom Himmel gefallen – sagen wir richtiger, aus der Hölle heraufgestiegen! All die unfaßlichen Systeme der Entehrung und Zerstörung sind doch nicht ersonnen worden, nachdem vorher alles in Ordnung war. Ungeheuerlichkeiten von solcher Bewußtheit gehen doch nicht nur auf Rechnung entarteter Einzelner, oder kleiner Gruppen, sondern kommen aus Verstörungen und Vergiftungen, die seit langem am Werk sind[6].

In der Frage der Verursachung dieses Übels gibt es für Guardini keine Zweifel. Es ist der »Empörungsglaube des Autonomismus«, der die Neuzeit blind für die tragenden Werte, aber auch gegenüber ihrem ureigenen Verhängnis werden ließ[7]. Denn dadurch, daß Energie, Material und Struktur in die Verfügungsgewalt des Menschen geraten, treten sie ebenso unter das Vorzeichen seiner Freiheit wie unter das seiner Ungeschütztheit. So kam die Neuzeit durch den Ungeist des Autonomismus, wie Guardini mit Nietzsche sagen könnte, insgesamt auf eine schiefe Bahn[8]. Aufgrund ihrer autonomistischen Vorentscheidung betreibt sie mit selbstzerstörerischer Konsequenz – wiederum mit Nietzsche gesprochen – das Werk ihrer »Selbstaufhebung«[9]. Nach Ausweis der von Johannes Spörl veröffentlichten »Theologischen Briefe an einen Freund« (von 1977) sah sich der späte Guardini in diesem Urteil – um nicht zu sagen: in dieser Aburteilung – nur noch bestärkt. Ein »Rechtsbruch« liege der Neuzeit zugrunde, heißt es im vorletzten dieser Briefe, der die Epoche zu einer »bis in die Wurzeln hinein« falschen Vorstellung von der Welt als »Natur« und vom Menschen als einem sich in ihr autonom ausgestaltenden Wesen geführt habe. Dem folgte die End-Diagnose, die bezeichnend für den tiefen Pessimismus dieser Sicht, auf »unheilbar krank« lautet:

> Wie mit Augen glaubte ich zu sehen, warum der Schaden des Daseins unheilbar, warum das schlechte Gewissen unaufhebbar ist, solange dieser Grundzustand nicht erkannt und ihm nicht standgehalten wird[10].

Dabei läßt schon der Ausklang dieser Stelle erkennen, daß das Urteil Guardinis trotz seiner Härte eher als Weckruf denn als Verdikt gemeint ist. So ergibt es sich vollends aus dem Fortgang der Stelle, wonach er auch die Gegenwartstheologie Gefahr laufen sieht, sich »in diesen Charakter hineinziehen zu lassen«. Da er bei aller Distanz doch zu ihr gehört, kann sein eigener Beitrag nur in der Rolle des »Wächters« bestehen, der, um es mit einem Wort seines Kritikers Michael Theunissen zu sagen, mit aller Kraft Alarm schlägt, um seine Zeitgenossen von dem verhängnisvollen Kurs, den sie steuern, doch noch abzubringen.

Das Syndrom des Kommenden

Doch auf welches Ziel hin überholt sich diese buchstäblich aus den Fugen geratene, im Zustand einer extremen Instabilität befindliche und darum von der Gefahr der Selbstzerstörung bedrohte Gegenwartswelt? Guardini antwortet darauf mit drei Begriffen, wenngleich von unterschiedlicher Ausprägung. Was in der durch Zweckrationalität, Autonomismus und Machtstreben bestimmten Epoche letztlich heraufkommt, ist das Syndrom einer nicht-natürlichen Natur, eines nicht-humanen Menschen und einer zum Gegenteil ihrer selbst per-

vertierten Kultur[11]. Von einem »Syndrom« muß deshalb gesprochen werden, weil in Guardinis Zeitkritik das diagnostische Interesse bestimmend bleibt, das seinerseits aus seiner pädagogisch-therapeutischen Grundposition hervorgeht.
Sowenig die Konturen der kommenden Barbarei, wie sich Nietzsche in vergleichbarem Zusammenhang ausdrückte, jetzt schon ausgemacht werden können, so klar liegt Guardini das Schicksal vor Augen, das der Menschheit im Übergang dazu droht. Es ist höchst zwiespältiger Art, diktiert durch die Lebensbedingungen in der sich zunehmend ausgestaltenden Massengesellschaft. Sie sind durch ein derart ungeheuerliches Anwachsen der »Es-Mächte«, anthropologisch ausgedrückt durch »so viel Entwürdigung und Vergewaltigung des Menschen« gekennzeichnet, daß man Gefahr läuft, die damit gegebenen Chancen zu übersehen[12]. Zwar erleidet in ihr der Mensch eine fortschreitende Destruktion seiner »Persönlichkeit«, dies jedoch so, daß er sich dadurch erst recht zu personaler Selbstverwirklichung herausgefordert sieht. Haben wir das Recht, fragt Guardini, aus der Beschränkung der Persönlichkeitsrechte in der Massengesellschaft ein Argument gegen sie herzuleiten? Und er folgert:

Statt also im Namen einer von Persönlichkeiten getragenen Kultur gegen die heraufkommende Masse zu protestieren, wäre es richtiger, sich zu fragen, wo die menschlichen Probleme der Masse liegen. Sie liegen darin, ob die Einebnung, welche mit der Vielzahl gegeben ist, nur zum Verlust der Persönlichkeit oder auch zu dem der Person führt. Das Erste darf geschehen, das Zweite niemals[13].

In dieser Alternative neigt Guardini zu der gewagten, wenngleich aus seiner Sicht verständlichen Prognose:

So seltsam es klingen mag: die gleiche Masse, welche die Gefahr der absoluten Beherrschbarkeit und Verwendbarkeit in sich trägt, hat auch die Chance zur vollen Mündigkeit der Person in sich[14].

Schon jetzt, so versucht er diese kühne Hoffnung zu rechtfertigen, gewinne das menschliche Dasein einen »Ernst, den die Antike nicht gekannt hat«[15]. Bei der näheren Begründung nimmt freilich der Theologe dem Analytiker unverkennbar die Feder aus der Hand:

Er stammt nicht aus der eigenmenschlichen Reife, sondern aus dem Anruf, den die Person durch Christus von Gott her erfährt: sie schlägt die Augen auf und ist nun wach, ob sie will oder nicht. Er stammt aus dem jahrhundertelangen Mitvollzug der Christus-Existenz, aus dem Miterleben jener furchtbaren Klarheit, mit welcher Er »gewußt hat, was im Menschen ist« und jenes übermenschlichen Mutes, womit Er das Dasein durchgestanden hat[16].

Gewagte Prognosen

Wenn diese Sätze die aufsteigende Kritik zunächst auch niederhalten, da sie den von der theologischen Reflexion kaum beachteten Tatbestand eines anonymen Fortwirkens Christi in der Geschichte und, bewegender noch, die Möglichkeit des Auffindens von Spuren seiner verborgenen Gegenwart zur Sprache bringen, meldet sie sich dann doch, fast unabweislich, zu Wort[17]. So gern man Guardini seiner hochmodern wirkenden These folgt, daß nur ein radikales Umdenken dazu verhelfen könne, »den Bann des Fortschrittsgedankens zu brechen«, nimmt man dann doch das Bild, mit dem er das drohende Verhängnis beschwört, heute, unter dem Eindruck des beängstigenden Waldsterbens, nur mit Befremden zur Kenntnis; denn er sieht eine »zweite Wildnis« heraufziehen, in der sich »alle Abgründe der Urzeit« auftun, und die er des näheren so beschreibt:

Alles wuchernde und erwürgende Wachstum der Wälder dringt wieder vor. Alle Ungeheuer der Einöden, alle Schrecken der Finsternis sind wieder da. Der Mensch steht wieder vor dem Chaos;

und das ist um so furchtbarer, als die meisten es gar nicht sehen, weil überall wissenschaftlich gebildete Leute reden, Maschinen laufen und Behörden funktionieren[18].

Es mag dem Verständnis dieser irritierenden Stelle dienen, wenn man sich die Herkunft des zentralen Bildes aus Guardinis Umgang mit der Dichtung Hölderlins erklärt, genauerhin mit der Erinnerung an den Schluß der Rheinhymne und ihrer Beschwörung der Nacht: »Wenn alles gemischt ist ordnungslos und wiederkehrt uralte Verwirrung«[19]. Und vermutlich stand ihm zusammen mit dieser dichterischen Reminiszenz auch der biblische Gedanke vom Kampf des Schöpfers mit dem chaotischen Urdrachen vor Augen, zumal ihn die Apokalypse bei der Verdeutlichung der endzeitlichen Schrecknisse wieder aufnimmt (12,3f). Doch gerade unter dieser Voraussetzung spricht die Stelle mehr für die Distanz Guardinis zu seiner ihn zutiefst befremdenden Zeit als für eine wirklich überzeugende Analyse. Dabei überrascht, wie hier schon anzumerken ist, nicht nur die von ihm eingenommene Position eines vom Geschichtsgang unbetroffenen Beobachters, sondern kaum weniger auch die fehlende Rückfrage nach der geistesgeschichtlichen Herkunft der Neuzeit und insbesondere des in ihr zum autonomen Selbstbewußtsein erwachten Subjekts, wie sie doch gerade in seinem engsten Freundeskreis diskutiert wurde[20]. Wenn man sich dann umgekehrt fragt, warum gerade die engsten Freunde Guardinis wie Clemens Münster, Walter Dirks und Gerhard Krüger zu dieser Prophetie alsbald auf kritische Distanz gingen, wird die unmittelbare Veranlassung dazu in dem diese Prognose kennzeichnenden seltsamen Gemisch von kafkaesker Hellsichtigkeit und apokalyptischen Angstvorstellungen zu suchen sein. In seinen Worten wurde mit geradezu prophetischer Gewalt ein Unheil beschworen, doch ohne daß sich die gebotene Prognose auf verifizierbare Gründe stützte.

So sprach er mit größter Bestimmtheit das aus, was viele nur dumpf auf dem Grund ihres »Unbehagens an der Kultur« ahnten, dies jedoch in einer eher archaischen als zeitgerechten Sprache[21]. Dazu kam die offenkundige Fehleinschätzung des Schicksals, das Mensch und Glaube in der modernen Massengesellschaft zu gewärtigen haben. Denn diese erweist sich keineswegs als das Stahlbad, aus dem der seiner Persönlichkeit entkleidete, aber in seinem Personkern gehärtete Mensch zu ausgeprägterem Selbstsein hervorgeht, sondern umgekehrt als die kollektive Erscheinungsform der von ihm am »Ende der Neuzeit« zunehmend erlittenen Desintegration[22].

Ähnlich problematisch nimmt sich, am erweisbaren Fortgang der Verhältnisse gemessen, auch die religiöse Prognose aus, die in der Feststellung gipfelt:

Die Einsamkeit im Glauben wird furchtbar sein. Die Liebe wird aus der allgemeinen Welthaltung verschwinden (Mt 24,12). Sie wird nicht mehr verstanden noch gekonnt sein. Um so kostbarer wird sie werden, wenn sie vom Einsamen zum Einsamen geht; Tapferkeit des Herzens aus der Unmittelbarkeit zur Liebe Gottes, wie sie in Christus kund geworden ist[23].

Wie die Liebe auf ihren innersten – zwischenmenschlichen – Bereich zurückweicht und damit aus dem Konzert der gesellschaftsbestimmenden Kräfte verschwindet, wird der Glaube auf seine Grundstruktur zurückgezwungen:

Im Verhältnis zu Gott wird das Element des Gehorsams stark hervortreten. Reiner Gehorsam, wissend, daß es um jenes Letzte geht, das nur durch ihn verwirklicht werden kann ... Diese Unbedingtheit ist keine Preisgabe an die physische und psychische Macht des Befehls; sondern der Mensch nimmt durch sie die Qualität der Gottesforderung in seinen Akt auf[24].

Mit dem an das Schiller-Wort »Nehmt die Gottheit auf in eueren Willen, und sie steigt herab von ihrem Weltenthron« erinnernden Schlußgedanken kommt Guardini dem neuen Glaubensverständnis erstaunlich nah, wie es sich im Gefolge der nachkonziliaren, durch die umfassende Autoritätskrise stimulierten Reflexion auszubilden beginnt[25]. Doch bringt er sich zu dieser Annäherung dadurch in einen eigentümlichen Widerspruch, daß er gleichzeitig auf die Erneuerung eines patriarchalischen Gottesbildes hinarbeitet und in seiner Christologie, wie schon der Titel »Der Herr« erkennen läßt, vorwiegend auf das »Herrentum« Christi abhebt, das sogar noch auf sein Verständnis der Selbstentäußerung Jesu in die »Knechtsgestalt« durchschlägt[26]. So entsteht der Eindruck, als sei er mit dem Beharren auf seiner glaubenstheoretischen Position zugleich an der Schwelle stehengeblieben, die erst mit dem hermeneutischen Glaubensbegriff der Gegenwartstheologie überschritten wurde[27]. Wenn der Glaube mit diesem Konzept als ein »Gottverstehen« begriffen wird, geschieht nicht nur der in ihm gesetzten Sinnerwartung Genüge; vielmehr gewinnt auch das Gehorsamsmoment eine geradezu beglückende Plausibilität. Denn in dieser Sicht erscheint es als die unerläßliche Vorgabe gegenüber dem, der dem sinnhungrigen Menschen im Akt seiner offenbarenden Zuwendung das für ihn Wichtigste zu sagen hat – sich selbst![28]

Was schließlich das von Guardini vorausgesehene Verschwinden der Liebe aus der modernen Lebenswelt anlangt, so wird es zwar durch den erschreckenden Verfall von Familie und Freundschaft – dem im Fall des Begriffs »Freundschaft« sogar ein sprachlicher Sinnverfall entspricht – bestätigt; doch stößt sich diese Prognose unübersehbar mit der neu erwachenden »Nächsten- und Fernsten-Liebe« in Gestalt der Solidarisierung mit den gesellschaftlich Beiseitegestellten, den Notleidenden der Dritten Welt und nicht zuletzt mit der durch den technischen Fortschritt »in Mitleidenschaft gezogenen« Natur, die zweifellos zu den bedeutsamsten

Entwicklungen des sittlichen Bewußtseins in dieser Zeit zu rechnen ist[29]. In diesem Zusammenhang wird auch die von Guardini in Aussicht gestellte »Einsamkeit im Glauben« am tatsächlichen Fortgang der Verhältnisse zu überprüfen sein. Denn die Einsamkeit gehört nach der bekannten Untersuchung »Die einsame Masse« von David Riesman in das Erscheinungsbild der Massengesellschaft, also gerade dorthin, wo Guardini die äußerste »Engführung« des Menschseins bis hin zum Verlust der personalen »Kulturhülle« vermutete; dagegen steht die Religiosität wie lange nicht mehr in ihrer Geschichte im Zeichen einer sogar die Konfessionsgrenzen übergreifenden Solidarisierung, zu schweigen von den Ansätzen zur Ausgestaltung einer kollektiven Glaubensform und transindividuellen Subjektivität, wie sie nach Claus Bussmann in den subtileren Formen der lateinamerikanischen Befreiungstheologie zu finden sind[30].

Kritik und Analyse

Im Grunde wurden damit nur Motive aufgegriffen und fortgeführt, die bereits in dem kritischen Gespräch der Freunde mit Guardini – dokumentiert in dem Sammelband »Unsere geschichtliche Zukunft« (von 1953) – auftauchten. Noch am zurückhaltendsten reagierte von ihnen Walter Dirks, der darauf abhob, daß die Zeitanalyse Guardinis lediglich den westlichen Geschichtsgang berücksichtige, weil die von ihm zugrundegelegte Epochenabfolge – Antike, Mittelalter, Neuzeit – zwar für die »lateinische Linie«, nicht jedoch für die griechische gelte, mit der die gegenwärtige Kirche unausweichlich sowohl in Gestalt der Ostkirche als auch in deren säkularistischem Pendant, dem Bolschewismus, konfrontiert sei[31]. Ungleich schärfer attackierte Clemens Münster das von Guardini entwickelte Konzept mit der Feststellung, daß zum einen der von seinem Verfasser gemachte Unterschied von Person und Persönlichkeit überzogen sei, und daß zum andern seine Zeit-Diagnose nicht wertneutral, sondern in einseitiger Orientierung am Mittelalter als der vermeintlichen Idealepoche gestellt sei[32]. Diesem Einwand gegenüber rechtfertigte sich Guardini mit dem, wenngleich nicht unproblematischen Argument, daß er das Mittelalter trotz der auf ihm liegenden »dunklen Schatten« nicht nur wegen seiner »spekulativen Ordnung«, sondern insbesondere deshalb favorisiere, weil in ihm »Gottes Majestät anerkannt« war und dort, wo Unrecht geschah, es doch wenigstens »mit schlechtem Gewissen« begangen worden sei[33].

Daß er in einem gebrochenen, ja »in sich widerspruchsvollen« Verhältnis zur Neuzeit stehe, empfand Guardini als den zentralen und ihm wohl schmerzlichsten Vorwurf, den schließlich Gerhard Krüger, kurz vor seinem tragischen Zusammenbruch, in seiner subtilen Replik auf Guardinis Zeit-Diagnose erhob[34]. Der Einspruch bezog sich tatsächlich auf die Grundposition. Nicht nur, daß sich Guardini vorhalten lassen mußte, sich auf der Linie des Geschichtsgangs zu bewegen und ihn doch zugleich wie ein unbetroffener Beobachter zu beurteilen; viel härter noch traf ihn die These, daß das, was er in Gestalt der nicht-natürlichen Natur, des nicht-humanen Menschen und der mit sich überworfenen Kultur als die Folge der sich selbst überholenden Neuzeit heraufkommen sah, in Wahrheit zu ihrer Grundverfassung gehöre, so daß die Rede vom »Ende der Neuzeit« im Grunde gegenstandslos sei[35].

Um so bewegender wirkt die ebenso versöhnliche wie verständnisvolle Erwiderung, mit der sich Guardini dieser zweifellos härtestenKritik stellte[36]. Die Antwort falle ihm, so Guardini, ausgesprochen schwer, da er im Unterschied zu Krüger die Differenz nicht so sehr in den widerstreitenden Ansichten als vielmehr in dem jeweils eingenommenen Standpunkt erblicke. Dabei handele es sich bei seinem Gesprächspartner, wie er in leiser Gegenkritik zu verstehen gibt, um den Standpunkt des Philosophen, der aufgrund seiner platonischen Ausgangsposition Gefahr laufe, die Potentialität des Menschen zu übersehen und damit seine Fähigkeit, zu begegnen, zu antworten und in dieser Begegnung er selbst zu werden, da in seinem Ausnahmefall »die Geschichtlichkeit ins Wesen« hineingehöre[37]. Dagegen denke und spreche er, Guardini, vom Standpunkt des Pädagogen aus, der sich umgekehrt fragen lassen müsse, ob er nicht der Freiheit zuviel vertraue und in seiner Neigung, »angesichts so ungeheurer Tendenzkräfte an eine Lenkung zu glauben«, nicht einer Utopie anhänge[38]. Es sei somit allenfalls die Folge dieser erzieherischen Optik, wenn seine Zeitanalyse bei dem Gesprächspartner den Eindruck eines widersprüchlichen Verhältnisses zur Neuzeit erweckt hätte. Doch müsse der Pädagoge, schon im Interesse des von ihm intendierten Gesinnungswandels, an seinem Urteil festhalten, daß sich in der Geschichte seit einem halben Jahrtausend »die neuzeitliche Autonomieforderung« durchgesetzt und zu einer ganzen Kette »verhängnisvollster theoretischer Irrtümer und praktischer Fehlgriffe« geführt habe[39]. Das schließe nicht aus, daß auch in der neuzeitlichen Epoche die Vergangenheit weitergeht, so daß sich in ihr eine »Fülle von Persönlichkeiten und Werken« finden, in denen sich Altes mit Neuem verbinde. So müsse es auch hingenommen werden, daß ein Mensch wie er, der »mit seinem Wesen noch vor der scharf hervortretenden technischen Periode wurzelt, dorthin Sympathien empfindet«[40].

Ihren besonderen Rang gewinnt diese Erwiderung nicht nur dadurch, daß sich Guardini in ihr Rechenschaft über seine Grundposition als Erzieher gab, sondern nicht weniger auch durch ihren Denk- und Sprachstil.

Ungeachtet seiner Kürze hat der Text als hervorragendes Zeugnis eines dialogischen Denkens zu gelten, das um so schwerer wiegt, als es in eine fast beiläufig entwickelte Theorie des Dialogs eingebettet ist und überdies den Willen seines Autors zur Verständigung auch über scharf ausgeprägte Differenzen hinweg erkennen läßt[41].

Paradigmatische Elemente

Auf dem Höhepunkt seiner Kritik, die Guardini in einem kompletten Selbstwiderspruch befangen sieht, erhebt sich Krüger zu dem erstaunlichen Satz, daß Guardini vermutlich – wie Platon – nicht zuletzt deshalb Geschichte gemacht habe, weil er vor dem Anschein der Utopie nicht zurückgeschreckt sei; denn:

> Man darf wohl sagen: Guardini hat, bei allem tiefen Verständnis für seine Zeit, nur deshalb so stark auf sie gewirkt, weil er den Mut hat, ihr eine unzeitgemäße Wahrheit zu sagen[42].

Indessen wirkt dieser Satz nicht nur wie eine versöhnliche – und glättende – Wiederholung der zuvor geübten Kritik, sondern gleichzeitig auch wie ein Bekenntnis zum paradigmatischen Rang der von ihr »gewürdigten« Leistung. Das gilt, wie sich zeigen läßt, sogar von ihren ausgesprochenen Schwerpunkten: Zunächst schon von der Widersprüchlichkeit der Zeit-Analyse, die Guardini in ihrer Aporetik nur durch den Widerspruch der Zeit selbst verborgen blieb[43]. Sodann von seinem optimistischen Glauben, daß sich aus dem definitiven Verfall der Persönlichkeitskultur eine besondere Chance menschlicher Personwerdung ergebe, da sich diese offensichtliche Wunschvorstellung des Theologen und Seelsorgers nicht nur von jeder Realität entferne, sondern unter der Voraussetzung, daß mit der Kategorie »Macht« tat-

sächlich der Wesenszug des Zeitalters getroffen sei, als eine Vorstellung von »geradezu legendärer Unwahrscheinlichkeit« zu gelten habe[44]. Und schließlich von der Zweideutigkeit, in der Guardinis Machtbegriff letztlich verbleibe[45].
Von paradigmatischer Bedeutung ist zunächst schon der an Guardinis Zeit-Diagnose gerichtete Vorwurf der Widersprüchlichkeit, der sich darauf konzentriert, daß sich in dem »Gericht«, in das die Neuzeit durch den Exzeß ihrer Tendenzen hineintreibe, so etwas wie eine »Selbstaufhebung« dieser Tendenzen vollziehe, so daß »das Wahre einfach durch den Sturz des Falschen« eine neue Chance gewinne[46]. Denn wenn es auch keinen Beweis ausmacht, daß Nietzsche in der Schlußbetrachtung seiner »Genealogie der Moral« den sinnverwandten Gedanken von der »Selbstaufhebung aller großen Dinge« entwickelt, ist die Ähnlichkeit der Konzeptionen doch so frappierend, daß daraus auf ein »typisches« Zeitgefühl im Grund dieser Konzeptionen geschlossen werden kann[47].
Trotz ihrer Bedenklichkeit wirkt Guardini aber auch mit seiner Personalisierungsthese exemplarisch, sofern sich darin eine ungewöhnliche Resistenz gegenüber den Erosionskräften der Massengesellschaft bekundet. Nicht von ungefähr erinnert sein Standpunkt darin an Picards Essay »Die Flucht vor Gott«, der gleichfalls in die geradezu verwegen anmutende Hoffnung ausmündet, daß sich auf dieser Flucht die Rolle von Verfolger und Verfolgten vertauschen, so daß sie sich schließlich in die Zuflucht zu Gott verwandelt:

Je mehr das Gebilde der Flucht zunimmt und je heftiger es davonstürzt, desto deutlicher steht der eine allein da: Gott[48].

Typisch wirkt es schließlich auch, daß sich in der Diskussion mit Krüger das Begriffspaar »Person und Welt«, mit dem Guardini den Sinn des Menschseins vordem zu umgreifen suchte, stillschweigend in das von »Person und Macht« verwandelt. Wenn man den Weltverlust in Rechnung stellt, den der heutige Mensch im Gegenzug zur Expansion seines noetischen und technischen Machtbereichs erleidet, ist erst mit diesem Begriffspaar – Person und Macht – die volle Konfrontation angesprochen. Das könnte nicht eindrucksvoller als dadurch begründet werden, daß Krüger inmitten der Diskussion dieses Differenzpunktes an die Lehre von der, wie er sich ausdrückt, »Exzentrizität der Person« rührt, mit der Guardini eine auf Platon und Augustinus zurückführende »fundamentale Wahrheit wiederentdeckt« habe[49]. Tatsächlich bleibt dem von den in der Massengesellschaft überhandnehmenden »Es-Mächten« bedrohten Menschen nur die Möglichkeit, den Bezugsgrund seiner Selbstwerdung anstatt in der ihm total entfremdeten Welt im Mitmenschen – und sähe er in diesem lediglich seinen Leidensgenossen – zu suchen. Damit fällt in das Dunkel der Massen- und Konsumgesellschaft tatsächlich ein Lichtstrahl, den Guardini gesehen haben mußte, als er von der Chance personaler Selbstwerdung im Zentrum der desintegrativen Einflüsse sprach.

Es bleibt die Frage, ob mit der Kategorie »Macht« tatsächlich das Proprium der Neuzeit – sei es im Stadium ihrer Konstituierung oder in dem ihrer Selbstaufhebung – zur Sprache gebracht wurde. Sie stellt sich um so dringlicher, als sie unlängst durch den amerikanischen Medientheoretiker Neil Postman mit seiner spektakulären Gegenthese zur herrschenden Einschätzung verneint wurde. Für ihn trifft die Schreckensvision George Orwells durchaus noch zu, jedoch vorwiegend für den von totalitären Systemen beherrschten Teil der nördlichen Hemisphäre. Indessen hätte das seiner Meinung nach für den freien Westen kein Anlaß zu erleichtertem Aufatmen sein dürfen. Denn hier sei in Vergessenheit geraten, »daß es außer Orwells düsterer Vision noch eine andere gab – ein wenig älter, nicht ganz so bekannt, aber gleichermaßen beklemmend«: Aldous Huxleys »Schöne neue Welt«, in welcher der alles kontrollierende Big Brother nicht mehr in Erscheinung zu treten brauche, weil sich die Menschen dazu bringen ließen, ihre eigene Unterdrückung, wie es schon Dostojewskijs »Großinquisitor« voraussah, zu genießen, und die ihre Denkfähigkeit zerstörende Technologie anzubeten:

Orwell fürchtete jene, die Bücher verbieten würden. Huxley hatte die Befürchtung, daß es gar keinen Grund mehr geben werde, Bücher zu verbieten, weil kein Mensch überhaupt noch eines lesen wollte. Orwell hatte Angst, man würde uns die Wahrheit vorenthalten. Huxley fürchtete, daß die Wahrheit in einem Meer von Belanglosigkeiten untergehen werde. Orwell fürchtete, wir würden alle in permanenter Gefangenschaft enden. Huxley sah uns dagegen zu völlig oberflächlichen Menschen verkommen... In Orwells Buch, meint Huxley, werden die Menschen durch zugefügten Schmerz in Schach gehalten. In der »Brave New World« erfülle das schiere Vergnügen denselben Zweck[50].

Was Postman am radikalsten in Amerika heraufkommen sieht, ist, wie er vermutlich in Anspielung auf ein Pascalwort sagt, eine infolge des lebenbestimmenden Einflusses der elektronischen Medien »total mit den technologischen Zerstreuungen« gleichgeschaltete Welt, die Welt einer zwar sanften, in ihrer anthropologischen Rückwirkung aber mit der Orwellschen Schrekkensutopie durchaus konkurrenzfähigen Diktatur. Daran gemessen hat Guardini zwar keine ausgesprochene Fehldiagnose gestellt, mit der Begriffswahl »Macht« – anstatt »Medium« – jedoch, wie schon Krüger vermutete, den tatsächlichen Problemkern verfehlt[51].

Gerade von hier aus verschärft sich dann aber der Zweifel an der Haltbarkeit der von Guardini so nachdrücklich getroffenen Unterscheidung von – unverzichtbarer – Person und – im Grenzfall preiszugebender – Persönlichkeit: Denn es ist zu fragen, ob in der von ihm beschriebenen Reduktion nicht noch etwas ganz anderes auf dem Spiel steht als nur die »Kulturhülle« des Individuums, nämlich seine Identität! Was die »Brave New World« durch ihre Suggestionen und Erosionen bezweckt, ist doch der gleichgeschaltete, auf die von ihr verordneten Denk- und Verhaltensmuster festgelegte und dadurch in seinem Freiheitszentrum, also in seinem Personkern beschädigte, auf bloße Funktionalität zurückgenommene, mit Herbert Marcuse gesprochen, der »eindimensionale« Mensch[52]. Zwar entwickelt Guardini in der Herausforderung durch Krüger den bereits erwähnten, gemessen an seiner Ableitung fast selbstkritisch anmutenden Gedanken, demzufolge die »Geschichtlichkeit ins Wesen des Menschen« hineingehöre, daß also seine Idee »zur Hälfte« darin bestehe, »daß er in der Geschichte entdeckt, was er ist, indem er vorher begegnend, handelnd, leidend dazu wird«[53]. Doch fehlt diese Vorstellung in seiner Zeitanalyse, die ihm vermutlich gerade deswegen zum theologischen »Wunschtraum« (Krüger) gerät. Erst ein Jahrzehnt später erscheint die profunde Besinnung über »Die Annahme seiner selbst« (von 1960), mit der er zunächst den Finger auf die dem Menschen durch die Zwänge und Nötigungen der Massengesellschaft zugefügte Verletzung legt, um daraus, wie es sich ihm als Erzieher nahelegt, den im Titelwort angesprochenen »kategorischen Imperativ« des Menschseins unter den Bedingungen der Gegenwart abzuleiten[54].

Schon eine geringfügige Verdeutlichung zeigt, in wie hohem Maß sich in den aufgewiesenen Strukturen das kirchliche Bewußtsein der Gegenwart spiegelt. Die immer noch fortbestehende, vielfach sogar erneut favorisierte Orientierung an einer geschlossenen Denkwelt mittelalterlicher Prägung brachte es – verstärkt durch das trotz der konziliaren Neuorientierung noch immer gebrochene Verhältnis der Kirche zu den Grundtendenzen der Neuzeit – mit sich, daß die »Zeichen der Zeit«, zu deren sorgsamer Beachtung das Zweite Vatikanum aufgefordert hatte, entweder zu spät erkannt oder mit ungenügender Kompetenz angegangen wurden. So kam es dann auch, daß das Christentum nicht in jenen drei Perspektiven dargestellt und verkündet wurde, die sich aus der Korrespondenz mit den Bedürfnissen der Zeit unmittelbar ergeben hätten: als die Religion der Angstüberwindung, der Freiheit und des Friedens.

Symptomatisch für das kirchliche Denken der Gegenwart ist Guardini auch in dem anthropologischen »Rückstand« seiner Zeitkritik, gemessen an der Vorstellung von der Unfähigkeit des Menschen zu sich selbst, mit der er zehn Jahre später hervortrat. In einem Augenblick, in dem der Verfall des Sündenbewußtseins den zentralen Anknüpfungspunkt für Heil und Erlösung gegenstandslos zu machen scheint, hätte die spätere Einsicht Guardinis zur Entdeckung eines Notstands verhelfen können, der nicht weniger als der mit dem Begriff »Sünde« umschriebene die Heilsbedürftigkeit des Menschen offenlegt: zur Wahrnehmung seines Selbstzerwürfnisses, seiner Identitätsnot und seiner Unfähigkeit, die – mit Guardini gesprochen – Annahme seiner selbst zu leisten und damit das Faktum seines Daseins und seiner Lebensbedingungen zu akzeptieren. Denn hier nimmt nicht nur die Lebensangst und Seins-

verdrossenheit des heutigen Menschen ihren Ausgang; hier wurzelt auch seine Kontaktunfähigkeit und Einsamkeit. Und hier wäre er demgemäß, wenn irgendwo, auf die Hilfe von oben und deren kirchliche Vermittlung angewiesen.
Und typisch für die vor allem in Kirchenkreisen herrschende Einstellung ist schließlich Guardinis Fehlgriff in der Frage des zeit- und lebensbestimmenden Faktors. Traumatisch geprägt durch die Erfahrungen der nationalsozialistischen Schreckenszeit, die ihm auf Jahre hinaus jede äußere Wirksamkeit verwehrte, sah er zwar das bedrohliche Anwachsen der den Menschen erdrückenden »Es-Mächte«, nicht jedoch ihr persuasives Pendant in Gestalt der allenthalben heraufkommenden totalen Medienwelt. Gelegentliche Äußerungen zu Film und Reklame beweisen zwar Guardinis Sensibilität für den medialen Problemkreis, ändern jedoch nichts an seiner grundsätzlichen Position. Aber die akuteste Gefahr der Gegenwart besteht nun einmal nicht in der Bedrohung durch eine neue Diktatur, also nicht im Einzug des Großen Bruders, sondern in jener von Postman angesprochenen »technisierten Zerstreuung«, die den Menschen wirksamer als jede äußere Gewalt von sich abhält und ihn dadurch für die – freudige – Unterwerfung unter das ihn aller personaler Verantwortung überhebende Diktat erst wirklich reif macht.
Paradigma sollte Guardini aber vor allem darin sein, daß er sich in allen angesprochenen Positionen zu mehr oder minder nachhaltigen Selbstkorrekturen durchrang[55]. Seine Äußerungen zu »Kultbild und Andachtsbild« (von 1939), zum Wesen und Sinn des Kunstwerks (von 1947 und 1948) zeigen, daß er sich zumindest mit den Prämissen einer theoretischen Aufarbeitung der Medienszene befaßte. Mit der Besinnung über die »Annahme seiner selbst« wies er wie in seiner Reflexion »Der unvollständige Mensch und die Macht« (von

1956) in Fortbildung der anthropologischen Intuitionen Kierkegaards mit großem Nachdruck auf den existentiellen Notstand des heutigen Menschen hin. Und in der Frage seiner Sehweise vollzog er schließlich jene Kehre, die ihn im ersten seiner theologischen Briefe für ein radikales Umdenken der Theologie plädieren ließ: nicht die Sorge um den Menschen – obwohl er mit diesem Wort eines seiner gehaltvollsten Werke überschrieben hatte –, sondern die Sorge um Gott müsse ihr erstes und bestimmendes Anliegen sein.

Theologische Rückfragen

Um nicht den Eindruck aufkommen zu lassen, als gelte das Desiderat einer kritischen Rezeption nur dem Zeitanalytiker Guardini, seien abschließend wenigstens noch drei Momente angesprochen, durch die sein theologisches Werk Ansatzpunkte für eine derartige Fortbildung bietet. Sie bestehen – bezeichnend für sein medientheoretisches Defizit – in seinen Vorstellungen von einer dreifachen Unmittelbarkeit, die schon deshalb nach einer Korrektur verlangen, weil sie durch den Fortgang der religiös-theologischen Entwicklung bereits tiefgreifend revidiert worden sind. Wie das Eingangszitat aus seinen autobiographischen Skizzen erkennen ließ, rechnete Guardini einmal mit der Möglichkeit eines »unmittelbaren Verhältnisses zur Kirche«, das nicht so sehr ihrer äußeren Erscheinungsform als vielmehr der »Fülle ihres Wesens« gelten müsse. Sodann spricht er beständig in einer derart pauschalen Weise von »Offenbarung«, daß der Eindruck entsteht, als sei diese für ihn unmittelbar abrufbar; dies gilt auch für den unabgeschlossenen Band »Religion und Offenbarung« (Würzburg 1958), von dem noch am ehesten ein differenzierter Begriff von der verhandelten Sache zu erwar-

ten wäre[56]. Und schließlich läßt das Verständnis Guardinis von der Konstituierung der menschlichen Person darauf schließen, daß er in dem sie bedingenden Anruf Gottes ein elementares Bewußtseinsdatum des Menschen erblickt[57].
Wenn irgendwo, muß das aktuelle Gespräch mit Guardini im Problemfeld dieser dreifachen Unmittelbarkeit ansetzen, weil gerade sie durch den Gang der bisherigen Entwicklung radikal in Frage gestellt wurde. Die Unmittelbarkeit zur Kirche durch die Erschütterung, die das Kirchenbewußtsein seit seinem Tod im Jahr der ausbrechenden Studentenrevolte und der in ihr manifest gewordenen Autoritätskrise erlitt, und die auch durch die spektakulären Erfolge der Papstreisen nicht behoben werden konnte, weil sie als Identifikationsproblem letztlich mit der Identitätsnot des heutigen Menschen zu tun hat. Die pauschale Rede von »Offenbarung«, weil sie nicht nur durch die wachsende Konfrontation mit dem Islam und seinem Offenbarungsanspruch, sondern mehr noch von innen her, durch die Einsicht in den Mediencharakter der biblischen Schriften, in Zwielicht geriet. Und schließlich die Annahme einer Unmittelbarkeit zu Gott, die ihre radikalste Anzweiflung in der These von der Abwesenheit Gottes und in dem suggestiven Bildwort Martin Bubers von der über die Gegenwartswelt hereingebrochenen »Gottesfinsternis« fand. Wenn man sich über den unmittelbar nach Guardinis Tod einsetzenden Wirkungsverlust seines Werkes Rechenschaft zu geben sucht, wird man in erster Linie an diese Entwicklung zu denken haben. Denn es zeigt sich, daß mit ihr gerade jene Positionen untergraben wurden, aus denen sich die suggestive Wirkung Guardinis auf den ihm bis zu seinem Ende ergebenen Hörer- und Leserkreis erklärt[58].
Indessen läßt sich auch in diesen drei Problemfeldern Guardinis Bereitschaft zu einer Selbstkorrektur nach-

weisen. Im Zusammenhang mit dem Gottesproblem ist mit Hans Urs von Balthasar daran zu erinnern, daß Guardini mit wachsender Intensität darauf abhob, daß die Majestät und Andersheit Gottes, so sehr sie für ihn selbst religiös bestimmend blieben, mit Nikolaus von Kues zugleich als das »Nicht-Andere« begriffen werden müsse[59]. Wenn Guardini auch bis ins hohe Alter hinein bei seiner pauschalen Rede von der »Offenbarung« und der durch sie eröffneten Wahrheit blieb, wird man doch nicht übersehen dürfen, daß er schon mit dem Titel der zu Kriegsbeginn erschienenen Kleinschrift »Die Offenbarung als Geschichte« (von 1940) das Thema der großen offenbarungstheoretischen Diskussion vorwegnahm, die während der fünfziger Jahre von Pannenberg und der ihm nahestehenden Theologengruppe mit den Vertretern der These der »Wortoffenbarung« geführt wurde[60]. Denn von einer Gottesoffenbarung in der Geschichte kann nur unter der Voraussetzung gesprochen werden, daß diese im Modus einer allen empirischen Sprachen vorgängigen »Metasprache« an die Menschheit ergeht, so daß ihre unreflektierte Gleichsetzung mit dem Schriftwort ausgeschlossen ist.

Auf seine Weise bestätigt das auch Guardinis zweites, zunächst gleichfalls unvollständig veröffentlichtes Christus-Buch »Jesus Christus. Sein Bild in den Schriften des Neuen Testaments« (von 1940), das auf der Basis seiner großen Interpretationen zu Platon (Der Tod des Sokrates), Augustinus (Die Bekehrung des Aurelius Augustinus), Dante (Der Engel in Dantes Göttlicher Komödie), Pascal (Christliches Bewußtsein), Hölderlin und Rilke ein differenziertes, aus der paulinischen, johanneischen und synoptischen Sicht entworfenes Jesusbild vermittelt[61]. Dieser Studie lag ein so klares Wissen um die Perspektivität der vom Neuen Testament entworfenen Jesusbilder zugrunde, daß damit die pauschale Gleichsetzung von Schrift und Offenbarung prinzipiell überholt war. Mit dieser Schrift setzte Guardini aber schließlich auch in glaubensgeschichtlicher Hinsicht einen neuen Akzent. War er anfänglich in der Überzeugung, daß das aktuelle Glaubensinteresse der Kirche gehöre, mit dem Stichwort »Die Kirche erwacht in den Seelen« angetreten, um, wie eingangs angedeutet, der verstörten Kriegsgeneration das Stichwort ihrer religiösen Identitätsfindung zuzurufen, so lenkte er jetzt den Blick seiner Hörer- und Lesergemeinde, ebenso behutsam wie konsequent, auf das christologische Zentralgeheimnis des Glaubens. Inzwischen wurde es längst offenkundig, daß die Glaubensgeschichte während der letzten Jahrzehnte mit der Konzentration auf das Geheimnis Jesu die vermutlich wichtigste Wende in ihrem bisherigen Ablauf vollzog[62]. Bei der Beantwortung der Frage nach den Verursachern und ersten Ankündigern dieser Wende wird man mit an erster Stelle den Namen Romano Guardinis zu nennen haben. Das aber verstärkt nur die These, daß Guardini nicht besser zur Geltung gebracht – und geehrt – werden kann als durch den Versuch, ihm auf diesem Weg der Selbstkorrektur und Selbstüberschreitung zu folgen. Denn es wäre der Weg, den die Glaubensgeschichte selbst vorzeichnet, der Weg der entschlossenen Bekämpfung der spezifischen Gefahren der Gegenwart, aber auch der Weg zur wesentlicheren Begegnung mit dem seiner selbst unsicher gewordenen Menschen dieser Zeit, dem nichts so nötig ist wie ein Christentum, das ihm als die Religion der Angstüberwindung, der Freiheit und des Friedens verkündet und glaubhaft gemacht wird.

Anmerkungen

[1] Balthasar, Romano Guardini. Reform aus dem Ursprung, München 1970, 12.

[2] Dazu mein Beitrag »Ermutigung zur Zukunft« in dem demnächst erscheinenden Sammelband »Die Zukunft der Zukunft« mit Beiträgen von den Salzburger Hochschulwochen 1984.

[3] Guardini, Berichte über mein Leben, Düsseldorf 1984.

[4] Guardini, Wahrheit des Denkens und Wahrheit des Tuns, Paderborn 1980, 87.

[5] Guardini, Die Macht, Würzburg 1951, 9.

[6] Guardini, Das Ende der Neuzeit, Würzburg1950, 92f.

[7] AaO., 91.

[8] Nietzsche, Zur Genealogie der Moral III, § 25.

[9] Nietzsche, aaO., § 27.

[10] Guardini, Theologische Briefe an einen Freund, Paderborn 1977, 61.

[11] Guardini, Das Ende der Neuzeit, 77–94; die abfallenden Deutlichkeitsgrade beziehen sich vor allem auf den Kulturbegriff, da Guardini gesteht, den genauen »Charakter des kommenden Menschenwerkes« nicht exakt bestimmen zu können (93).

[12] Guardini, aaO., 74.

[13] Guardini, aaO., 73.

[14] Ebenda.; den Personbegriff entwickelte Guardini vor allem in der thematischen Untersuchung »Welt und Person« (Würzburg 1940) und in dem Abschnitt über den Träger der Freiheit in seiner Schrift »Freiheit, Gnade, Schicksal«(München 1948, 77–81); dazu Jörg Splett, Zum Person-Begriff Romano Guardinis, in diesem Band; ferner die Ausführungen meines Guardini-Buches »Interpretation und Veränderung«, Paderborn 1979, 81–87.

[15] Guardini, aaO., 111. [16] Ebd.

[17] Was Guardini in diesen Sätzen andeutet, gewinnt erst im Vergleich mit Rahners Theorem vom »anonymen Christen« sein volles Profil. Im Hinblick darauf könnte man von einer Entdekkung des »anonymen Christus« im mystischen Grund der Geschichte sprechen. So gesehen berührt sich Guardini mit der Idee einer »Geschichte der ewigen Liebe«, wie sie Gertrud von le Fort, von Stadium zu Stadium fortschreitend, in ihrem Gesamtwerk entwickelte. Näheres dazu in meiner Studie »Überredung zur Liebe«. Die dichterische Daseinsdeutung Gertrud von le Fort, Regensburg 1980, 147–159.

[18] Guardini, aaO., 97 f.

[19] Guardini, Hölderlin. Weltbild und Frömmigkeit, Leipzig 1934, 243.

[20] Dazu Gerhard Krüger. Die Herkunft des philosophischen Selbstbewußtseins, in: Freiheit und Weltverwaltung, Freiburg/Br. 1958, 11–69.

[21] Die Sprache Guardinis, die bisher nur pauschal mit der Verspannung der Begriffe »kafkaesk« und »apokalyptisch« charakterisiert wurde, bedürfte zweifellos einer sorgfältigen Untersuchung, zumal seine suggestive Wirkung auf Hörer und Leser nicht zuletzt durch sie bedingt war.

[22] Näheres zu dieser These in meiner Schrift »Menschsein in Anfechtung und Widerspruch«, Düsseldorf 1980, 22–28.

[23] Guardini, Das Ende der Neuzeit, 117 f.

[24] Guardini, aaO., 116.

[25] An das bekannte Schiller-Wort erinnert auch der humanistische Weg der Angstüberwindung, den Werner Bergengruen neben der christlichen Möglichkeit in seinem Roman »Am Himmel wie auf Erden« aufzeigt; zur Frage der nachkonziliaren Glaubenstheorie sei auf die Untersuchung von Hans Waldenfels, »Offenbarung. Das Zweite Vatikanische Konzil auf dem Hintergrund der neueren Theologie« (München 1969, 282–293) verwiesen; ferner auf meine Schrift »Glaube nur! Gott verstehen lernen«, Freiburg/Br. 1980.

[26] Guardini, Die Macht, 45; daraus dürfte es sich auch erklären, daß Guardini in der Frage des Glaubens Jesu darauf bestand, daß Jesus immer nur Gegenstand, nicht Subjekt des Glaubens in dem Sinne sei, daß von einem »Glauben Jesu« gesprochen werden könne. Wie kritisch Guardini aber gleichzeitig der durchschnittlichen Handhabung von Autorität und Macht gegenüberstand, zeigt sein Urteil über die alltäglichen Formen der Disziplinierung, Rechtsprechung und Verwaltung (aaO., 121).

[27] Dazu Harald Wagner. Einführung in die Fundamentaltheologie (Darmstadt 1981, 44 ff), der sowohl auf meine unter dem Titel »Glaubensverständnis« vorgelegte hermeneutische Fundamentaltheologie (Freiburg/Br. 1975) als auch, in engem Zusammenhang damit, auf den Entwurf Peter Knauers, »Der Glaube kommt vom Hören. Ökumenische Fundamentaltheologie« (Graz 1978) Bezug nimmt; was Guardinis eigentümliche »Zwischenposition« anbelangt, so dürfte sie sich auch daraus erklären, daß er sich nach Ausweis seiner nachgelassenen Lebensskizze primär als Dogmatiker verstand.

[28] Wie nah Guardini diesem dann vor allem von Karl Rahner in seinem »Grundkurs des Glaubens« (von 1978) unterbauten Konzept gekommen ist, zeigt der Satz seiner Abhandlung über »Die Offenbarung. Ihr Wesen und ihre Formen«, daß das Offenbarende in Christus vor allem in dem bestehe, »was er selbst ist« (Würzburg 1940, 78); dazu Hans Waldenfels, Offenbarung, 98 ff.

[29] Wichtige Perspektiven zu diesem Fragekomplex eröffnet Dietmar Mieth in seiner Abhandlung »Die neuen Tugenden. Ein ethischer Entwurf«, Düsseldorf 1984.

[30] Riesman, Die einsame Masse (Originaltitel: The Lonely Crowd), Hamburg 1978, 120 ff; 289 ff; Bußmann, Befreiung durch Jesus? Die Christologie der lateinamerikanischen Befreiungstheologie, München 1980, 154–157.

[31] Unsere geschichtliche Zukunft. Ein Gespräch über das Ende der Neuzeit zwischen Clemens Münster, Walter Dirks, Gerhard Krüger und Romano Guardini, Würzburg 1953, 44.

[32] AaO., 13.

[33] AaO., 26; damit machte er sich freilich eine Argumentation zu eigen, die für die Pastoral seiner Zeit durchaus typisch war.

[34] AaO., 61.

[35] AaO., 62.

[36] AaO., 95–108.

[37] AaO., 101.

[38] AaO., 104.

[39] AaO., 107.

[40] AaO., 108.

[41] Nach einem Hinweis von Hans Waldenfels sah sich Guardini selbst in einer geistigen Verwandtschaft mit Vertretern des dialogischen Denkens wie Ferdinand Ebner und Theodor Haekker (Offenbarung, 98).

[42] AaO., 75.

[43] AaO., 73.

[44] AaO., 70.

[45] AaO., 71.

[46] AaO., 73.

[47] Nietzsche, Zur Genealogie der Moral III, § 27.

[48] Picard, Die Flucht vor Gott, 151.

[49] AaO., 64.

[50] Nach »Frankfurter Allgemeinen Zeitung« vom 4. Oktober 1984, Nr. 223, 28.

[51] Dazu mein Beitrag »Die beengende Pforte. Chancen und Gefahren des Glaubens im Medienzeitalter«, in: Lebendiges Zeugnis 39 (1984), 24–36.

[52] Marcuse, Der eindimensionale Mensch. Studien zur Ideologie der fortgeschrittenen Industriegesellschaft (Originaltitel: The One-Dimensional Man), Neuwied und Berlin 1967, 21–51; 76ff; 103–123; 139ff.

[53] Unsere geschichtliche Zukunft, 101; wie Guardini dazu anmerkt, bezieht er sich mit dieser Erkenntnis auf die »Geschichtsphilosophie von Giambattista Vico« zurück.

[54] Da ungeachtet der mächtigen Zustimmung, die Guardini im Kreis seiner Hörer und Verehrer fand, eine nennenswerte Guardini-Rezeption noch immer nicht in Gang kam, sei in diesem Zusammenhang darauf hingewiesen, daß die von Gerd Haeffner vorgelegte »Philosophische Anthropologie« (Stuttgart 1982, 162ff) abschließend, wenngleich ohne ausdrücklichen Hinweis auf Guardini, auf die »Bedingungen der Annahme seiner selbst« zu sprechen kommt: dazu die Ausführungen meines Guardini-Buchs »Interpretation und Veränderung« (15–20) sowie meines Beitrags »Ist der Mensch, was er sein kann?« in: Stimmen der Zeit 199 (1981), 291–300.

[55] Grundsätzlich dazu meine Vorlesung »Theologie im Stadium ihrer Selbstkorrektur«, Salzburg 1982.

[56] Dazu die »textkritischen Hinweise« Hans Urs von Balthasar, in: Romano Guardini. Reform aus dem Ursprung, München 1970, 32.

[57] Noch in dem Band über »Religion und Offenbarung« spricht Guardini von der Urbegegnung des Menschen, die sich in dem Wort ausdrücke: »Du Gott, der Du mich rufst!« (212).

[58] In diesem Sinn wären die einleitenden Betrachtungen meines Guardini-Buchs zum Verfall seiner Aura zu ergänzen (aaO., 11–15).

[59] H. U. von Balthasar, Romano Guardini, 51 f (unter nachdrücklicher Bezugnahme auf die Guardini-Schrift »Welt und Person«).

[60] Näheres dazu in meiner Schrift »Gott verstehen. Erwägungen zum Verhältnis Mensch und Offenbarung«, München und Freiburg/Br. 1971, 34–38.

[61] Die synoptische Perspektive wurde erst Jahre später unter dem Titel »Die menschliche Wirklichkeit des Herrn« (Würzburg, 1958) veröffentlicht.

[62] Dazu meine Überlegungen zur glaubensgeschichtlichen Wende, in: Wort und Antwort 25 (1984) 164–170.